朝鮮朝後期の社会と思想

川原秀城［編］

勉誠出版

朝鮮朝後期の社会と思想

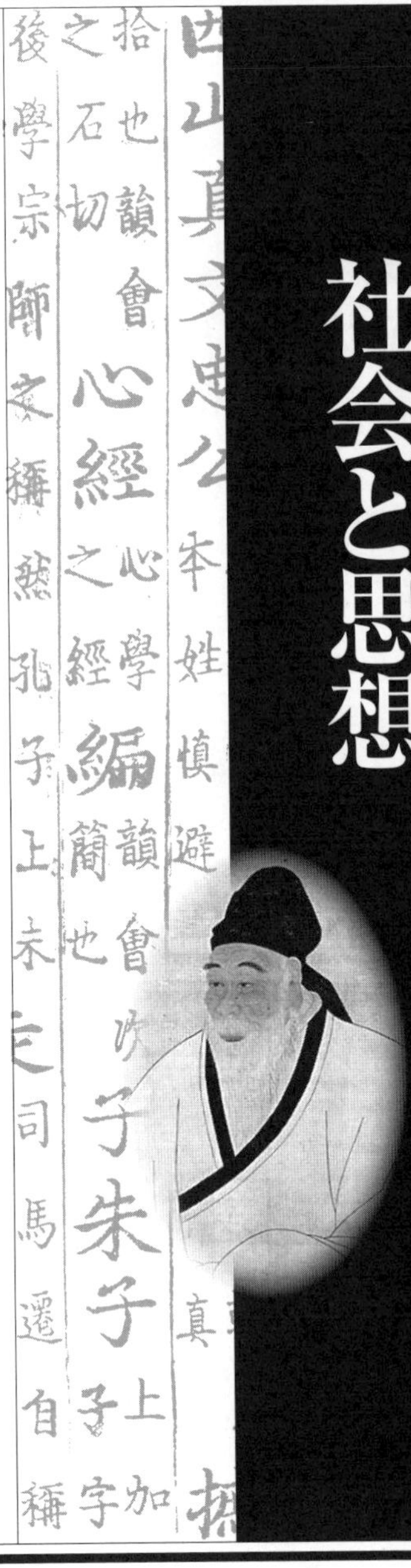

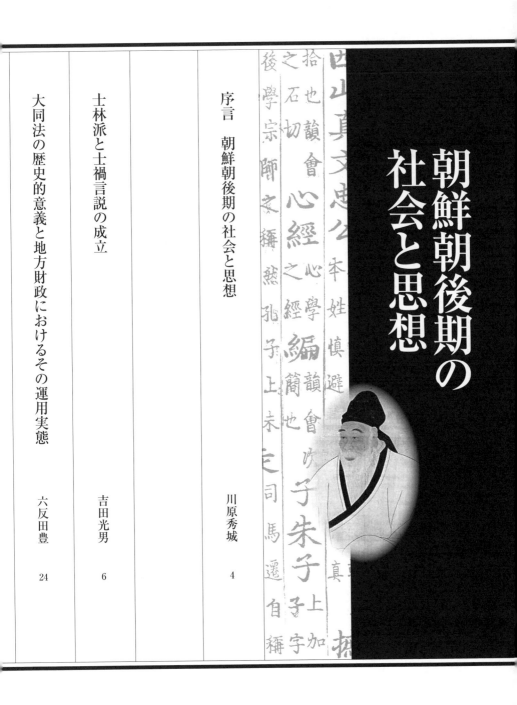

［序言］

朝鮮朝後期の社会と思想

川原秀城

朝鮮朝の宣祖二十五年（一五九二）、豊臣秀吉は大軍を派遣して朝鮮を侵略した。戦役は休戦を挟んで前後七年（一五九二～一五九八）におよんだ。倭乱（文禄・慶長の役）である。また仁祖（在位一六二三～一六四九）期には、後金（清）軍が二度（一六二七、一六三六～一六三七）にわたって侵入した。これを胡乱という。

倭乱胡乱の戦禍は未曾有であり、朝鮮社会は大きく変容した。国土は荒れはて、人口は大幅に減少した。耕地面積は三分の一以下になり、食糧問題が深刻化した。技術者をふくむ五～六万人が捕虜として日本に連行され、産業が停滞した。土地台帳や戸籍が散逸し、国の財政も逼迫した。

朝鮮社会の巨大な変化を根拠として、歴史家は通常、倭乱胡乱前後ごろをもって画期するが、思想史家はそうではない。李滉（一五〇一～一五七〇）以降を朝鮮中期と区分し、十八世紀以降を朝鮮後期と称する者も少なくない。

倭乱胡乱以降をどう理解するかは、歴史的な事実の発掘証明も含めて、朝鮮史ひいては東アジア史の永遠の課題である。本書の目的は、歴史と思想の視座を組み合わせることによってそのアポリアに立ち向かうところにある。各論文はアポリアに対してそのよき道案内をしてくれるであろう。

本書がたどった経緯を簡単に紹介したい。去る二〇一一年十一月四日、東方学会第六十一回全国会員総会の時、あわせてシンポジュウムが開催されたが、本企画は「朝鮮朝後期の社会と思想」をテーマとするその時のシンポジュウムの発表に端を発している。当日、藤本幸夫・吉田光男・六反田豊・金光来の四氏とわたしが発表を担当した。本書掲載論文の原型がそれである。同発表は忝なくも、東方学会の欧文誌に掲載が決定された。編集時にはいろいろあったが、最終的に*ACTA ASIATICA* , No.106、The Toho Gakkai、Feb2014として結実した。書名をSociety and Thought during the Later Chosŏn Dynastyという。貴重な機会を賜った東方学会には心から感謝しなければならない。

だが*ACTA ASIATICA*, No.106の発刊後、また多数の東アジア研究者から邦文で論文を読みたいという希望が殺到した。どうすべきか悩んだすえ、旧知の勉誠出版の吉田祐輔氏に這般の事情とわれわれの希望を話したところ、出版の快諾をいただき想定を越える提案をいただいた。われわれの宿願である内容や分量の拡大が現実味を帯びたのである。同僚学友たちに朝鮮朝後期の社会と思想の分析の重要性を説き論文執筆を依頼したところ、中純夫・木村拓・辻大和・鈴木開の四氏が快く企画に賛同し、論文を執筆くださった。かくして完成したのが本書である。

本書は結果的に、朝鮮朝後期の社会と思想のよき概観をなしていると思う。読者諸氏が本書を手探りとして考察を深めていただければそれに勝る喜びはない。各論文に対して知的格闘をなされんことを願いながら、ひとまず筆をおきたい。

士林派と士禍言説の成立

吉田光男

朝鮮近世政治史の定説的理解においてキーワードとなる、「士林派」と「士禍」が後世の儒者による政治的言説における用語であり、政治的実態そのものではないことを論じた。その淵源が、『燃藜室記述』によって朝鮮近世政治史を祖述した林泰輔にあり、それらの用語を用いた言説が実態ととらえられるようになった経緯について検証した。

はじめに

朝鮮王朝（一三九二～一八九七）における政権争奪をめぐる政治史の定説的理解は概略、以下のようである。[1] すなわち、前期においては、おおよそ十五世紀後半の第十代国王燕山君代（一四九一～一五〇六）に始まる、特権的権力層である「勲旧派」による、「士禍」と呼ばれる大弾圧を乗りこえ、一五六五年、第十三代国王明宗（在位一五四五～一五六七）の外戚として権勢をふるっていた尹元衡（?～一五六五）が失脚し、「士林派」の政権が成立した。これを「士林派」政権と称し、朝鮮王朝末期まで継続したとされている。それをうけて後期においては、一五七五年に金孝元（一五四二～一五九二）と沈義謙（一五三五～一五八七）をそれぞれ領袖とする、東人と西人という二大派閥が生じて以来、両班士大夫の間で形成された、儒学の学派を背景に置いた政治集団である党派による権力主導権争いが展開されたとらえられている。つまり、朝鮮時代の政治は、前期において「勲旧派」に抑圧されていた「士林派」が成長して後期に権力を独占するに至った後、彼

よしだ・みつお――放送大学教養学部教授・附属図書館長、東京大学名誉教授。専門は朝鮮近世史。主な著書・論文に『近世ソウル都市社会研究――漢城の街と住民』（草風館、二〇〇九年）、「朝鮮近世士族の族的結合と「邑」空間――慶尚道丹城縣の安東権氏の場合」（『東洋史研究』五八、二〇〇〇年三月）、「朝鮮近世の継後養子と父系系譜の継承意識――階層・身分との関係を中心に」（『朝鮮学報』二一三、二〇〇九年十月）などがある。

らの間で権力争奪戦が繰り広げられたと理解されている。こうして、十六世紀以降、「士林派」党派による「党争」へと政界は動いていくことになると理解されている。

この「勲旧派」による「士林派」弾圧事件を「士禍」と称し、「士林派」が権力を掌握までに大きなものが四回起きたと理解されている。すなわち、①一四九八年に『成宗実録』の文章に対する責任をとらせて、「勲旧派」が金宗直（一四三一～一四九二）系列の「士林派」人士を弾圧した「戊午士禍」を嚆矢として、②一五〇四年に燕山君によって、生母毒殺事件の責を問われた「士林派」と「勲旧派」の人々がともに弾圧された「甲子士禍」、③一五一九年に趙光祖（一四八二～一五一九）に連なる「士林派」が中宗と「勲旧派」に弾圧された「己卯士禍」、④一五四五年に第一一代国王中宗（在位一五〇六～一五四四）の後継者争いから、仁宗擁立派が弾圧された「乙巳士禍」の四つである。

このような定説的理解に対して素朴な疑問が二つある。

第一に、上述の説明のように、少なくとも、「甲子士禍」と「乙巳士禍」の二回は、「勲旧派」による「士林派」の弾圧事件であると性格規定することが難しいことである。前者は国王による臣下の弾圧事件であり、弾圧の対象には「士林派」人士とともに「勲旧派」人士も含まれている。さらに後者は、中宗の後継国王位をめぐる異母兄弟擁立派間の争いであって、「士林派」と「勲旧派」という区別は問題とならないことである。

すでに一九〇七年の著書において幣原坦は、「中宗癸卯の士禍以後、争点一転して、外戚の分争となりしことを認む」として、「乙巳士禍」はそれ以前の士禍と性格が異なることを指摘している。[2] また、瀬野馬熊も一九二五年に、「士禍といふのは、燕山君の四年に初て発生し、その後も屡々起こった大疑獄」だとしつつ、「乙巳の士禍は、大尹・小尹の軋轢に伴うて起こった疑獄で、其の本質は外戚の争権である」[3] との理解を示している。研究の出発点においてすでに、四つの「士禍」を、「勲旧派」が「士林派」を弾圧した一連の事件だととらえる現在の定説的見解とはことなった見解をしているのである。「士禍」とりわけ上記の「四大史禍」と呼ばれる政治的事件を、いかなる性格をもった歴史事象ととらえるのかという点で看過し得ない問題点である。

第二に、「戊午士禍」を最初の「士禍」であると評価するところに疑問がある。この「士禍」は、また「史禍」と呼ばれることが多いように、[4]『成宗実録』編纂時において、第六代国王端宗（魯山君、在位一四四二～一四五五）を放逐して成立した世祖政権の評価をめぐって起きた政治的弾圧事件であり、直接の弾圧対象は「士林派」一般ではなく、世祖政権の不当性を主張した金宗直（一四三一〜一四九二）系列の人物たちであった。これをもって「士林派」一般に対する大弾圧であるとされている「士禍」の嚆矢ということには疑問符を付けざるを得ない。

このような素朴な二つの疑問を出発点として、本稿は、「士禍」が、「勲旧派」による「士林派」弾圧事件だとする定説的理解について、そのような理解が成立してきた背景にさかのぼって再検証する。そのために、「士禍」、「士林派」、「勲旧派」など、十五〜十六世紀の朝鮮政界の性格を説明する際に核となっている用語の意味とその生成状況を明らかにし、その上で「四大士禍」という認識が成立してきたことの意味を考えてみよう思う。

なお、本稿は、歴史家によって「士林派」と「士禍」がどのように語られてきたかを検討するものであり、具体的な歴史事象の内容についてはほとんど踏み込まないことをお断りしておきたい。

一、朝鮮時代における士禍論

十六世紀後半における政治情勢は、「士禍」から「党争」へという流れとして理解されてきた。この理解を最初に提唱したのは前にふれた幣原坦である。[5] 党争論が日本人学者による差別的な言説であると鋭い批判を投げかけ、朋党政治論を主張する李泰鎮も、このような歴史的過程の存在そのものを基本的には認めている。[6]「士禍」は、「士林派」が権力を掌握した十六世紀末に終了し、それ以後は「士林派」による党派の対立が政界を動かす大きな原動力となったという理解である。それを醜い党派争いである「党争」ととらえるか、政治を一部の特権層の手から解き放し、諸グループ（朋党）間の開かれた争いによる政治の公的化であるととらえるか、両者が対立しているかに見えるが、今はそこに深入りしない。

注意すべきは上記のいずれも、近現代の研究者による解釈であり、「士禍」「党争」の当事者たちの意識ではないことである。

そこで、定説的理解の再検証の手始めとしてまずは、「史禍」や「党争」を切実な現実としてとらえていた同時代の両班士大夫たちの認識からうかがってみよう。

当時の代表的な概括的政治史叙述であり、燕山君時代あるいはそれ以前からの政治状況を包含して記述しているのが、老論系の南紀済（生没年不明、十七〜十八世紀）の著書『我我録』、少論系の李肯翊（一七三六〜一八〇六）の著書『燃藜室記述』、老論系の宋近洙（一八一八〜一九〇三）の著書『足徴録』、の三書である。それらが「士禍」についてどのように記述しているのか、成立年代の古いものから順を追って見ていこう。

(1)『我我録』

以下のように、合わせて十三件の士禍をあげており、十七世紀以後の政権内部での争いも「士禍」と評価している。すなわち

一四五四年「癸酉士禍」
一四五六年「丙子士禍」
一四九八年「戊午士禍」
一五〇四年「甲子士禍」
一五一九年「己卯士禍」
一五二一年「辛巳士禍」
一五四五年「乙巳士禍」
一五四七年「丁未士禍」
一五四九年「己酉士禍」
一六一二年「壬子士禍」
一六八九年「己巳士禍」
一七二一年「辛丑士禍」
一七二一、一七二二年「辛壬士禍」(辛丑士禍の説明に対する追補)

の諸事件である。

(2)『燃藜室記述』

「多くの著者による野史を博捜して集成した」(同書「燃藜室記述義例」)と著者本人が述べているように、初代国王太祖代(一三九二〜一三九八)から第十八代国王顕宗代(一六五九〜一六七四)までは、各王代ごとに重要人物と政治的事件を、『朝鮮王朝実録』など官(王朝政府)側が正統化した記録とは異なる「野史」類の引用によって叙述している。本書は「士禍」として以下の四つをあげ、それぞれの事件内容を詳述している。

一四九八年の「戊午史禍」
一五〇四年の「甲子死禍」
一五一九年の「己卯士禍」
一五四五年の「乙巳士禍」

(3)『足徴録』

三書の中で最も多い十九件の「士禍」をあげている。『我我録』があげた十三の「士禍」のうち、一四五四年の「癸酉士禍」を採らない代わりに、

一五九一年「辛卯士禍」
一六〇八年「戊申受命大臣被禍」
一六一一年「辛亥詩禍」

一六一三年「癸丑士禍」
一六四五年「乙酉白江之獄、白江禍」
一六四六年「丙戌竹鶴之禍」
一六五九年「己亥礼訟之禍」

の七件を加えている。

表1　三書における「士禍」記載比較

年代	士禍名	我我録	燃藜室記述	足徴録
1454年	癸酉士禍	○		
1456年	丙子士禍	○		○
1498年	戊午士禍	○	○	○
1504年	甲子士禍	○	○	○
1519年	己卯士禍	○	○	○
1521年	辛巳士禍	○		○
1545年	乙巳士禍	○	○	○
1547年	丁未士禍	○		○
1549年	己酉士禍	○		○
1591年	辛卯士禍			○
1608年	戊申受命大臣被禍			○
1611年	辛亥詩禍			○
1612年	壬子士禍	○		○
1613年	癸丑士禍			○
1645年	乙酉白江之獄、白江禍			○
1646年	丙戌竹鶴之禍			○
1646年	己亥礼訟之禍	○		○
1689年	己巳士禍			○
1721年	辛丑士禍	○		○
1721・22年	辛壬士禍	○		○

表中の「○」は当該書に「士禍」の記載があるものを示す

以上の記載状況をまとめると**表1**のようになる。

こうしてみると、「士禍」が明宗代（一五四五～一五六七）で終わるものではなく、朝鮮時代後期にも存在したというのが『我我録』と『足徴録』の共通認識である。

朝鮮時代末期の、少論系の李建昌（一八五二～一八九八）は、「短期間に起きたならば士禍であり、長期間にわたったら党論であ」り、さらに「士禍は小人が士類に危害を加えるもので、党論は士類が互いに争うものである」と論じている（『党議通略』）。短期間に起きて「小人」が「士類」に危害を加えた事件が「士禍」であり、「士類」間の長期間の争いが「党論」だと説明している。後者の場合、加害者としての「小人」は出てこなくなる。いずれにしても、十九世紀の政府中枢部にいた少論重鎮の言であり、「士禍」に対する朝鮮時代両班士大夫の評価として聞くべき言葉である。

士類が権力を掌握していようがいまいが、士類が被害者になったものは「士禍」と呼ぶべきだというのが、共通の理解だったとすれば、『我我録』や『足徴録』が十八世紀の「士禍」に着目するのは当然である。ただし、「士類」が被害者となった事件をすべて「士禍」と呼ぶわけではない。あくまでも「小人」が行ったものを指称する。しかし、「小人」か「士類」かの判定は、著者＝評価者の恣意に任されており、普遍的な評価として全ての両班士大夫たちに受け入れられたわけではない。特定の弾圧事件を「士禍」と評価するか否かは、評価者の政治的立場・見解なのである。

ここで注意すべきは、『燃藜室記述』の特異性と、それと対照的な『我我録』と『足徴録』の共通性である。

第一に、一四九八年の事件を「士禍」の嚆矢とするのは『燃藜室記述』だけである。それ以前に起きた世祖による政権簒奪事件[7]を『我我録』と『足徴録』は「士禍」と規定しているが、『燃藜室記述』は事件の経過には詳しくふれるものの、客観的な立場をとるようにつとめ、事件に対する評価を避けて「士禍」という表現を使っていない。

第二に、燕山君から明宗までに四回起きた「士禍」を特筆するのは『燃藜室記述』だけであり、『我我録』および『足徴録』は、これらも他の「士禍」と並べて記述しており、この間に特段の変化があったと認識してはいないことである。

この一方で、三書は、「士禍」は具体的な政治過程の中で、主導権争いに敗北した一派に対する政治的弾圧事件であるという認識が共通している。それらをまとめて、李建昌は加害者を「小人」として貶め、被害者を「士類」＝君子と評価するのである。

「戊午士禍」を「士禍」の嚆矢とする定説的理解に一致するのは『燃藜室記述』のみであった。この点については、「士禍」理解を論ずる後章でさらに詳しく検討しよう。

このような「野史」類の評価に対して、王朝政府つまり時の正統権力側の「士禍」評価はどのようであったのか、朝鮮王朝の公式記録として、国王死後に編纂された各王代の『朝鮮王朝実録』の記述で見てみよう。

管見の限り、『朝鮮王朝実録』で「士禍」という用語が初出するのは、『中宗実録』巻二十八、十二年（一五一七）六月己巳条である。ただし、それは本文の記述ではなく、後に趙光祖の処罰に対して抗議し、流刑に処せられることになる金世弼（一四七三～一五三三）を用いるべきかどうかを論じている場面に対して、史臣がつけた評語の中である。そこで史臣は、趙光祖一派に対する弾圧事件を「己卯士禍」と表現している。『中宗実録』の完成は明宗五年（一五五〇）であるから、王朝政府においては「士禍」という言葉が意識されたのは、一五四五年の「乙巳士禍」があったとされる時点以降のことになる。しかもその最初は「己卯士禍」に対する史臣の評語であり、「乙巳士禍」についてはふれていない。

『朝鮮王朝実録』における、その他の「士禍」の初出は以下のとおりである。末尾の〈　〉内の年は、当該実録の完成年を示している。

・戊午士禍　『粛宗実録』巻六十、四十三年（一七一七）八月己酉条〈一七二八年〉

・甲子士禍　『英祖実録』巻四十二、十二年（一七三六）十二月己巳条〈一七八一年〉

・己卯士禍　『中宗実録』巻七十二、二十六年（一五三一）十二月庚辰条〈一五五〇年〉

・乙巳士禍　『宣祖実録』巻八、七年（一五七四）二月己未条〈一六一〇年〉

『粛宗実録』における「戊午士禍」と、『英祖実録』における「甲子士禍」は、当時の政府内部の政治対立の中で過去回想的に述べられたものである。「戊午士禍」については、『粛宗実録』が編纂された英祖代（一七二五～一七七六）以前に、また「甲子士禍」については、『英祖実録』が編纂された正祖代（一七七六～一八〇〇）以前に、そのような意識が存在し、定着していたことが示されているのである。

こうしてみると、まず一五五〇年以前に「己卯士禍」が認識され、ついで「乙巳士禍」、「戊午士禍」、「甲子士禍」という順で認識されていったことになる。当時の両班士大夫にとっては、趙光祖一派が弾圧された「己卯士禍」こそ特筆すべき大事件だったのである。いずれにしても、朝鮮王朝政府においては、宣祖代（一五六七～一六〇八）以前に起きた士禍は過去回想的に論じられるものであって、事件発生当時における同時代認識ではなかったことは確かである。

また「史禍」という用語について言えば、『中宗実録』巻三、二年（一五〇七）六月甲戌条の史臣評語が初出であり、「士禍」と同様に『中宗実録』編纂時の表現であって、「史禍」が起きていたとされる同時代にそのような表現は使われていない。

一方、『朝鮮王朝実録』は、一五九一年に鄭澈が弾圧された「辛卯士禍」（『宣祖実録』巻八十七、三十年（一五九七）四月辛未条）を入れるなど、宣祖代以降の政治的弾圧事件にも「士禍」という表現を用いているし、朝鮮王朝最末期にあたる一八七五年には、時の左議政李最応（一八一五～一八八二）の言の中に「辛壬士禍」（『高宗実録』巻十二、十二年（一八七五）五月丙午条）という言葉が出てくる。[8]

十六世紀後半で「士禍」が終わるという定説的理解は、少なくとも十六～十九世紀の朝鮮士人にとっては奇異な感じを与えるのではないだろうか。『我我録』や『足徴録』の「士禍」認識が共有化されていたとみるべきであろう。

李建昌の言うように、「士禍」というのは、「士類」が「小人」からひどい迫害を受けたと認識された事件だというのが同時代人の理解であった。この意味で、「士禍」を実体化することには慎重でなければならない。あくまでも、儒学的正統性に立っていると自認している人々の評価語なのであり、名付けである。したがってそのように評価しない立場もあり得るし、実際に上で検討した三つの「野史」はそれぞれ違いを見せていた。要するに、儒者であると自認する人にとって、自己または自己と政治的立場を同じくする人々が「士類」であり、敵対する者が「小人」であった。政治弾圧事件に対する「士禍」という評価を、事件の実態そのものと理解してしまうと、評価者の恣意を無批判に認めてしまうことになる。

しかし、今まで多くの朝鮮近世史研究者が四大士禍の存在を自明の理として通史的記述を展開してきた。その間の問題点とその淵源を探るため、さらに「士禍」という用語が歴史学の中に定着してきた様相を見てみよう。

二、「士禍」言説

近代史家として「士禍」の存在をはじめて論じたのは、甲骨文学者として多くの業績をもつ林泰輔である[9]。

林泰輔は一九〇一年、『朝鮮近世史』[10]を上梓し、日本人研究者としてはじめて、朝鮮時代に関する、政治を基軸とした朝鮮時代通史を公刊した。後に林はこれを改訂増補して早稲田大学講義録『近世朝鮮史』[11]として刊行し、さらに和装袋綴じ本であった『朝鮮近世史』を洋装本にして再出版した[12]。

これら三書を通じて林は、十四世紀末から十五世紀後半にかけて四つの「士禍」があったことを述べ、宣祖時代以降の「党争」へと叙述をつなげている。

林泰輔の各種『近世朝鮮史』はすべて、第五章を「士林の禍」と題し、「戊午甲子の禍及び廃立」、「己卯の禍及び三奸三凶の誅鼠」、「母后外戚専横の禍害」、「士林の風尚」という四節に分けて四つの「士禍」を詳述し、第四節では金宗直以下、金宏弼、鄭汝昌、金安国、趙光祖、李彦迪、李滉、李珥、曹植、盧守慎らの人々が朝鮮儒学の大家であることを強調している。これが朝鮮近世儒者の正統的な学統というわけである。とりわけ、趙光祖・李彦迪・李滉・李珥という並び方は注目すべきである。後に見るように、李滉は趙光祖と李彦迪の二人を尊崇すべき大先学と意識し、李珥を刮目すべき後輩とみているからである。

幣原坦をはじめとして、これ以後の日本人を中心とする研究者たちは、林泰輔の提唱した四大士禍説を所与のものとして、李泰鎮などによって批判される「党争」史観をもって朝鮮時代後期政治史を論じてきた。

幣原坦の「士禍」論を前提として、小田省吾は一五七五年の「東西分党」以後の「党争」史を叙述したし[13]、瀬野馬熊も燕山君時代の「士禍」が「党争」の淵源であることを強調している。[14]とりわけ趙光祖が弾圧された「己卯士禍」は、申奭鎬によってさらに詳しく検討されることになる。[15]その中で比較的に早い時期に河合弘民は、「党争」勃発の根本要因を生産関係の変化による士族の窮乏化という経済要因にもとめる独特の見解を提示したが、[16]これはほとんど他の研究者に影響を与えることがなかった。

一九二五年には、瀬野馬熊、小田省吾が相次いで「党争」研究を発表するが、[17]瀬野馬熊も「朝鮮党争の起因を論じて士禍との関係に及ぶ」という直截な題名の論考で、「士禍」が「党争」の遠因であることを論じている。「士禍」から「党争」へという流れが、朝鮮近世史研究者たちにとって共通の認識となり、それが周囲へ影響を与えていったと考えるべきであろう。その際に下敷きとなったのが、「士禍」は「士林派」政権成立以前に、「勲旧派」によって「士林派」が弾圧された事件であるとした林泰輔の叙述である。林泰輔の「士禍から党争へと」いう朝鮮時代後期政治史に対する理解は、原史料に基づいて詳細かつ精密な研究へと結実していったが、その根底に対して疑いの目は向けられなかった。これは現在に至るまで、ほとんどの研究に共通していることと言ってよかろう。

三、「勲旧派」言説

「士禍」言説を検討するうえで重要になるのが、「勲旧派」という用語である。前にふれたように、「士禍」は「勲旧派」による「士林派」の政治的弾圧事件であるという理解がほとんどの朝鮮近世史研究者に共通している。しかし、『朝鮮王朝実録』や「野史」を含めた他の記録には「勲旧派」という言葉も「士林派」という言葉も出現しない。にもかかわらず、「士林派」に敵対し、弾圧をした勢力として「勲旧派」が措定されて分析が進められ、叙述が行われてきた。では、「勲旧派」と言われるグループの実態はいかなるものと理解されてきたのだろうか。

「士林派」を正統とする立場から見れば、「勲旧派」とは、自身ないし先祖の功績をもって特権的地位を享受し、権力を壟断して既得権益を独占し、儒者に対しては弾圧者であった。まさに絵に描いたような敵役であり、その抑圧を撥ねのけた「士林派」政権の誕生は、朝鮮王朝にとってまたとない慶事となろう。

「勲旧派」について、大多数の研究者は、世祖（在位一四五五～一四六八）政権成立前後の功績で功臣号を得て、国家権力の中枢を独占し特権を享受したと見なされる人々を指して「勲旧派」としている。直接的には、世宗（在位一四一八～一四五〇）代の寵臣を追放するのに功績のあった靖難功臣と、端宗を追放して政権を簒奪したクーデタの際の功労による佐翼功臣があり、子孫係累にも特権が与えられたと考えられている。さらに、世祖政権期には、北方で起きた李施愛の乱（一四六七年）鎮圧の功労者に対して敵愾功臣号が与えられている。その人数は**表2**のようになる。

これが世祖以降の政権を壟断したと言われる「勲旧派」の基礎人数である。このうち、鄭麟趾・申叔舟・韓明澮・韓確などは、複数の功臣号を授与されているから、実数はこれより若干減少することになるが、彼らこそ世祖政権以後の政治中枢部を独占し、権力をほしいままにしたと言われる「勲旧派」である。さらに世祖につづく睿宗・成宗・中宗という三代の国王擁立の功績者に対しても、**表3**のような功臣号が授与されている。

これらの人々も、功臣の特権を享受したので「勲旧派」と呼ばれることになろう。ただし、多くの研究者はその点を明確に記述していないので、推測するしかない。

そもそも『朝鮮王朝実録』を初めとする朝鮮時代の史料には、太祖時代から「勲旧」と言う用語が出現するが、いずれも功績のあったという意味で使われており[18]、「士林」を抑圧した者との意は含んでいない。「勲旧」があると評価された人々の多くは儒者、つまり「士林」であった。

その一方で、功臣号を基にして権力を壟断してきた特権層を「勲旧派」だとすれば、朝鮮王朝創始以来の、各王代における国王との強い関係の中で形成されてきたものと見ることも可能であろう。たしかに、朝鮮王朝成立の功績者に対して、鄭道伝などに与えられた開国功臣号（一三九二年）を始め、第一次王子の乱平定の功績者に対して定社功臣号（一三九八年）が、第二次王子の乱平定の功績者に対して佐命功臣号（一四〇〇年）が授与されている。これらも『朝鮮王朝実

表2　世祖代の功臣号授与

授与年	功臣号	授与者数
1453年	靖難功臣	40名
1455年	佐翼功臣	42名
1467年	敵愾功臣	43名
	合計	125名

表3　睿宗代～中宗代の功臣号授与

授与年	功臣号	授与者数
1468年	翊戴功臣	35名
1471年	佐理功臣	71名
1506年	靖国功臣	101名
	合計	207名

（表2・表3とも『清選考』巻二録勲より作成）

録』の筆法では重要な「勲旧」ある者になる。ならば、彼らも太宗・世宗代に権力を掌握していたのだから紛うかたなき「勲旧」派と評価されなければならないであろう。

一方、功臣号授与は上の**表3**で終わったわけではない。靖国功臣号以降、一七二三年に李麟佐乱平定の功績に対して与えられた奮武功臣まで、合わせて十九回の功臣号授与があり、開国功臣から最後の奮武功臣まで、合計で二十九回の功臣号授与を数える。そのうち十八回は、「士林派」政権が誕生したとされる一五六五年以降の「士林派」政権時代に授与されたものである。これらの人々を研究者は「勲旧派」と呼ぶことはなかった。「勲旧派」が「士林派」に敵対した勢力だということを「事実」だと思い込んでいれば、「士林派」の中に「勲旧派」が存在してはならないことになるからであろう。

燕山君を王位から追放して弟の中宗を擁立するクーデタで[19]政権を掌握したのは正義の「士林派」たちだったはずである。その功績に対して、一〇一名にのぼる大量の靖国功臣号が授与された。しかし趙光祖は、彼らがすべて実際の政変参加者であったわけではないとして、その多くから功臣号を削奪した。[20]趙光祖が中宗に重用されたのは、靖国功臣たちが「勲旧」によって政権を壟断する弊害を除去するためもあったが、この件に象徴されるような過激な改革政治の実施は猛反発を受けて彼の命取りとなった。[21]それが後に「己卯士禍」と呼ばれることになる弾圧事件である。

趙光祖自身、開国功臣趙温の五代孫であり、[22]「勲旧派」に属していると見なされてもおかしくない存在である。しかし彼は「士林派」の代表人物とされる。「勲旧派」という勢力が存在し続けたという十五〜十六世紀史の理解は大きな問題を看過してきたと言わざるを得ない。

実は「士林派」と「勲旧派」は相互に転換可能の存在であり、実際にそれを実現した人々がいた。金鉉栄は、高麗末期の新進士林であった金自粋(号は桑村)を中始祖とする慶州金氏桑村派の事例分析を行い、「士林派」から「勲旧派」へと転換し、さらに「士林派」に再転換したことを、具体的な政治過程との関連から実証している。[23]金自粋は科挙に合格して中央政界に進出し、権力中枢部に入って刑曹判書、清州牧使、忠清道観察使などの要職を歴任し、婚姻などを通じて権力内部に分厚い人脈を作る中で「勲旧派」へと転換した。子孫係累は「名門巨族」としてさまざまな特権を享受した。しかし、開国功臣をはじめとする功臣勢力が権力を独占する中で、桑村派は畿湖地方に基盤を置く「士林派」に転換し、世祖政権成立以後は「勲旧派」から弾圧を受けることとなったという。金鉉栄によって、「士林派」と「勲旧派」の見事な転換例が示されたことになる。韓永愚もそれをふまえて「少壮士林たち」の中には「朝鮮時代初期に高級官僚であった勲臣の後裔たちも混ざっていたが、彼らも典型的な性理学者に変身していた」(24)と総括している。

　このような実例は実例として、もともと「士林派」と言い「勲旧派」と言い、科挙に合格した儒者であることに違いはない。試みに、朝鮮王朝創始の太祖代から明宗代までに最高官職である議政府の三議政（領議政・左議政・右議政）に就任した一二〇名について、王代ごとに官界進出の契機を見ると**表4**のようになる。

表4　三議政の官界進出契機

国王	蔭・勲	科挙			王族	他	計
		文科	武科	生員進士			
太祖	2	1	0	0	0	1	4
定宗	1	4	0	0	0	0	5
太宗	5	6	0	0	0	0	11
世宗	4	10	1	0	0	1	16
文宗	0	2	0	0	0	0	2
端宗	1	1	0	0	1	0	3
世祖	5	11	0	0	1	0	17
睿宗	0	2	1	0	0	0	3
成宗	4	7	0	0	0	0	11
燕山君	2	8	0	1	0	0	11
中宗	0	22	1	0	0	0	23
仁宗	0	2	0	0	0	0	2
明宗	0	11	0	1	0	0	12
計	24	87	3	2	2	2	120

（『清選考』巻二・台司条より作成）

　見られるように、科挙及第者が九十五名（文科八九名、武科三名、生員進士二名）と約八〇パーセントを占めている。蔭または勲およびその両者の者は二十四名で二〇パーセントを占めている。なお、「他」の二名は、朝鮮王朝創始の大功労者である開国功臣沈徳符と裵克廉である。また王族の二名は、首陽大君（後の世祖）と亀城君（世祖の甥）である。

　王朝成立当初に、活躍して議政に上りつめた者二名を除けば、「蔭」「勲」といわれる人々も、幼少期より科挙を目指して儒学を学んでいたことは、各人の系譜から見て間違いないところである。功臣号をもつためには、王朝に仕えて文治政治の根幹で評価され、出世の階梯を上がらなければならない。「勲旧派」をもって非儒者とするのは実態から乖離した評価である。「士林派」も「勲旧派」もともに儒者であった。それゆえに、「士林派」から「勲旧派」へ、あるいはその反対へと転換することに支障はなかったのである。

　政権簒奪の功労者をかかえた世祖代に「勲」「蔭」が五名と多いことは確かだが、その数は同様に兄弟間の争いの中から政権を掌握した太宗代と同じであり、しかも三議政の中で「勲」「蔭」が占める割合は世祖代のほうが太宗代よりも低い。むろん、官界進出契機だけで政権内部における位置づけを規定することはできない。政権成立時における功績が重要な役割を占めていることは間違いないことは十分に留意すべきである。しかし、ここでまず確認できるのは、世祖代以降の「勲旧派」も儒者であることでは「士林派」と代わるところがないということである。

従来の「勲旧派」論は、このような事実を無視したところに成立している。世祖代の特異性のみを強調するのではなく、朝鮮王朝創始から確立に至る期間の政治的状況の中で両班士大夫層の動きを評価する視点が必要である。

さて、「士林派」と「勲旧派」を区分するところから出てくる矛盾は、金鉉栄の相互転換という具体的な事例提示によって克服されたかに見えたが、燕山君代から明宗代までの四大士禍論がかかえる矛盾は依然として残っている。それは、とりわけ「勲臣」と「士林」がともに弾圧されたとされる「甲子士禍」の解釈と、外戚間の王位をめぐる争いである「乙巳士禍」の解釈に現れる。その矛盾は、「士林派」と「勲旧派」という区分の妥当性そのものに根底的な疑問を突き付けている。

四、「士禍」から「党争」へ
——林泰輔と『燃藜室記述』

「士禍」についてもっとも早く論じたのは、先にふれた林泰輔『朝鮮近世史』である。彼の提唱した、「士禍」が基礎となって党派の争いすなわち「党争」が生起するという朝鮮近世政治史の理解は、後にその歴史的評価をめぐって多くの批判にさらされることになるが、少なくとも戦前期から戦後期までの研究者には共通の理解であり、自明の理であることを前提として立論がされてきた。すでに言及した河合弘民、小田省吾、瀬野馬熊、申奭鎬のほか、稲葉君山[25]がそれである。その中で石井寿夫は、党派の争いを政策を中心とする「朋党」という集団間の争いととらえ、むしろそれを政治的発展の朝鮮近世的現れであるとする点で他と異なっている[26]。しかし、それも、大きな流れとしては、「士禍」から「党争」へという枠組みから外れるものではなかった。

「士禍」と「党争」に対するこのような考え方・とらえ方は、『我我録』、『足徴録』、『党議通略』などの同時代人のそれとも、また『朝鮮王朝実録』のそれとも大きく異なっている。それは、第一に「士禍」と「党争」を分けることであり、第二に、「士禍」を「勲旧派」による「士林派」の弾圧事件とだけみることであり、第三に、「士禍」が明宗代で終了したとみることである。

林泰輔の「士禍」に対するとらえ方は、すでに見た『燃藜室記述』の叙述と軌を一にしていた。林泰輔は一九〇一年に最初の『朝鮮近世史』を上梓するにあたり、「嚮に刊行せし朝鮮史に継続せんが為に数年前起稿せしものなれども余はもと史学専攻に非れば他に研鑽を要するところありて力及ぶに暇あらず」(同書緒言)と、本書が高麗時代までの朝鮮史を叙述した『朝鮮史』[27]の続編であり、原稿は数年前に完成していたと、出版に至る経緯を述べている。さらに率直に、自分は「史学専攻」ではないと表明し[28]、その自分がはじめて「朝鮮近世史」を叙述できたことについて、次のように説明している。

燃藜室記述の一書材料極めて豊富にしてその載録せしもの無慮五百部に及べり而して其書本邦に伝来せしもの十の一に過ぎざれば余は記述に拠れること甚だ多したゞ記述は往々原文を節略せしものなきに非れば引用の際或は紕繆の事なきを保し難しされども今尽く原書に拠らんとせば百年河清を俟つに異ならず再引の已を得ざる所以なり　(同書「例言」)

先行研究もない状況の中で、「史学専攻」ではないにもかかわらず、林泰輔が『近世朝鮮史』を書き上げることができたのは、『燃藜室記述』という下地があったからだと言い切っている。李泰輔の「士禍」から「党争」へという理解、「士禍」が明宗時代で終了していたとする理解、これらは他のどの史料とも異なっていた。その理由は、『燃藜室記述』を下敷きにしていたからに他ならない。林泰輔は『燃藜室記述』の描く世界を日本語に置き換えたのだとも言えるであろう。このような述懐は、『朝鮮近世史』をさらに敷衍し精緻化した早稲田大学講義録『近世朝鮮史』の「緒言」にはまったく見られない。しかし、原本出版四半世紀後に出版された洋装版『朝鮮近世史』は「例言」において同文を再びそのまま記載している。

おわりに――趙光祖・李滉・李珥

本稿は、「甲子士禍」と「乙巳士禍」の二回の「士禍」が、「勲旧派」による「士林派」の弾圧事件とは言えないにも拘わらず、「士禍」と規定してよいのか、金宗直一派に限られた弾圧事件である「戊午士禍」が果たして「士禍」の出発点と言えるのか、という定説的理解に対する二つの素朴な疑問から出発した。

その疑問を解くため、「士林派」「勲旧派」「士禍」に関する既往の研究における言説と、同時代の史料に現れる言説を検討してきた。そうした結果、「士林派」も「勲旧派」も等しく儒者、つまり「士林」であることが理解された。

「勲旧派」と言われるものの実態は、功臣号を有する者ならびにその後裔たちであり、政権の高位高官であった。しかし、政権の交代や情勢の変化により、高位高官層は入れ替わった。それをあたかも派閥的に連続しているかのようにとらえたところに実態との乖離が生まれた。少なくとも、李建昌が『党議通略』において、「士禍」と「党論」を連続的に見ている視点にいまいちど注目する必要がある。これを無視して行われる議論は、大きな陥穽をもっていると言わざるを得ない。

従来の研究は、林泰輔の論に拘束をされてきた。林の論ずるところは、結局のところは『燃藜室記述』の叙述の林的解釈なのである。ここから脱することが、朝鮮時代後期政治史研究に新たな地平を切り開いてくれるであろう。

最後に、『中宗実録』以降に「士禍」言説が出てきた理由について考えてみよう。端的に言えば、解く鍵は趙光祖に対する評価である。

一五六五年の尹元衡の失脚以後、明宗政権の内部で力を発揮してきたのが、趙光祖を尊敬してやまない李滉（一五〇一～一五七〇）である。李滉は一代の碩学として、明宗・宣祖の両政権の中で重きをなした。『明宗実録』の編纂には判中枢府事兼知経筵事として、議政府右議政兼領経筵事江寧君洪暹および議政府左賛成兼判義禁府事知経筵事錦陽君呉謙に次ぐ第三位の地位で参加しているが、[29]実質的に編纂の中心であったことは間違いない。[30]また、自身は、早くいったん官途を捨て故郷慶尚道礼安に帰り、洛東江畔陶山の地に書斎養真堂を建てて性理学の研鑽と後進の育成に努力を傾注していた。彼の下からは、宣祖代に領議政となり、豊臣秀吉軍の侵略に苦しんでいる時期に政界の頂点に立って朝鮮政府を率いた柳成龍（一五四二～一六〇七）や、豊臣秀吉の動静を探るために一五九〇年に二世紀半ぶりの通信使の副使として日本に派遣された金誠一（一五三八～一五九三）などの人材が輩出した。

李滉と並び称される性理学者李珥（一五三六～一五八四）も弟子ではないが、李滉の門を叩いて教えを乞うている。[31]「陶山及門諸賢目録」[32]には、李滉の弟子や親交のあった儒者たち三〇〇人余りが名を連ねているが、李珥はむろんのこと、盧守慎、柳希春、黄俊良、趙穆、奇大升、権文海、成渾、尹根寿、禹性伝などと並んで、東人の領袖金孝元と西人の領袖沈義謙など、当代の錚々たる人物が目白押しに並んでおり、李滉が士大夫（儒者）の間でいかに尊敬され、大きな影響力をもっていたかを知ることができる。

李滉がもっとも尊敬していた先学は、趙光祖と李彦迪（一四九一〜一五五三）の二人であった。[33] 李滉は、その学問の後継者を任じているが、とりわけ、「己卯士禍」で非業の最期を遂げた趙光祖に対する思いには強いものがあった。李滉にとって、趙光祖が弾圧されたことこそが「士禍」であった。李滉のこのような心情が弟子や私淑する者たちに受け継がれ、[34] 一つの「士禍」言説として伝えられ拡大していった。

李滉はすでに『明宗実録』の中で趙光祖の復権をはかっていたが、宣祖に対して趙光祖の優秀さとともに、彼が非業の死を遂げたことの不当さと無念さを力説した。[35] 宣祖もこれに応えて、趙光祖を領議政に追贈し、[36] さらに「文正」の諡号を授けている。[37] 李滉の死後、李珥は趙光祖を李滉と共に宗廟に配享すべきことを力説してやまなかった。[38]

東人や西人、あるいはそれが分派した南人・北人・老論・少論の各派にとって、それぞれが師とあおぐ李滉と李珥が尊崇してやまない趙光祖を弾圧した「己卯士禍」こそ、もっとも非難されてしかるべき事件だということになる。『燃藜室記述』や『我我録』、『足徴録』をはじめとする「党争」関係史料をもういちどそのような視点で読み直すことで、朝鮮近世政治史の新たな面貌が見えてくるであろう。

注

（1） 韓国の代表的な通史である韓永愚『取り戻す韓国史』（経世院、ソウル、一九九七年）は第五章「士林の成長とその文化」の第二節を「士林の登場」、「士林と士禍・分党」とし、この時期の政治的展開を、「士林の登場」、「勲戚と士林の葛藤——士禍」、「宣祖時代の朋党の発生」と概括している。また、日本の代表的な通史である武田幸男編『朝鮮史』（山川出版社、二〇〇〇年）も「士禍と党争」で同様の説明をしている（一八四—一八七頁）。一方、通史ではないが、権仁浩『朝鮮中期士林派の社会政治思想』（ハンギル社、ソウル、一九九六年）、李熙煥『朝鮮後期党争研究』（国学資料院、ソウル、一九九六年）、呉甲均『朝鮮後期党争研究』（三英社、ソウル、二〇〇〇年）、李銀順『朝鮮後期党争史研究』（一潮閣、ソウル、二〇〇〇年）などの韓国における専門的研究も同様な認識を示している。

（2） 幣原坦『韓国政争志』（三省堂、一九〇七年）四一頁。

（3） 瀬野馬熊「朝鮮党争の起因を論じて士禍との関係に及ぶ」（『白鳥博士還暦記念東洋史論叢』、岩波書店、一九二五年）二一頁。

（4） 『中宗実録』巻三、二年（一五〇七）六月甲戌条の史臣の評語など。

（5） 幣原坦『韓国政争志』（前掲）は、「士禍」が「党争」の前史であることを、「抑李朝の党争は、宣祖の初年に分立せる東人西人の争を以て其起源となすこと、従来の定説也。然りと雖、余は更に遡りて、燕山君の時に其濫觴を認め、宣祖の初年に及びては、党争の状態既に業に歩を進めたるものと推定する者也」（二頁）と説明している。

（6） 李泰鎮『朝鮮儒教社会史論』（知識産業社、ソウル、一九八九年）。

（7）一四五三年の端宗側近の追放（癸酉靖難）と一四五五年の端宗廃位のこと。
（8）このほか「壬寅士禍」（『英祖実録』巻七、元年（一七二五）九月甲寅）、「丙申士禍」（『景宗 実録』巻十二、三年（一七二三）四月丁卯）などがあり、また宋時烈の弾圧事件に対して「士禍」とする表現（『粛宗実録』巻一、即位年（一六七四）十二月辛亥など）は多出する。
（9）林泰輔の研究と研究者としての軌跡については、権純哲「林泰輔の「朝鮮史」研究（『埼玉大学紀要（教養学部）』四四―二、二〇〇八年）および同「林泰輔の「朝鮮史」研究の内容と意義」（『埼玉大学紀要（教養学部）』四五―二、二〇〇九年）が詳しく論じている。
（10）林泰輔『朝鮮近世史』（上下二冊、吉川半七、一九〇一年）。
（11）林泰輔『近世朝鮮史』（早稲田大学出版部）には一九〇六年版とそれを改訂した一九〇七年版があるが、章立てはすべて同一である。
（12）林泰輔『朝鮮近世史』（吉川弘文館、一九二六年）。
（13）小田省吾「李朝党争概説」（『朝鮮』一〇一、一九二三年九月）。
（14）瀬野馬熊「朝鮮党争の起因を論じて士禍との関係に及ぶ」（前掲）および「朝鮮近世史」（『朝鮮史講座（一般史）』、朝鮮史学会、一九二五年）。
（15）申奭鎬「己卯士禍の由来に関する一考察」（『青丘学叢』二十、一九三五年）。
（16）河合弘民「朝鮮に於ける党争の原因及当時の状況」（『史学雑誌』二七―三、一九一六年三月）。
（17）小田省吾「李朝政争略史」（『朝鮮史講座（特別講義）』、朝鮮史学会、一九二五年）、瀬野馬熊「朝鮮党争の起因を論じて士禍との関係に及ぶ」（前掲）。
（18）例えば、太祖即位以前からの股肱の臣下を指して「潜邸時勲旧耆老」と称している（『太祖実録』巻十三、七年（一三九八）二月十八日乙未）。
（19）一般にこの事件を「中宗反正」と呼んでいる。「反正」は不正義状態から正義状態にもどすことを意味しており、『朝鮮王朝実録』には各王代に頻出する語であるが、現在の韓国史の叙述においては、この中宗推戴勢力による燕山君追放事件と、仁祖推戴勢力による光海君追放事件（仁祖反正）の二つのみを指して「反正」と表現している。この表現自体も再検討を要するものである。
（20）『中宗実録』巻二十二、十年（一五一五）六月癸亥条。同巻二十三、同年十一月甲辰条・己酉条など。
（21）『中宗実録』巻三十七、十四年（一五一九）十月乙酉条・十一月己亥。
（22）李珥「静菴趙先生墓誌銘」（『栗谷先生全書』巻十八）。
（23）金鉉栄「勲旧から士林へ」（『朝鮮の政治と社会』集文堂、ソウル、二〇〇二年）。
（24）韓永愚『取り戻す韓国史』（前掲）二九三頁。
（25）稲葉君山「朝鮮党争史に対する一考察――李寧齋の原論を読みて」（『朝鮮』一三七、一九二六年十月）。
（26）石井寿夫「後期李朝党争史に就いての一考察（一）（二）」（『社会経済史学』十―六・七、一九四〇年九月・十月）。
（27）林泰輔『朝鮮史』（五冊、吉川半七、一八九二年）。
（28）林泰輔は元来、甲骨文の研究者であった。詳しくは、権純哲「林泰輔の「朝鮮史」研究」（前掲）参照。
（29）『明宗実録』末尾の「前後官並録」。
（30）李滉は明宗の「行状」を書いている（『退渓先生文集』巻四十八）。これは彼が『明宗実録』編纂の中心であったことを示している。『宣祖実録』巻一、即位年(一五六七)七月丁巳条に、宣祖が「李滉に大行王(明宗)の行状を作成するように命じた」とある。

(31)『栗谷全書』巻三十三「年譜」嘉靖三十七年(一五五八)条。李珥は当時数えで二十三歳であった。その後も、書信によって李滉に教えを請うたり意見の交換をしている(『栗谷全書』巻九「上退渓先生別紙」)。また李滉の死にあたっては「祭文」を送って悼んでいる(『栗谷全書』巻十四「祭退渓先生文」)。

(32)『李退渓全書』。

(33)李滉は、趙光祖(『退渓先生文集』巻四十八)と李彦迪(『退渓先生文集』巻四十九)の「行状」を書いている。その他の人物で李滉が「行状」を書いたのは、前にふれた明宗以外には、李賢輔、黄俊良、権撥の三人に過ぎない。

(34)李珥は趙光祖の墓誌銘を記している(『栗谷全書』巻十八)。また、趙光祖の弟子白仁傑は、早くから趙光祖を宗廟に配亨することを主張している(『宣祖修正実録』巻四、三年(一五七〇)四月戊戌)。趙光祖の宗朝配亨は、光海君により一六一〇年に決定された(『光海君日記』巻二十六、二年三月癸未条)。

(35)宣祖に対するご進講(朝講)において、趙光祖が「不幸にして罪を得た」ものの、「平凡な賢士ではない。天賦の才能は極めて優れており、他と隔絶し」ながらも「不幸にして罪を得た」(『宣祖実録』巻一、即位年(一五六七)七月丁巳)のだと強調し、宣祖の問いに対して「趙光祖は天賦の才に優れ早くから性理学に志を持っていた」と絶賛している(『宣祖実録』巻二、元年(一五六八)九月丁卯)。

(36)『宣祖実録』巻二、元年(一五六八)四月丙申条。

(37)『宣祖実録』巻四、三年(一五七〇)五月癸酉条。

(38)『宣祖修正実録』巻十五、十四年(一五八一)十月辛卯条。

大同法の歴史的意義と地方財政におけるその運用実態

六反田　豊

ろくたんだ・ゆたか――東京大学大学院人文社会系研究科准教授。専門は朝鮮中世近世史（朝鮮時代の財政史・水運史・海事史などを中心に研究。主な著書・論文に『朝鮮王朝の国家と財政』（山川出版社、二〇一三年）、『日本と朝鮮――近世、近代そして現代』（共編著、明石書店、二〇一一年）、「朝鮮前近代史研究と「海」」（『朝鮮史研究会論文集』第五一集、二〇一三年）などがある。

十七世紀に施行された大同法は、財政史・経済史の面で画期的な改革として評価されるが、それと同時に、この新法の施行は地方財政の再建という面でも重要な意味をもつ。大同法と地方財政との具体的な関係の解明は今後の大きな課題であるが、ここでは十九世紀末における地方官府の大同法運用関連記録六点を分析し、それらの性格を概括的に検討しつつ、地方財政次元における大同法運用の一端を垣間見る。

はじめに

朝鮮時代[1]前半期（十四世紀末〜十六世紀末）において国家的収取体制の根幹をなしたのは田税[2]・貢納と賦役[3]である。このうちの貢納は政府・王室諸機関で使用する多種多様な物貨を現物の形で地方官に割り当てて徴収する現物税で、正式には貢物と進上という二つの税目をさす。貢物が政府・王室諸機関の必需品を各邑《ゆう》（府・大都護府・牧・都護府・郡・県）[4]に分定して上納させるものだったのに対し、進上は観察使[5]や節度使[6]など地方に派遣された奉命使臣が国王や王室・宗廟等に献上する礼物を原義とするが、両者ともにその調達はおもに民戸の負担とされた[7]。

このような貢納は、当時の国家財政において歳入の大半を占める重要な税目だった。しかしその一方で、制度自体に内在する様々な不備や矛盾のため、防納とよばれる貢納請負の盛行にともなう弊害がしだいに顕著となり、十六世紀以降その改革が大きな政治課題とされるようになった。

本稿が取り上げる大同法は、こうした貢納制改革の帰結として朝鮮時代後半期（十七世紀初〜二十世紀初）になって施行されるようになった国家財政の新しいしくみである。それは、従来の貢納制を改め、現物のかわりに定額の大同米（ないしはその代替物としての布・銭）を田地に賦課し、それを財源として貢人とよばれる政府公認の調達業者から必要物資を買い付けるようにしたものである。大同法は一六〇八年に京畿で試行されたのに始まり、その後一〇〇年の歳月をかけて段階的に実施地域を全国各地に拡大させていった。

大同法についてはすでにいくつかの視角から一定の研究蓄積がある。[8] 本稿では、まずそれらの成果に依拠しながら大同法施行の背景と過程、その具体的な内容などを概観し、この新法の施行が朝鮮時代の財政史や経済史においていかなる意義を有するのかという点を整理する。そのうえで、いまだ解明が進んでいるとはいえない地方財政次元での大同法の運用実態について若干の考察を試みる。

大同米（布・銭）は各地で徴収されたその全額が中央に上納されたわけではなく、一部は地方に留置され、地方官府の運営経費等にも活用された。そして地方での大同米の在庫管理・支出状況等に関しては、時期的には十九世紀末期に限定されるとはいえ、関連する記録類がわずかながら伝存する。そこで大同米（布・銭）の徴収・支出手続きとも関連させながらそれらの記録類がそれぞれいかなる性格のものであるかを検討し、またそれを通じて明らかとなるいくつかの点について述べることにしたい。

一、大同法施行の背景

一、貢納制の不備・矛盾と防納の弊害

冒頭にも述べたように、貢物・進上をあわせた貢納は朝鮮時代前半期の国家財政における重要な税目の一つだったが、その一方で制度自体に内在する様々な不備や矛盾が早くから政府内で指摘されていた。貢納制に内在する制度的な不備・矛盾としては、①負担の不均等、②貢案の長期固定性と不産貢物の分定、③貢物納入過程での官吏の不正の横行、の三点をあげることができる。

まず①の負担の不均等という問題は貢物・進上の分定・賦課方式と深く関連する。貢物は各邑を対象にその邑の産物や田地面積・戸口数等を参酌して分定・賦課されることになっていた。しかしそれは必ずしも厳密なものではなく、邑相互間で負担の不均等がしばしば生じた。しかも邑内での調達方法については明確な規定が存在しなかった。多くの場合は邑

内の民戸を使役して調達されたが、そのさい各民戸の田地所有状況や貧富の差は考慮されず、むしろ守令[9]の恣意により貧寒な民戸に負担が集中する傾向がみられた。進上についても、観察使や節度使などが管下の邑や営・鎮[10]等の民戸を使役して調達するのが一般的であり、貢物同様、負担の不均等という問題を生じていた。

次に②にみえる貢案とは政府の歳入予定台帳である。[11]貢案には貢物・進上等を賦課・分定される邑ごとにその種類・額と納入先官府等を記載したものと、納入先である官府ごとにその種類・額と分定邑等を記載したものの二種類が作成され、それぞれ各邑と中央の各官府に備置された。さらに各邑の貢案を総合したものが各道監営に保管され、またそれらと中央各官府の貢案とを統合したものが戸曹[12]に保管されたと考えられる。

これらの貢案は量田[13]の実施と連動して改定されるべきものとされていたが、朝鮮時代前半期には法制上二十年ごととされていた量田が実際には規定どおりに実施されず、また量田と貢案改定とが連動しない場合も多かった。その結果、貢案改定は必ずしも頻繁にはおこなわれず、[14]いったん確定した貢物・進上の品目と額は長期にわたり固定化される傾向にあった。

その理由の一つとして、貢納では賦課対象品目が多岐にわたるだけでなく、納入先機関もまた多岐にわたり、納入元の各邑と納入先の各機関とが品目ごとに複雑な関係を築いていたことを指摘できる。これは、国家財政を一元的に統轄する官府がなく政府・王室諸機関が個別に財政を管理・運営するという、朝鮮王朝の分散的な財政運営のあり方に起因するものだが、そうした体制が貢案の頻繁な改定を困難にした側面が強い。

それはともかく、こうした貢案の長期固定性のゆえに発生したのが不産貢物の分定という問題だった。貢物・進上を各邑に分定するさいには前述のようにその地の産物が考慮されることになっており、貢案にもそれが反映されたが、時間の経過とともにそれらの貢物・進上が当該邑で産出されなくなることは往々にしてありえた。あるいは当初から実際にはその地に産しない物貨が貢物として分定されることもあった。しかしいずれの場合であれ、いったん貢案に記載された品目と額は長期間維持され、そうしたいわゆる不産貢物の調達が、それらを賦課された民戸の負担を重いものとした。

最後の③も、貢案の長期固定性同様、納入元の各邑と納入先の各機関とが品目ごとに複雑な関係を結んでいたことに起因する部分が多い。こうした複雑な関係ゆえに貢物・進上の納入手続きは煩雑をきわめ、そのことが納入実務に従事する担当官吏の各種不正を誘発する一因ともなったのである。そのもっとも代表的な例が点退だった。点退とは、貢物・進上の納入先官府等の担当胥吏が、納付された貢物・進上を規格に満たない不良品として受取拒否する行為である。貢物・進上として納入される物資の品質を維持するうえで必要な措置ではあったが、しだいに胥吏による収賄の手段と化し、濫用された。

以上のような貢納における制度的不備や矛盾を背景として登場したのが防納である。防納とは、貢物・進上として上納される各種物貨の調達を、本来それらを分定された各邑にかわって請け負う行為をいう。防納従事者たちは自身が請け負った物貨の代価を当該邑の民戸から米や綿布の形で徴収することで利益をあげた。防納はすでに朝鮮建国当初から文献上に確認できるが、とくに活溌化するのは十五世紀後半以降であり、十六世紀にかけて一般化していく。

防納は貢納制が孕む問題のゆえに必然的に出現することになったものである。それは当初から広く社会各層の人々によりおこなわれたが、とくに十五世紀前半には中央官僚や守令、あるいは僧侶・商人等による防納が一般的だった。ところが十五世紀後半以降になると貢物・進上の納入先機関の担当者でもある中央各官府所属の胥吏と公奴婢が防納を独占するようになり、十六世紀にかけてしだいに専業化の傾向を強めていった。

ところが防納には大きな弊害がともなっていた。防納従事者たちは王族や政府高官などの有力者と結託し、民戸から法外な額の代価を徴収して暴利を貪ったが、その結果、民戸が重い負担に苦しむこととなったのである。そのため政府は一四〇九年に防納禁断の措置をとった。しかしすでに慣例化していた防納を根絶することはむずかしく、また前述の不産貢物の分定問題など、貢納制それ自体が防納なしでは成り立たない側面を有していたこともあって、しだいに部分的に防納を認めるようになり、五五年から五九年までの間に防納を全面的に公認するようになった。

だが政府として防納の弊害を看過することはやはりできず、六八年には一転して再び禁令が出された。以後大同法の施行に至るまでこの禁令が維持されることになる。しかしそれにもかかわらず防納はいっそうの隆盛をきわめ、前述のように中央各官府の胥吏や公奴婢などを中心に独占化と専業化が進んだ。防納の盛行により、貢納制はその直接負担者である一般民戸にとって事実上米や綿布を納入するものとなっていった。

二、貢納制改革論議と大同法の先行形態

十五世紀後半から十六世紀にかけて朝鮮では社会・経済の各方面で様々な変動がみられたが、防納の一般化もその一つである。それは、やはりこの時期に進展した賦役の布納化とともに、それまで多様な形態で賦課されていた民戸の負担が米・綿布へと一元化されていく過程として把握できる。その背景には、十五世紀以降農民の小経営がしだいに発展し、労働力よりも土地の生産物を徴収するほうが国家にとっても有利となってきたという事実がある。従来の収取体制が現実の社会のありようと齟齬をきたすようになったのである。

とはいえ貢納制における防納の一般化は利益追求に走る防納従事者による法外な代価徴収という弊害を招き、民戸をおおいに苦しめた。そしてそうした防納が貢納制に内在する制度的不備や矛盾に起因するものである以上、防納にともなう弊害を抜本的に解消するためには貢納制の改革が必要だった。こうして十六世紀に入ると政府内部で貢納制の改革が論議されるようになる。

すなわち十五世紀後半以降中央政界に進出し始めた士林派[15]勢力によって、現行の貢案である「壬戌貢案」（一五〇一）を改定し、貢物の産・不産、貢額の足・不足の不均等を是正しようとする論議がまず一五一四年から始まった。そしてそれは、数度の試行錯誤を経て一六〇五年に「乙巳貢案」として結実した。この「乙巳貢案」は大同法実施まで基本的な貢案とされた。しかしこうした貢案改定論議は、「任土作貢」（その土地の産物に応じて貢物を設定する）という貢納制本来の原則を維持したままでの改革論議にすぎなかった。

貢案改定は当時「貢案詳定」とも表現されたが、十六世紀半ばになると貢納制の存続を前提とした、右にみたような貢案改定論議とは一線を画した貢納制改革論議がやはり「貢案詳定」の名のもとに提起されるようになる。たとえば一五六九年、李珥が「東湖問答」[16]において黄海道海州でおこなわれていた収米法[17]を全国に拡大するための前提として貢案詳定を提起したのがそれである。また八三年には金誠一が「黄海道巡撫時疏」[18]において黄海道白川や海州・載寧等でおこなわれていた大同除役[19]の全国拡大を要請したが、これも貢案詳定を念頭においてなされたものだった。

これらの貢案詳定論の核心は、各邑に分定された各種貢物の時価を米または綿布に換算してそれを道ないし邑を単位に割り当て、当該道・邑内の田地の面積に応じて一結あたりの賦課額を決定することにある。民戸の負担を現物から米・綿布へ変更し、徴収した米・綿布を財源にして道・邑レベルで所定の貢物を調達・上納することが企図されたのである。そ

うすることで田地の保有額に応じて民戸の負担を均等化し、防納従事者による民戸からの法外な代価取り立てを防止しようとするものだった。

さきに指摘したように、防納の隆盛にともない民戸の負担も事実上現物から米・布に移行していた。海州での収米法や白川等での大同除役は、すでに普遍化していたそうした収米・収布を前提としつつ、その過程で生じる防納の弊害を排除しようとする動きが一部の地域で実現していたことを意味する。

これら海州での収米法や白川等での大同除役は大同法の先行形態とみなしうるものである。それは、一部の道で大同法が実施されるようになった十七世紀以降、これらを私大同と称したことからも窺えよう。国家の法制としてではなく、あくまで守令による私的な措置として当該守令の管轄範囲内でのみ実施されてものだったゆえに「私」字が冠されたのである。李珥や金誠一は、のちに私大同と称されるようになるこうした収米法を全国に拡大して法制化しようとし、そのためにはまず貢案の改定が必要だと主張したのだった。

しかしこうした貢納制改革論議はすぐさま大同法の施行に直結しなかった。当時構想されていた収米・収布法は私大同の全国化という域を出るものではなく、民戸の負担を現物から米・布へ公式に変更したとしても、邑・道から政府・王室諸機関への納入物は従来どおりの各種の現物だった。しかも大同法とは異なり、地方財政や賦役の一部まで含めて地税化しようとするものでもなかった。

さてこうした貢納改革論議とは次元を異にしたところで、十六世紀末から十七世紀初にかけて政府主導により貢物作米が検討され、一時実施もされた。それは柳成龍が提起したもので、国家が貢物を米に換算（作米）して徴収することで戦時における軍糧を確保するとともに、点退・防納の弊害を防止しようとするものだった。壬辰倭乱（一五九二～一五九八）[20]が勃発した一五九二年を嚆矢とし、その後九四年から本格的に実施された。ただしこれは戦時応急策の性格を完全には払拭できず、民戸の負担も軽減されなかった。反対論も多く、九九年までに廃止されたと考えられる。とはいえこうした貢物作米法もまた大同法の先行形態といってよい。

二、大同法の施行過程と制度の概要、その歴史的意義

大同法は、のちに私大同と称される収米・収布法や貢物作米法を先行形態として、それらを法制として全国に拡大し、恒常的に運営することをめざして制定されたものである。最

表1　各道における大同法の実施・廃止・復設

年次	事　項
1608	京畿で試行。
1623	江原道・忠清道・全羅道で実施。
1625	忠清道・全羅道で廃止。
1646	平安道・黄海道で収米法を実施。
1651	忠清道で復設。
1658	全羅道沿海部27邑で復設。
1663	全羅道山間部26邑で復設。
1665	全羅道山間部26邑の大同法を停止。
1666	全羅道山間部26邑の大同法を再度復設。 咸鏡道で詳定法を実施。
1679	慶尚道で実施。
1708	黄海道で詳定法を実施。

初に大同法が実施されたのは王都漢城の周辺地域である京畿地方だった。一六〇八年のことである。税額は田地一結あたり米十六斗とされ、そこには各種貢物価のみならず各邑の運営費、守令の公私生計費、刷馬価（公務で使用する馬の借上費）、各種雑費など、地方財政の各種経費までも含まれていた。この新法はその主管官府として王都漢城に新設された宣恵庁にちなんで「宣恵之法」ないし「宣恵法」と称されるとともに「大同之法」もしくは「大同法」ともよばれ、のちに後者が一般化した。[21]

一六二三年、京畿での大同法（宣恵法）実施がよい結果を出したとしてその全国拡大が論議された結果、江原・忠清・全羅三道での大同法実施が決定した。京畿同様、田地一結あたり米十六斗を徴収するというものだったが、忠清道と全羅道については飢饉の発生や豪強層の反対により二年後の二五年に廃止され、江原道のみ存続することになった。その後、忠清道では五一年に復設されたが、全羅道では五八年に沿海部の二十七邑では復設されたものの山間部二十六邑での復設は見送られた。山間部でもようやく六三年から復設されたが六五年末にはまた中止され、その翌年になって最終的に実施が確定した。

一方、慶尚道では一六七七年にから大同法の実施が論議され、七九年から実施された。税額は田地一結あたり米十三斗とされたが、まもなく十二斗に減額された。また黄海道ではすでに四六年から別収米[22]を財源として貢物を調達していたために大同法の実施は他道に比べて遅れたが、九四年から大同法実施論議がなされるようになり、その結果一七〇八年になって詳定法の名で実施された。このほか北部の辺境地域である咸鏡道では一六六六年から詳定法の名で収米が実施され、平安道でも四六年以降収米法が実施された。[23]以上各道での大同法施行過程を整理したものが**表1**である。

このように、大同法は京畿での試行以来一〇〇年の年月をかけて、北部辺境地帯である平安道と咸鏡道を除く朝鮮半島全土で実施された。平安道と咸鏡道でも大同法類似の収米法・詳定法が実施された。実施地域の拡大が必ずしも順調に進まず、一〇〇年という長期間を要したのは、大同法の施行により既得権益を奪われる防納従事者や、田地への課税により負担増を強いられる大土地所有者などの抵抗がそれだけ強かったからである。しかしそうした抵抗にもかかわらず、最終的にはほぼ全国規模での施行が実現したこともまた事実である。それは、この新法が当時の社会・経済状況をかなりの程度反映したものだったからにほかならない。

さて大同法の施行により従来の貢納制は廃止され、各邑の民戸はその所有田地の面積に応じて一定額の大同米（もしくはその代替物としての綿布・銭）を課税されることになった。[24] 春と秋との二期に分けて徴収された大同米は、王都漢城に新設された宣恵庁に納入され、かつて貢物・進上として政府・王室機関に納付されていた各種物貨の調達費のほか、大同法施行後に新たに貢物・進上として設定された各種物貨の調達費、さらには清への朝貢品の購入費、各種の労役費や労働者の雇用費などにも使用された。

貢物・進上等の物貨調達は政府公認の貢納請負商人である貢人が担うことになった。貢人には政府・王室諸機関に所属して特定品目の物貨納入を請け負う各司貢人のほか、複数の貢人で貢契を組織し、指定された数箇所の政府・王室諸機関に特定物貨を納入する各契貢人もあり、また漢城にあった特権商人組合である市廛の一部も貢人の機能を果たした。いずれの場合も宣恵庁から貢物調達費である貢価を支給されて所定の物貨を所定の政府・王室諸機関に納入した。

注意すべきなのは、徴収された大同米（布・銭）の全額が中央へ上納されたわけではないことである。大同米（布・銭）のうちのかなりの額が中央へ上納されず各邑に留置された。[25] これらの留置米は各邑官府の運営費や守令の公私生計費、各種の祭祀費、軍事費、それに大同法実施後も各邑での負担として残された貢物（外貢または土貢という）[26] の調達費などに充当され、また監営や兵営・水営に送られて当該営の運営費や外貢進上調達費などにも使用された。さらにその残額は上納米の輸送費や各種雑費に使用されたほか、各邑に毎年備蓄され、凶年時の不足補填などに用いられた。[27]

大同法の施行は貢納を地税化しただけではなく、このように地方財政の財源を確保した点にも大きな特徴がある。また十五世紀後半以降しだいに布納化が進展しつつあった賦役[28] についてもその一部が大同法の実施により地税化された。

大同法は、貢納や賦役など従来多様な形態で賦課されていた各種収取の地税化を進めただけでなく、分散的な性格の強かった朝鮮王朝の国家財政を一元化する志向を有し、また国家の財政難を一時的ではあれ解消する効果があった。大同法施行の財政史的な意義はこうした点に求めることができる。一方、経済史的な意義としては、民戸負担の軽減にともない、農民的剰余が成立する契機となった点、商品流通経済の発展を刺戟した点などをあげることができる。

大同法の施行は、十五世紀末以降進展した社会・経済の変動にともなう民戸負担の変化という現実を反映した財政改革であり、一義的には、右にみたように財政史や経済史の面で画期的な改革だったということができる。これに加えて近年では、丁卯・丙子胡乱（一六二七・一六三六〜一六三七）[29]や庚辛大飢饉（一六七〇〜一六七一）[30]などを経験した十七世紀初・中期を国家的危機の時代とみなし、大同法の施行をそうした国家的危機を克服するために官僚・知識人層が進めた改革の結果として評価しようとする研究もみられる。[31]

三、地方財政における大同法の運用実態

大同法の施行は貢納制の改革にとどまるものではなく、地方財政の再建という点でも重要な改革だった。したがって大同法実施の財政史的意義を総体として理解しようとするならば、大同法と地方財政との具体的な関係についても立ち入って考察されるべきである。しかし大同法に関する既往の研究では、これまでこの点が十分に検討されてこなかった。地方財政次元での大同法の運用実態、すなわち留置米の使途およびその在庫管理・支出状況等とその時期的変容に関する個別実証的な研究は、いまだほとんど手つかずのまま放置されているといっても過言ではない。

以下では、今後そうした方向での研究を進めていくための基礎作業として、大同米のうち各邑での留置米を財源とする各種費目の支出や在庫管理に関する地方官府の記録類のうち今日まで伝存するものをいくつか紹介し、それらの各記録がどのような性格のものであるのかを概括的に検討しつつ、地方財政次元における大同法の運用実態の一端を垣間見ることにしよう。取り上げるのは韓国のソウル大学校奎章閣韓国学研究院が所蔵する三点、東京大学総合図書館が所蔵する二点、それに個人所蔵の一点である。[32] それらを列挙すれば次のとおりである。

①ソウル大学校奎章閣韓国学研究院所蔵

『全羅道各邑戊子夏三朔大同夫刷価用下摠録成冊』（一八八八年／請求記号「奎一九四一七」／以下、記録A）

『全羅道各邑癸巳春三朔大同夫刷価用下摠録成冊』（一八九三年／請求記号「奎一九四一七」／以下、記録B）
『全羅道各邑庚寅条大同儲置米分排成冊』（一八九〇年／請求記号「奎一九五二四」／以下、記録C）
②東京大学総合図書館所蔵
『道内各官丁亥条収租磨勘余米単挙成冊』（一八八七年／請求記号「G二三―二九四」／以下、記録D）
『支供米価区劃成冊』（一八九四年、請求記号「G二三―三一八」／以下、記録E）
③個人所蔵
『道内各官癸巳秋三朔大同余米用遣在会計都案』（一八九三年／以下、記録F）

みてわかるように、これらはいずれも十九世紀末期に作成されたものである。このうち記録A・B・Cの三点は大同法の主管官府である宣恵庁に保管されていた。(33)一方、記録D・Fの保管先は慶尚道監営だった。(34)記録Eの保管先は未詳ながら、おそらくこれも後述するようにその記載内容から慶尚道監営で作成し保管していたものと推測される。

ここであらためて大同米（布・銭）のうち地方に留置されるいわゆる留置米の用途について整理すると、次のとおりである。すなわち各邑に留置された留置米は、まず当該邑の官府の運営費や守令の公私生計費に用いられた。具体的には各官官需・使客支供米といった費目がこれに該当する。そのほか各邑に設けられていた社稷壇や文廟などでの祭祀費、弓矢・銃砲などの武器や軍用船舶の調達費用と軍糧に充てるための軍事費、土貢（外貢）調達費などに使用された。各邑から監営・兵営・水営などに移管されたものは当該営の諸経費や外貢進上費等に充当された。

それら各邑・各営の諸経費を差し引いた残額は余米と称され、公務で使用する馬匹の借り上げ費である一年各様刷馬価、上納米の輸送費である京上納米布輸運船馬価のほか、正規外の労役に人丁を雇用するための費用である科外別役価や各種の雑費に使用されたが、さらにその残額は凶年時の不足補填のため毎年各邑に備蓄されることが、大同法の施行規則である「大同事目」に規定されていた。(35)

ところで十七世紀後半以降、中央財政の窮乏に対応するため大同米全体に占める上納米の比率が増加し、それにつれて留置米は減少の一途をたどった。その結果、上述した、余米の一部を凶年時の不足補填分として毎年各邑に備蓄するという「大同事目」の規定が新財源創出の手段へと転化され、余米中の一定額が毎年恒常的に各邑に蓄えられ、その累年の蓄積が地方財政の重要財源とされるようになっていった。

この新財源は、毎年の補填分も含めて「儲置米」と呼称されるとともに、それがもともと余米由来であり、しかもかつて余米を財源とした多くの費目がこの新財源から支出されるようになったために、そのまま「余米」とも称された。こうした地方財政の次元における大同米の運用方式の変容は遅くとも十八世紀後半までに京畿以南の各道で一般化していたと推測される(36)。

以上のことを念頭に置いたうえで、記録A～Fがそれぞれ大同留置米についてのいかなる帳簿・記録であるかを検討しよう。

まず記録Eからみてみたい。記録Eは『支供米価区劃成冊』というその書名からも窺えるように、各邑の官府運営経費中の一費目として右にあげた使客支供米に関する帳簿である。使客支供米とは、漢城から各地へ派遣される公務出張者等のための旅費・宿泊費・接待費等に該当する。記録Eには、慶尚道内の留置米から各邑に配分される使客支供米の年額とその折銭価（銭に換算した額）および用途別支出実績の内訳が邑単位に記載されている。

そうした記載内容から、記録Eは慶尚道監営において作成され、保管されていたものと推測される。支出内訳は各邑からの報告をもとに慶尚道監営でそれを邑ごとに整理し、随時書き継いでいったものと理解される。

次に記録Cは全羅道内の留置米から各邑へ配分される儲置米の当年度新規劃給（割当て）額の内訳を全羅道監営から宣恵庁に報告した冊子である。作成者は全羅道監営だが、保管先は宣恵庁だった。

『万機要覧』（一八〇八年）(37)および『湖南庁事例』（十九世紀初）(38)によれば、宣恵庁では当該年度の大同米（布・銭）徴収額が決定すると各邑の必要経費と上納米および各邑への儲置米の新規劃給額等を算出して各道に送付したが、これを「収租頒降」といった。そして各道の監営では、それをもとに各邑の必要経費額を費目ごとに箇条書きにして宣恵庁に報告した。これを「磨準収租」といい、その報告書を「収租正案」もしくは「磨準案」といった(39)。記録Cは、この「収租正案」（磨準案）と関連する記録と推測される。

記録Cには「庚寅条」すなわち一八九〇年における全羅道内五十三邑(40)の儲置米新規劃給額が列挙されている。その記載内容を整理したものが**表2**である。これによれば、一八九〇年における全羅道内五十三邑の儲置米新規劃給総額は八〇〇〇石だった。またその内訳をみると、もっとも劃給額の少ない邑は礪山等七邑で、その額は各二十石、逆にもっとも多い邑は光州・南原の二邑でその額は各四〇〇石となっている。

各邑の劃給額にかなりばらつきがみられるが、その理由については今後の検討課題である。ちなみにこの年に新規劃給がなされなかった邑は皆無だった。

次に記録Dをみてみよう。この記録Dの書名『道内各官丁亥条収租磨勘余米単挙成冊』にみえる「余米」とは儲置米のことである。前述のように儲置米はそれ自体がもともと余米由来の財源であるとともに、かつて余米を財源とした多くの費目が儲置米中から支出されるようになったために余米とも称された。

記録Dは慶尚道内の余米（＝儲置米）総額（前年度からの備蓄額と新規劃給額の総計）を邑ごとに書き上げた冊子であり、慶尚道監営で作成されたものである。書名にある「収租磨勘余米」の「収租」は当年度劃給の留置米を意味すると考えられ、「磨勘」は「完了する」ないし「終える」という意味であるので、「収租磨勘」とは当年度に確保された留置米の用途内訳を決定することとみてよい。つまり資料Dは、そうした収租磨勘段階での余米（＝儲置米）の在庫と新規劃給状況を邑ごとに記したものということになる。

そこで問題となるのが、この記録Dとさきに述べた「収租正案」や記録Cタイプの帳簿・記録等とはどのような関連に

表2　1890年における全羅道各邑儲置米内訳

	儲置米（石）		儲置米（石）
全州	200	咸平	30
羅州	180	康津	40
光州	400	海南	150
綾州	200	茂長	30
南原	400	務安	30
珍島	80	扶安	80
茂朱	270	興陽	70
順天	150	咸悦	20
潭陽	200	沃溝	20
長興	290	光陽	330
長城	170	興徳	30
礪山	20	高敞	20
宝城	330	龍安	40
古阜	30	井邑	70
霊光	80	任実	300
霊岩	100	南平	170
金堤	20	長水	170
益山	20	鎮安	280
楽安	380	谷城	150
淳昌	210	同福	180
錦山	250	求礼	150
珍山	170	玉果	270
万頃	20	雲峰	170
金溝	150	和順	100
臨陂	20	泰仁	200
昌平	100	高山	200
龍潭	260	計	8000

典拠：記録C

あるのかという点である。また記録D自体はいまも述べたように慶尚道監営で作成され、かつ保管されてきたものだが、これが宣恵庁への報告書の副本なのかどうか、換言すれば記録Dと同内容の報告書が宣恵庁にも送られていたのかどうかという点も気にかかる。

記録Dの記述内容は**表3**にまとめたとおりである。これをみると「丁亥条」すなわち一八八七年において、その前年度以前からの備蓄米を意味する旧米の総計は一万九八三九石十二斗九升六合四勺、新規劃給分である新米の総計は二二三三石二斗二升二合となっている。しかしこの年、新規に余米(=儲置米)を劃給されたのは梁山(一七三三石二斗二升二合)と東萊(五〇〇石)のみにすぎず、それ以外の六十九邑には新規の余米(=儲置米)劃給はなされなかった。しかも大半の邑ではごくわずかの備蓄米があるにすぎなかった。こうした数値はさきにみた記録Cの記載内容、すなわち全羅道内五十三邑のすべてに儲置米の新規劃給がなされていたという事実とは対照的といわざるをえない。この点をいかに理解したらよいかという点も今後の検討課題である。

記録Fも記録D同様、慶尚道の余米(=儲置米)に関する記録だが、こちらは道内各邑の余米(=儲置米)の支出・在庫状況を邑ごとに記録した冊子である。やはり記録Dと同じく慶尚道監営で作成された。これは年に四回、三ヶ月ごとに作成されて宣恵庁に報告するものの一つだったとみられ、記録Fの場合は「癸巳秋三朔」すなわち一八九三年七~九月期の内容が記載されている。

『湖南庁事例』には儲置米の支出額と在庫額を年四回宣恵庁に報告する記録として「儲置会案」なるものの存在が記されており、[41]記録Fはその「儲置会案」に相当するものとみてよい。ただし「儲置会案」そのものではなく、副本ないしは控えとして慶尚道監営に保管されていたものである。

記録Fに記載された数値の一部を抜粋した**表4**によれば、一八九三年七~九月期には慶尚道全体で三万二四五〇石ほどの儲置米在庫が存在した。しかしそれらは特定の邑のみに偏在しており、多くの邑は備蓄米としての儲置米を保有していなかったことがわかる。それらの邑では、「加下米」といった別置米・漕留米[42]などの別財源から補填がなされていた。あくまである年度の限られた期間における状況を示すものだが、大半の邑で備蓄米としての儲置米が存在しなかったという点では、さきにみた記録Dとも似通った状況を示していることが読み取れるだろう。[43]

最後に記録A・Bをみておきたい。これら二点はいずれも全羅道内各邑の儲置米から支出される「夫刷価」の支出・在

表3　1887年における慶尚道内各邑収租磨勘余米内訳

	余米		
	旧米＋新米	旧米	新米
晋州	2012石1斗9升9合5勺	2012石1斗9升9合5勺	なし
密陽	2石8斗7升8勺	2石8斗7升8勺	なし
金海	1石12斗2合2勺	1石12斗2合2勺	なし
昌原	22石4斗6升3合7勺	22石4斗6升3合7勺	なし
昌寧	2石2斗9合9勺	2石2斗9合9勺	なし
咸安	3石3斗5升9合6勺	3石3斗5升9合6勺	なし
宜寧	1013石5斗3升2勺	1013石5斗3升2勺	なし
玄風	1石6斗9升7合	1石6斗9升7合	なし
霊山	1石5斗4升5勺	1石5斗4升5勺	なし
泗川	1石9斗6升7合7勺	1石9斗6升7合7勺	なし
昆陽	2石3斗6升9合1勺	2石3斗6升9合1勺	なし
河東	1石14斗5升9合6勺	1石14斗5升9合6勺	なし
丹城	1石9升1合5勺	1石9升1合5勺	なし
梁山	1733石12斗7升2合7勺	10斗5升7勺	1733石2斗2升2合
漆原	1011石7斗6升3合6勺	1011石7斗6升3合6勺	なし
巨済	1石1斗5升3合3勺	1石1斗5升3合3勺	なし
熊川	2473石13斗5升1合2勺	2473石13斗5升1合2勺	なし
鎮海	1石14斗1升7合9勺	1石14斗1升7合9勺	なし
南海	1石13斗3升7合6勺	1石13斗3升7合6勺	なし
固城	21石9斗4升2合8勺	21石9斗4升2合8勺	なし
豊基	1石2斗6勺	1石2斗6勺	なし
栄川	1石11斗2升8合	1石11斗2升8合	なし
清道	1011石13斗5升1合6勺	1011石13斗5升1合6勺	なし
興海	1石3斗3升2合8勺	1石3斗3升2合8勺	なし
醴泉	1石10斗5升3合	1石10斗5升3合	なし
永川	412石8斗4升9合9勺	412石8斗4升9合9勺	なし
義興	1石2斗2升9合2勺	1石2斗2升9合2勺	なし
慶山	2石5合8勺	2石5合8勺	なし
盈徳	2012石5斗6升5合3勺	2012石5斗6升5合3勺	なし
龍宮	1石2升6合3勺	1石2升6合3勺	なし
真宝	1石9斗6升9合4勺	1石9斗6升9合4勺	なし
迎日	1石10斗8升2合	1石10斗8升2合	なし
礼安	1石13斗5升2合5勺	1石13斗5升2合5勺	なし
比安	1石11斗7勺	1石11斗7勺	なし
軍威	1011石7升4合2勺	1011石7升4合2勺	なし
奉化	1石13斗7升	1石13斗7升	なし

	余米		
	旧米＋新米	旧米	新米
義城	1石3升7合7勺	1石3升7合7勺	なし
新寧	1石8斗9合5勺	1石8斗9合5勺	なし
河陽	1石6斗5升6合7勺	1石6斗5升6合7勺	なし
慈仁	1石12斗4合1勺	1石12斗4合1勺	なし
清河	6斗7升1合7勺	6斗7升1合7勺	なし
彦陽	4斗9升1合5勺	4斗9升1合5勺	なし
尚州	22石10斗9升3合1勺	22石10斗9升3合1勺	なし
陜川	1石9升4合8勺	1石9升4合8勺	なし
咸陽	611石12斗2合4勺	611石12斗2合4勺	なし
金山	1石2斗1升5合3勺	1石2斗1升5合3勺	なし
聞慶	1石1斗3升2合2勺	1石1斗3升2合2勺	なし
開寧	1石4斗5升5合	1石4斗5升5合	なし
咸昌	1石9斗4升	1石9斗4升	なし
知礼	1石8斗9勺	1石8斗9勺	なし
居昌	1石2斗9升9合9勺	1石2斗9升9合9勺	なし
安義	1012石3斗5升4合5勺	1012石3斗5升4合5勺	なし
三嘉	1石5斗3升6合8勺	1石5斗3升6合8勺	なし
順興	1石2斗4升6合7勺	1石2斗4升6合7勺	なし
山清	212石5斗2升9合5勺	212石5斗2升9合5勺	なし
安東	2012石1斗2升5合4勺	2012石1斗2升5合4勺	なし
青松	1石5斗2升7合3勺	1石5斗2升7合3勺	なし
寧海	1石8斗3升8合6勺	1石8斗3升8合6勺	なし
長鬐	1512石2斗6升9合	1512石2斗6升9合	なし
英陽	1石10斗2升8合1勺	1石10斗2升8合1勺	なし
慶州	22石4斗5升5合8勺	22石4斗5升5合8勺	なし
東萊	502石14斗5升3合8勺	2石14斗5升3合8勺	500石
大邱	10斗7升8合1勺	10斗7升8合1勺	なし
仁同	1石5斗3升9合3勺	1石5斗3升9合3勺	なし
漆谷	10斗3升6合6勺	10斗3升6合6勺	なし
蔚山	21石6斗2升3合4勺	21石6斗2升3合4勺	なし
星州	21石4斗2升7合6勺	21石4斗2升7合6勺	なし
善山	3312石10斗7升5合7勺	3312石10斗7升5合7勺	なし
機張	1石9升5合7勺	1石9升5合7勺	なし
草渓	1石4升4合9勺	1石4升4合9勺	なし
高霊	1石7斗3升5合1勺	1石7斗3升5合1勺	なし
計	22073石1升8合4勺	19839石12斗9升6合4勺	2233石2斗2升2合

典拠：記録D

庫状況を全羅道監営から宣恵庁に報告した冊子で、年四回作成されるものの一つである。「夫刷価」とは正式には「夫刷馬価」というべきもので、儲置米の一部を割いて新旧守令の送迎に動員される人夫と刷馬（馬の借り上げ）にかかる費用をいう。

『嶺南大同事目』[44]所収の「沿海各官夫刷価折銭上下節目」（一七六七年）によれば、慶尚道の沿海諸邑の夫刷馬価は十八世紀後期以降銭で支出されることになっており、その支出・在庫状況は「儲置会案」とは別に記録し、「儲置会案」とともに宣恵庁に報告することが規定されている。そしてその報告書を「夫刷馬会案」と称したという[45]。

おそらくこうした規定は全羅道にも適用されたものと推測される。そして記録A・Bこそがまさにその「夫刷馬会案」に相当するものと考えられる。ただし『嶺南大同事目』所収

表4　1893年7月~9月における慶尚道内各邑の儲置米支出および残高（一部抜粋）

	前余米	前加下米	合下	在米	合加下米
晋州		208石10斗7升9合6勺	84石13斗5合		293石12斗8升6合6勺
密陽		19石3斗9升1合6勺	17石13斗5合		37石1斗9升6合6勺
金海		30石1斗8升5勺	24石9斗2升5合		54石11斗5合5勺
昌原		18石5斗2升3合8勺	32石3斗7升5合		50石8斗9升8合8勺
昌寧	4991石7斗4升9合3勺		11石	4980石7斗3升4合3勺	
咸安		5石7斗2升8合4勺	17石10斗2升5合		23石2斗5升3合4勺
固城		77石6斗6升7合	42石7斗1升5合6勺		119石13斗8升2合6勺
宜寧	1493石12斗6升2合1勺		27石4斗2升5合	1466石8斗3升7合1勺	
霊山		12石13斗4升2勺	13石10斗6升5合		26石9斗5合2勺
…	…	…	…	…	…
総計	32701石5斗9升5合4勺 新銀前在104両4里	3504石7斗7升9合3勺	実下252石11斗3升9合7勺 加下1389石2升5合3勺	32445石9斗5升5合7勺	4893石8斗4合6勺

※前余米：期前在庫額、前加下米：期前に儲置米額を上回った支出額、合下：当該期支出計、在米：当該期末在庫、合加下米：前加下＋合下

典拠：記録F

の「沿海各官夫刷価折銭上下節目」では、「夫刷馬会案」には銭への換算額と同時にもとの米の額も併記することが規定されているのに対し、記録A・Bには米の額は表示されておらず、ただ銭価のみが記載されており、この点で若干の齟齬がみられる。

以上、記録A〜Fが地方財政次元での大同法運用においてそれぞれいかなる性格の記録であるかをごく概括的に検討した。記録Eによって各邑における使客支供米（とその折価銭）の具体的な支出内訳を知ることができ、また記録C・D・Fによって道の次元での儲置米の動き（備蓄米の支出・在庫状況および新規劃給の実態など）を把握することができる。また記録A・Bからは儲置米を財源とする夫刷馬価の支出・在庫状況が追跡できることが理解されよう。それと同時に十九世紀末期、甲午改革（一八九四年）の直前に至るまで大同米（布・銭）に由来する財源（備蓄米としての儲置米およびその新規劃給分とそれを銭に換えたもの）が地方官府の財政運営に一定の役割を果たしていたことも窺知される。

むろん、これらの記録のみで地方財政次元での大同法運用の実態をすべて明らかにできるわけではないが、その一端を知ることは可能である。今後はこれら個々の記録の精密な分析を進めるとともに、関連史料とも突き合わせることにより、各邑の地方財政全体における大同米由来財源の位置づけやその時期的変化、あるいは地位的偏差などの問題について考察を進めていきたい。

注

（1）一三九二年から一九一〇年にかけて朝鮮半島に存在した王朝の呼称として、日本では「李氏朝鮮」や「李朝」の語が用いられることも多いが、本稿ではこの王朝の正式な国号にちなんで「朝鮮王朝」ないし「朝鮮」と表記する。

（2）田税は田地に賦課した地税であり、田地所有者に対し、水田は米、旱田は大豆や各種の雑穀を一定の税率で徴収した。山間部の田地に対しては輸送の便宜等を考慮して綿布をはじめとする布物や油・蜂蜜といった現物を代替品として徴収したが、これを田税布貨もしくは田税条貢物などといった。

（3）賦役は生《なま》の労働力を徴発する労役で、国家が個別に指定した特定の個人を徴発する身役と、民戸を賦課対象として戸内の不特定の人丁を徴発する徭役とに大別される。このうち身役は、良身分保持者を対象とする良役と賤身分保持者（奴婢）を対象とする賤役とに別れていた。身役のもっとも代表的なものが軍役である。一方、徭役では田税の輸送、貢物・進上の調達と輸送、各種の土木工事などが課せられた。

（4）邑は朝鮮時代におけるもっとも基本的な地方行政単位である。邑というのは総称であり、実際には府・大都護府・牧・都護府・郡・県のいずれかを称した。これらの名称の違いは当該邑の歴史的由来や政治的位置づけを反映したものであり、しばしば昇格・降格もなされたが、大多数を占めたのは郡と県だった。時期によって増減はあるものの、朝鮮時代には全国に三三〇～四〇ほどの邑が存在した。

(5) 観察使は朝鮮時代の地方広域行政単位である道（京畿・忠清道・全羅道・慶尚道・江原道・黄海道・平安道・咸鏡道）の長官（従二品）で、道内を巡回して管下の地方官を監督するとともに、道庁である監営において道内の行政・司法を掌った。

(6) 節度使は朝鮮時代の地方軍事機構における最高司令官で、各道内に設けられた陸軍・水軍の司令部である兵営・水営を拠点にそれぞれ管下の軍事機構を統轄した。陸軍の場合は兵馬節度使（従二品）、水軍の場合は水軍節度使（正三品）といった。

(7) 貢物と進上は本来それぞれ別個の税目だが、両者ともに現物納であり、また貢物であれ進上であれ、大半の物資の調達が定期的・恒常的に民戸の負担とされた点では共通しているため、両者を貢納として一括して把握するのが通説的な理解である。

(8) そのうち大同法施行の歴史的背景や施行過程および大同法それ自体の制度的内容等を扱ったものとしては、高錫珪「16・17세기 貢納制 개혁의 방향」（『韓国史論』一二、一九八五年）、金玉根『朝鮮後期経済史研究』（瑞文堂、一九七七年）、同『朝鮮王朝財政史研究』Ⅰ（一潮閣、一九八四年）、同『朝鮮王朝財政史研究』Ⅲ（一潮閣、一九八八年）、金潤坤「大同法의 施行을 둘러싼 賛反 両論과 그 背景」（『大東文化研究』八、一九七一年）、박기주「선혜청의 수입과 지출」（『서울학연구』三二、二〇〇八年）、李廷喆『대동법, 조선 최고의 개혁』（歴史批評社、二〇一〇年）、鄭亨愚「大同法에 対한 一研究」（『史学研究』二、一九五八年）、池斗煥「宣祖・光海君代 大同法 論議」（『韓国学論叢』一九、一九九七年）、同「仁祖代의 大同法 논의」（『歴史学報』一五五、一九九七年）、同「孝宗代 大同法論議」（『韓國思想과 文化』一〇、二〇〇〇年）、崔完基「大同法 実施의 影響」（『国史館論叢』一二、一九九九年）、韓栄国「湖西에 実施된 大同法——大同法研究의 一齣」（上）（下）（『歴史学報』一三・一四、一九六〇・六一年）、同「湖南에 実施된 大同法——湖西大同法과의 比較 및 添補」（一）～（四）（『歴史学報』一五・二〇・二一・二二、一九六一・六三・六三・六四年）、同「大同法의 実施」（国史編纂委員会編『한국사』一三、同委員会、一九七八年）、安達義弘「十八～十九世紀前半の大同米・木・布・銭の徴収・支出と国家財政」（『朝鮮史研究会論文集』一三、一九七六年）、糟谷政和「17・18世紀全羅道順天府における国家的収取体系の地域的編成とその変容——『新増昇平志』の分析を中心にして」（『茨城大学政経学会雑誌』五二、一九八六年）、田川孝三『李朝貢納制の研究』（東洋文庫、一九六四年）、六反田豊「『嶺南大同事目』と慶尚道大同法」（『朝鮮学報』一三一、一九八九年）、同「大同法における「留置米」「余米」「儲置米」概念の検討」（『東洋史研究』五〇―三、一九九一年）、同「新出の大同法関係史料について」（『年報朝鮮学』五、一九九五年）、同『朝鮮王朝の国家と財政』（山川出版社、二〇一三年）、などがある。以下、第一節・第二節の叙述は、これらの成果に依拠している。

(9) 邑を治めた地方長官で、府尹（従二品）・大都護府使（正三品）・牧使（同上）・都護府使（従三品）・郡守（従四品）・県令（従五品）・県監（従六品）の総称。

(10) 地方における軍事機構を鎮という。兵営管下の鎮は道内の行政単位である各邑をそのまま鎮として編制したもので、守令が鎮の指揮官を兼ねたが、水営管下の水軍鎮は独立した軍事機構として設定され、指揮官には専任の武官を充てた。

(11) 貢案には貢物・進上のほか田税やその他の雑税まで記載されたが、品目の多様性と数量の多さにおいて貢物と進上が群を抜いていた。

(12) 戸曹は税制・田地・戸口などを管掌する中央官府で、吏曹・礼曹・兵曹・刑曹・工曹とともに六曹と総称された。

(13) 量田とは田地を測量して政府の土地台帳である量案に登記することをいう。

(14) 朝鮮建国直後の一三九二年十月に最初の貢案が作成されたのち、朝鮮時代前半期の約二〇〇年間における貢案改定として文献上に確認できるのは、部分的なものも含めて一四〇一・〇八・一六・一八・六四・七三・一五〇一・一六〇五年の少なくとも八回である。十五世紀にはそれでもまだ比較的頻繁に貢案改定がおこなわれていたが、十六世紀以降は一〇〇年に一度の頻度でしかおこなわれなかったことがわかる。

(15) 学徳のある知識人・読書人をさす「士」の集団的表現が「士林」である。朝鮮では十五世紀末以降この語が頻繁に用いられるようになった。この時期から十六世紀半ばにかけて四度にわたり発生した政変を「士禍」と称し、これにより禍を被った官僚らを士林と表現したのである。その多くは十五世紀後半以降中央政界に進出し、しだいに政治権力化した新興官僚層である。そこで通説的には彼らを「士林派」として把握する。士林派は十六世紀後半以降に政治の主導権を握り、以後十七世紀後半まで士林派を中心とする政治構造が維持されたとされる。

(16) 『栗谷先生全書』巻十五所収。

(17) 田地一結あたり米一斗を徴収し、それを財源にして海州の地方官府で直接貢物を調達・上納するものだった。なお、結は朝鮮独自の面積表示単位である。当時の田地はその肥沃度により六等級に区分されていたが、どの等級の田地であれ同じ一結の収穫量は同一になるよう設定されていた。一結の実面積は一等田で約一ヘクタール、六等田で約四ヘクタールとなる。また朝鮮時代の一斗は約六リットルであり、十五斗で一石となる。

(18) 『鶴峰全集』続集巻二所収。

(19) ここでの大同除役とは、邑内に分定された各種貢物の時価を算定し、それを田地に割り当てて負担させる方式のことであり、李珥が海州で目撃した収米法とほぼ同内容のものだったとみてよい。

(20) 豊臣秀吉が明攻略を企図して一五九二年に朝鮮半島へ大軍を派遣した戦争と、休戦をはさんで九七年に再度朝鮮に侵攻した戦争(日本でいう文禄・慶長の役)を朝鮮側ではこのように称した。狭義にはこのうちの前者のみをさす。その場合、後者は丁酉再乱という。

(21) 「宣恵之法」は『光海君日記』(中草本)巻三十三、二年(一六一〇)九月丙辰条、「宣恵法」は同書巻八十、六年(一六一四)七月癸丑条がそれぞれ文献上の初見である。一方、「大同之法」の初見は『仁祖実録』巻七、二年(一六二四)十一月癸丑条、「大同法」の初見は、『仁祖実録』巻八、三年(一六二五)正月辛酉条である。ただし「大同収米」という表記が『光海君日記』(中草本)巻一一三、九年(一六一七)三月乙酉条にみられるほか、同書巻十五、元年(一六〇九)四月戊寅条には「建議大同宣恵」という表現もみえる。それゆえ「宣恵法(宣恵之法)」とともに「大同法(大同之法)」もこの新法の施行当初から併用されていた可能性が高い。

(22) 明清交代期、朝鮮では平安道鉄山郡西方海上の椵島に駐屯していた明将毛文龍の軍営(毛営)に対する軍糧穀供給のために各道の田地に課税し、これを西糧といった。毛営撤廃後、西糧は別収米と改称されたが、一六四六年に廃止された。しかし黄海道と平安道ではその後も存続し、これを財源に貢物を調達するようになった。黄海道では一七〇八年に詳定法が実施されると、新設の元収米とこの別収米の二本立ての課税がおこなわれた。

(23) 平安道で実施された収米法とは、黄海道同様、西糧由来の別収米が存続し、それを財源に貢物を調達したものである。

(24) 前述のように、実施当初は各道で大同米の課税額がまちまちだったが、復設された忠清道・全羅道と慶尚道の大同法では田地一結あたりの税額は最終的に米十二斗とされた。京畿の大同法も一六六四年に田地一結あたり米十二斗に引き下げられたが、江原道については地域により複数の税額が適用された。黄海道の詳定法は元収米として田地一結あたり米十二斗が課税されたほか、従来からの別収米三斗が別途賦課された。

(25) 忠清道・全羅道で大同法が復設された当初および慶尚道で大同法が実施された当初の大同米全体に占める留置米の比率は、それぞれ約五一・七パーセント(忠清道)、五八・四パーセント(全羅道)、六一・一パーセント(慶尚道)で、いずれも上納米よりも多かった。しかし中央財政の悪化で上納米が増加するにともない、留置米はしだいに減少した(六反田前掲「大同法における「留置米」「余米」「儲置米」概念の検討」七七頁)。

(26) これに対して、中央へ上納された大同米を財源にして調達されたものを京貢といった。

(27) 大同法の具体的な内容については、各道に大同法を実施するさいに作成された施行規則である「大同事目」に詳しい。現存する「大同事目」としては忠清道の『忠清道大同事目』(韓国・ソウル大学校奎章閣韓国学研究院所蔵)、全羅道の『全南道大同事目』(韓国・ソウル大学校奎章閣韓国学研究院および国立中央図書館所蔵)、慶尚道の『嶺南大同事目』(韓国・国立中央図書館所蔵)がある。ただし『嶺南大同事目』については、「大同事目」の原本ではなく十八世紀後半に作成された写しであり、慶尚道の大同法運用に関してその後に制定された追加の施行規則等もあわせて収録されている(『嶺南大同事目』の詳細については六反田前掲「『嶺南大同事目』と慶尚道大同法」を参照)。また十九世紀に編纂された宣恵庁の「事例」にも各道の大同法の内容やその時期的変動の概要がまとめられており、大同法研究のための重要な史料となっている。現存するのは、宣恵庁内で全羅道の大同法を管掌した湖南庁の『湖南庁事例』(ソウル大学校奎章閣韓国学研究院所蔵)と慶尚道の大同法を管掌した嶺南庁の『嶺南庁事例』(同左)、それに江原道の大同法を管掌した江原庁の『江原庁事例』(同左)の三点である。

(28) 賦役のうちの身役では十五世紀後半からさまざまな形で布納化が進展し、国家はその収入を財源にして兵士や労働者を雇用する給価雇立制へとしだいに移行した。徭役においても十五世紀末以降、同様の変動が進行した。

(29) 後金(のち清)による一六二七年と三六年の朝鮮軍事侵攻を朝鮮側ではこのようによぶ。丙子胡乱で朝鮮は清に降伏し、以後明にかわって清との間に冊封関係を結んだ。

(30) 十七世紀半ば、朝鮮半島は異常気象によりしばしば飢饉に見舞われたが、とくに一六七〇年から翌年にかけてのそれは深刻で、旱魃や洪水等により朝鮮全土で凶作となり、多数の死者を出したとされる。凶作や飢饉の状況については『顕宗実録』巻十八〜二十と『顕宗改修実録』巻二十二〜二十五の諸条を参照。

(31) たとえば李廷喆前掲『대동법, 조선 최고의 개혁』は、そうした視角から十七世紀における貢納制改革論議とその帰結としての大同法を論じている。

(32) これらはあくまで筆者が現在までに調査・蒐集しえたものである。これら以外にも地方財政次元での大同法の運用実態に関する記録・帳簿は若干現存するが、それらの紹介と分析は後日を期したい。
(33) 三点とも全羅道内諸邑の大同米運用に関する記録だが、表紙に「宣恵庁」の墨書がある。
(34) 二点とも慶尚道内諸邑の大同米運用に関する記録であり、表紙に「営上」の墨書がある。
(35) たとえば『嶺南大同事目』第六十四条には「列邑の余米は必ず須《すべから》く優に従いて留儲し、其の不時の用に資すべし。常時一年の余す所、万有余石なれば、必ずしも尽く科外の役に用いざるが似《ごと》し。毎に年終に於いて余数を算出し、各邑に会録して或いは旧を用いて新を蓄え、或いは糶糴《ちょうてき》改色し、其の毎年の余儲を以て其の凶年欠縮の数を補うべし」とある。なお現存する「大同事目」の詳細については前掲注27参照。
(36) この点については六反田前掲「大同法における「留置米」「余米」「儲置米」概念の検討」八三―九五頁および同前掲『朝鮮王朝の国家と財政』八五―九一頁を参照。
(37) 『万機要覧』は国王が軍政と財政を把握するための便覧で、一八〇八年に徐栄輔・沈象圭らが王命を報じて撰した。
(38) 前掲注27参照。
(39) 『万機要覧』財用編三、大同作貢條。『湖南庁事例』収租条。
(40) この五十三邑は全羅道内全邑のうち済州島内の三邑（済州・旌義・大静）を除いたものである。
(41) 『湖南庁事例』儲置会減条。
(42) 別置米の詳細は不明である。一方、漕留米とは除留米のことである。慶尚道の大同米は当初、民間所有の地土船を借り上げて船価米を支給し、漢城まで輸送・上納したが、この方法では弊害が多かったため英祖代（一七二四～一七七六）になって官船漕運体制に転換された。そのさい、かつての船価米を漕運拠点とされた駕山・馬山・三浪の三漕倉に分配・備置し、それぞれの漕倉の運営経費に活用することになった。これが除留米である（『嶺南庁事例』漕転設倉条）。
(43) 記録Fについては、六反田前掲「新出の大同法関係史料について」でやや詳細な検討を試みたことがある。
(44) 『嶺南大同事目』については前掲注27参照。
(45) 『嶺南大同事目』丁亥六月初二日到付宣恵庁関内「沿海各官夫刷価折銭上下節目」。

朝鮮前期における対日外交秩序
——その新たな理解の提示

木村 拓

きむら・たく――学習院大学客員研究員、横浜国立大学など非常勤講師。専門は朝鮮時代の対外関係史。主な論文に「一七世紀前半朝鮮の対日本外交の変容――「為政以徳」印の性格変化をめぐって」(『史学雑誌』一一六―一二、二〇〇七年)、「朝鮮王朝世宗による事大・交隣両立の企図」(『朝鮮学報』二二一、二〇一一年)、「朝鮮王朝世宗代における女真人・倭人への授職の対外政策化」(『韓国朝鮮文化研究』一一、二〇一二年)などがある。

従来の研究では、朝鮮前期の対日外交秩序においては、「日本国」という枠組みは何ら意味を持っていなかったと理解されてきた。それに対して本稿は、朝鮮前期の対日外交秩序において「日本国」という枠組みは有意味なものであり、そのことは朝鮮が明中心の国際秩序を前提としながら対日外交に臨んだことと関係があったことを明らかにしようとした。

はじめに

十四世紀末期、李成桂(太祖)が朝鮮王朝(一三九二~一八九七、以下、朝鮮と称す)を創建した頃、同世紀半ば以来激化した倭寇の侵攻もピークを過ぎており、十五世紀に入ると、倭寇の活動は次第に影をひそめていった。しかしその一方で、貿易の利を求めて日本から通交してくる平和的通交者が増加の一途を辿り(1)、世祖十二年(一四六六)から成宗二年(一四七一)にかけては、「朝鮮遣使ブーム」と称すべきような、日本使節の大挙渡来まで現出するに至った(2)。

申叔舟(一四一七~一四七五)が成宗の命を受けて『海東諸国紀』を撰進したのは、成宗二年十二月のことであった。「朝鮮遣使ブーム」によって、日本使節の増加と多様化に拍車がかかっていた中、成宗が即位すると、対日外交に関する従来の諸規則の改定や、新たな規則の定立がにわかに進められることとなった。十三歳という若さで即位した成宗が、対日外交の経験が豊富で、当時としては最も日本事情に通じていると評価されていた申叔舟に、[3] それまでの対日外交の沿革や諸規則を整理して、今後の対日外交の参考に資すべき書物の撰進を命じたのは当然の勢いであった。[4]

『海東諸国紀』は、体裁上は「海東諸国」、すなわち日本・琉球に関する研究書かつ両国との外交マニュアルと言うべきものであるが、その主たる内容は日本に関するものである。同書の「日本国紀」には、約一八〇名もの日本人通交者（使節の派遣主体および朝鮮から官職を授けられて本人の渡航が義務付けられた受職人を指す。以下、同じ）が記され、その分布範囲は対馬・壱岐を含む北九州地域をはじめとして、西日本地域の各地に広がっており、中には信濃の通交者まで含まれている。[5] 通交者の接待に関する諸規則を定めた「朝聘応接紀」も、基本的には日本人通交者を対象にしたものであると言ってよい。

「朝聘応接紀」では、日本人通交者が派遣できる船数の多少や、上京途上あるいは首都漢城で受ける接待の厚薄などが細かく定められているが、注目されるのは、その規定の基準として、次のような「四例」の分類を設けていることである。

(1)日本国王（足利将軍）の使節
(2)諸巨酋（畠山・細川・左武衛・京極・山名・大内・小二等）の使節
(3)九州節度使（九州探題）の使節・対馬島主特送（対馬島主が特別に派遣する使節）
(4)諸酋の使節（西日本地域を中心とする中小領主の使節）・対馬島人（詳細は後述）・受職人

「朝聘応接紀」では、基本的にこの「四例」の分類に従って各種接待の内容が定められている。[6] 日本との「多元的」通交関係に[7] 対応するための、朝鮮の対日外交体制というべきものが、そこには見出される。それでは、そうした朝鮮の対日外交体制は、どのような外交秩序に基づいて形成されていたのであろうか。

この点については、金柄夏氏によって「明の朝貢制度を縮小した形態」という理解が先駆的に示されていたが、[8] はじめて本格的な議論を行ったのは高橋公明氏であった。すなわち高橋氏は、『海東諸国紀』の内容や構成の分析を通して朝鮮中心の「華夷観念」（華夷論、すなわち華夷の別を重視する秩序論）を抽出しつつ、日本人通交者が足利幕府とは無関係に「地域的支配者もしくは個人」として朝鮮に通交していたことに着目することによって、朝鮮の対日外交は、主として朝鮮中心の華夷論に基づく「朝鮮外交秩序」の下で行われ、「朝鮮外交秩序」は、朝鮮国王と日本国王がほぼ対等の外交文書を往復していたことを除けば、明中心の国際秩序（冊封

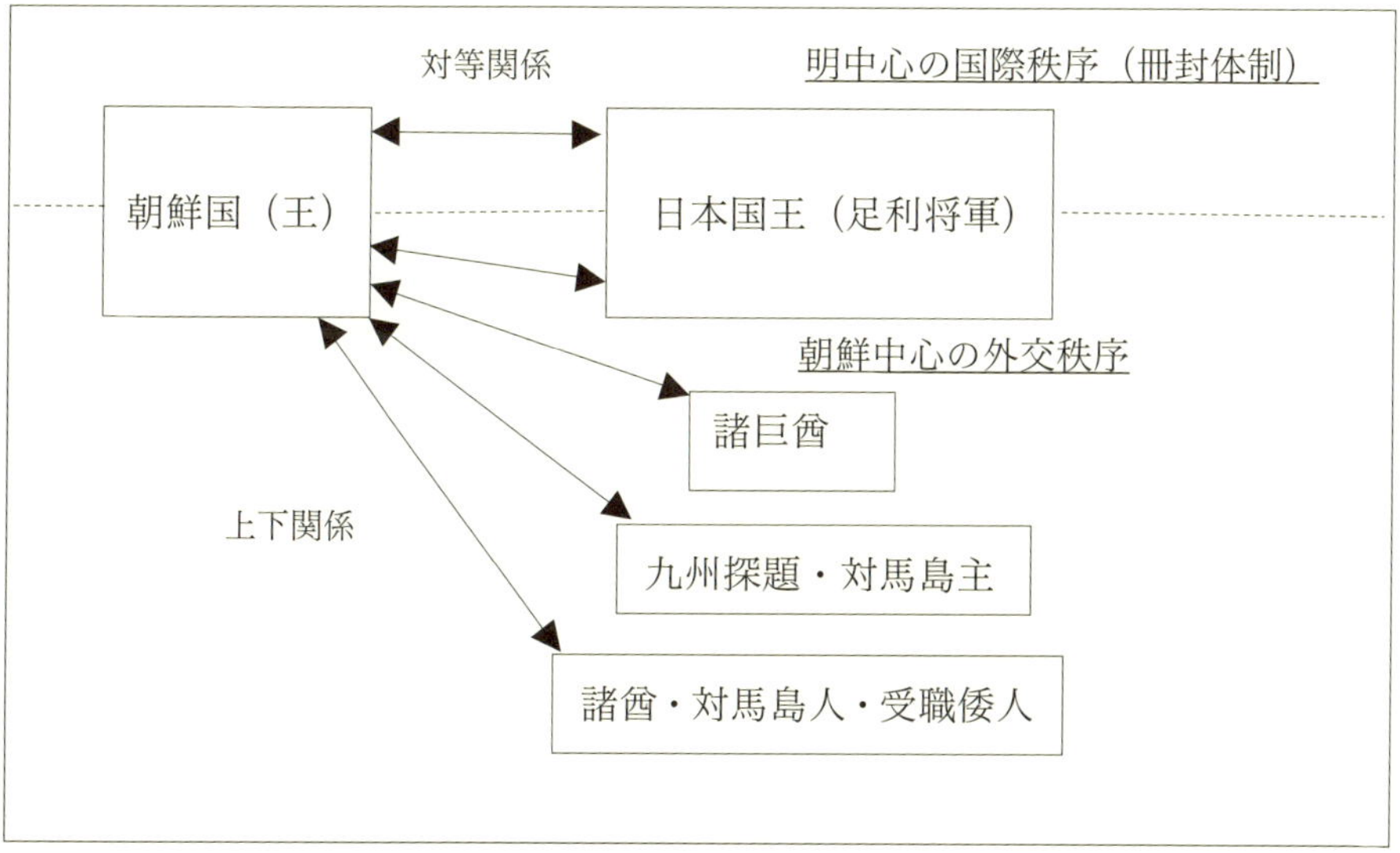

図1　朝鮮前期における対日外交秩序の通説的理解

体制）とは関係していなかったと結論付けた。[9] 高橋氏によるこうした理解は、後に孫承喆氏によって引き継がれた。

孫氏は、朝鮮の対日外交を、対等関係が志向される「対等関係の交隣」と上下関係が志向される「羈縻関係の交隣」とに区分し、前者の対象が日本国王、後者の対象が日本国王以外のすべての日本人通交者であったと把握しつつ、「冊封体制下での国王と国王の間の関係という点では対等性を否定するものではない。しかし両国間の実際の通交は、その構造上、対等とは大きな隔たりがある」と理解した。[10] 孫氏の理解は、高橋氏が指摘した外交文書上での国王同士の対等関係を、冊封体制下での国王同士の対等関係に置き換えたものと見てよく、朝鮮の対日外交秩序の基本的な捉え方については、高橋氏の理解を踏襲したものと言える。[11] そして、こうした高橋・孫両氏の理解方式は、今や通説的なものとなっていると言ってよい。[12] その通説的理解に『海東諸国紀』の「四例」を当てはめて図示すれば**図1**のようになる。

ところで筆者はすでに、高橋氏や孫氏の議論では、朝鮮の対日外交と明中心の国際秩序との接点が、「冊封体制下における日本に対する対等外交」という事象にのみ求められており、そのような議論を通じては、明中心の国際秩序との接点を捉え切れないと主張したことがある。[13] だが、両氏の研究には、対日外交秩序自体の理解についても疑問を呈する余地が残されている。すなわち、**図1**からも確認されるように、両氏の理解によれば、朝鮮の対日外交秩序においては、「日本国」という枠組みが何らの意味を持っていなかったことになるが、例えば『海東諸国紀』の中で、日本国王らの日本人通交者が列挙されているのは、他でもなく「日本国紀」においてであることに鑑みても、朝鮮は「日本国」という枠組みを認識しており、それは朝鮮の対日外交秩序とも何らかの形で関係していたと考えるのが穏当であるように思える。しかし高橋・孫両氏の研究をはじめとする先行研究からは、こうした素朴な疑問に対する解答を見つけるができないのである。

　確かに高橋氏が論じたように、実際としては、日本人通交者は「地域的支配者もしくは個人」として朝鮮に通交していたと言え、[14]「日本国」に属する者として朝鮮に通交していたとは言えないであろうが、当然ながら、そうした実際的な状況がそのまま朝鮮の対日外交秩序に反映されたとは限らない。高橋氏も「朝鮮側の主観」――朝鮮の設定する対日外交秩序――という視点から一定の検討を加えているものの、[15]それは限られた事例からの帰納的検討に止まると言わざるを得ず、朝鮮の対日外交秩序において、「日本国」が意味を持たなかったことを論証したとは言い難い。

　そこで本稿では、『海東諸国紀』を考察の主たる拠り所としながら、[16]朝鮮前期の対日外交秩序において「日本国」という枠組みが有意味なものであったことを明らかにし、ひいては朝鮮前期の対日外交秩序についての新たな理解の提示を試みたい。

一、『海東諸国紀』のなかの「日本国」

申叔舟は『海東諸国紀』に自ら序文を付している。その序文の中で、「日本国」について次のように述べている。

【史料A】窃観国於東海之中者非一、而日本最久且大。其地始於黒龍江之北、至于我済州之南、与琉球相接、其勢甚長。厥初、処処保聚、各自為国。周平王四十八年、其始祖狭野起兵誅討、始置州郡。大臣各占分治、猶中国之封建、不甚統属。（『海東諸国紀』序）

申叔舟の認識では、「東海」の「国」の中では、「日本」が最も由来が古く、なおかつ大きい国であり、その領域は黒龍江の北から朝鮮の済州島の南まで伸びて琉球に接しており、初めは所々に「国」が独立して存在していたが、周の平王四十八年（前七二三）、「狭野」（神武天皇）[17]によってはじめて州郡が置かれると、「大臣」がそれを各々分治するようになったという。ただし、あたかも「中国の封建」のように、「統属」（国としてのまとまり）が強くなかったともいう。

ここで注意されるのは、申叔舟が「日本」という一定の領域を認識し、なおかつ「統属」はゆるいものの、天皇を最高統治者として「大臣」が分治する「日本国」が認識されていることである。もちろん史料Aの内容は、神武天皇以後のことが漠然と述べられているのであり、直接的には十五世紀の日本の状態を指しているものではなかろう。しかし申東珪氏によれば、『海東諸国紀』では、鎌倉幕府の成立までは、天皇が日本の最高統治者であったが、鎌倉幕府の成立以後における日本の実際的な統治者は、国王（源氏を称する将軍）であると把握されているという。[18] この点を史料Aの内容と考え合わせれば、その「統属」はゆるいとはいえ、日本国王を最高統治者とする「日本国」が想定されていたと考えられるであろう。

一方、史料Aに続く序文の文章は、成宗に「夷狄を待する道」（夷狄に対処する方法）の心構えを説くことに重点を置くものとなっており、次のような成宗への進言で締めくくられている。

【史料B】〈前略〉。宜按先王旧例、以鎮之。而其情勢各有重軽、亦不得不為之厚薄也。然此瑣瑣節目、特有司之事耳。聖上念古人之所戒、鑑歴代之所失、先修之於己、以及朝廷、以及四方、以及外域、則其於終致配天之極功也、無難矣。何況於瑣瑣節目乎。（『海東諸国紀』序）

申叔舟は成宗に対して、日本人通交者を統制するには「先王の旧例」を考えなければならないと述べながら、それに臨む心構えについて、「その（日本の）情勢には重軽があり、接待も厚薄の差を設けざるを得ません。しかしながら、そうした瑣瑣たる節目は、もっぱら担当官庁の仕事です。聖上（成宗）は古人の戒める所を考え、歴代の失する所に鑑み、まずはそれを己に修め、以て朝廷に及ぼし、以て四方に及ぼし、以て外域に及ぼせば、最終的に配天の極功を成し遂げることがどうして難しいでしょうか。ましてや、瑣瑣たる節目など、いとも容易いことでしょう」（史料B傍線部）と説いている。

「古人の戒める所」とは益が舜に与えた戒めのことであり、「歴代の失する所」とは前漢の武帝・隋の煬帝・後晋の周辺異民族対策における失策を指しており、また「配天の極功」とは後漢の光武帝が、「先内後外」（内政を第一に重んじること）に努めたため、その「声名」は中国に止まらず、全世界に及んだことを踏まえたものである（史料Bの前略部分）。すなわち、申叔舟は成宗に対して、後漢の光武帝のように、「先内後外」に努めることによって、最終的に「配天の極功」（天と並び立つような極めて大きな功）にまで至ることができると説いているのである。史料Bに見られるような申叔舟の立場は、高橋氏が指摘するように、朝鮮と日本人通交者との関係を中国と「四夷」の関係に擬したものであり、[19] そこでは、日本人通交者が個別的に「夷」として捉えられており、「日本国」は想定されていないと考えざるを得ない。

ところで桑野栄治氏は、朝鮮における望闕礼（毎年正朝と冬至に朝鮮国王が明皇帝の居城を遥拝する国家儀礼）の定着過程や実施状況を考察する中で、望闕礼の後に行われる朝賀礼・会礼宴に、日本人通交者が参列させられたことの意味についても考察を加えている。桑野氏によれば、そこでの日本人通交者は、琉球使節や来朝女真人とともに、「朝貢分子」として位置づけられ、朝鮮国王の華夷意識を満足させたり、あるいは王権を修飾するために利用され、「朝貢分子」を取り込んだ朝鮮の国家儀礼は、「あたかも朝鮮を中心とする華夷秩序の疑似空間のようであった」という。[20]

桑野氏の見解は、あるいは通説的理解を裏付けているかの如くである。しかしそれにしても、先に確認したような、日本国王を最高統治者とする「日本国」は何処へいってしまったのであろうか。ここで史料Bを今一度見てみよう。

史料Bにおいて申叔舟は、「その（日本の）情勢には重軽があり、接待も厚薄の差を設けざるを得ません。しかしながら、そうした瑣瑣たる節目は、もっぱら担当官庁の仕事です」とも述べている。「情勢」の「重軽」に基づく接待の厚薄とは、具体的にどのようなことを意味するのかという点については後に述べるが、ともあれそれは、「朝聘応接紀」の「四例」に該当すると考えられ、「瑣瑣たる節目」とは「朝聘応接紀」の内容を指していると考えて間違いなかろう。すなわち申叔舟は、成宗に対してひたすら「先内後外」に努めるべきことを説きながら、「朝聘応接紀」の内容は「瑣瑣たる節目」に過ぎず、成宗が直接関与する必要はないと主張しているのである。

こうした序文の筆致に注意すれば、『海東諸国紀』においては、朝鮮中心の華夷論的立場は、国内の王権と関わるものであり、対外的に展開される対日外交秩序は、それとは別に設定され、そこでは「日本国」が前提とされていたという想定もあるいは可能であろう。次章では、こうした想定を踏まえて、朝鮮の対日外交秩序における「日本国」という枠組みの存在を確認することにしたい。

二、対日外交秩序における「日本国」

一、進上・粛拝儀礼と「日本国」

『海東諸国紀』の「朝聘応接紀」によれば、日本国王使を含むすべての日本人通交者は、漢城の「闕内宴」（王宮での宴）において進上を行うこととなっている。進上とは朝鮮国王に対して礼物を捧げることであるが、従来の研究では、進上は一種の朝貢行為であって、そこには朝鮮国王と日本人通交者との君臣関係が表されていたと捉えられることもある。[21]

「闕内宴」においては、「進上」とともに「粛拝」という儀礼が行われた。「粛拝」とは「四拝礼」・「鞠躬四拝礼」とも言われ、「鞠躬」・「四拝」・「興平身」の所作を伴う拝礼の一つである。[22]橋本雄氏は、「四拝」が明皇帝に対して朝貢使節が行うものであったことに注目しながら、朝鮮が日本人通交者との間に設定した外交儀礼は、明と朝貢国間の外交儀礼を参照したものであった可能性を指摘している。[23]

以上のような進上・粛拝儀礼に関する従来の理解を踏まえれば、日本人通交者が漢城において進上・粛拝儀礼を行う様相は、金柄夏氏の言葉を借りれば、「明の朝貢制度を縮小した形態」と捉えることも可能であって、その場合、日本人通交者は個別的に「夷」たる「朝貢分子」として捉えられていたことになるであろう。しかしそのような理解は、必ずしも妥当とは言えないのである。

【史料C】〈前略〉。圭籌等入殿庭。以浮屠礼欲不拝。礼官使通事諭之曰、無君臣之礼、則何以奉使而来。隣国之使、拝於庭下、礼也。不獲已乃拝。

（『世宗実録』巻十八、四年十一月己巳）

世宗四年（一四二二）、日本国王使として圭籌らが朝鮮に来た際、圭籌らは仏教の礼を持ち出して、殿庭での国王に対する粛拝を拒否しようとしたが、朝鮮の礼官が通事を介して「君臣の礼が無ければ、どうして使命を奉じて来ることができようか。隣国の使節による庭下での拝（粛拝）は礼に基づくものである」（史料C傍線部）と諭すと、圭籌らはやむを得ず粛拝を行ったという。

この史料Cからは、朝鮮では「隣国の使」は殿庭で粛拝を行うことによって「君臣の礼」を示すべきであると考えられていたことが分かる。このことは何も、日本国王が朝鮮国王の臣下として扱われたことを意味するのではなく、あくまでも「隣国の使」が派遣先国の君主に対して「君臣の礼」を行うことを意味すると考えねばならない。というのも朝鮮は、朝鮮国王の使節が日本国王に謁見する際にも、殿庭での粛拝を行うことによって「君臣の礼」を示すべきであると考えていたからである。[24]すなわち、日本国王使の粛拝儀礼は、日本国王を臣下として扱うことを意味しないどころか、朝鮮国王と日本国王との対等関係を前提とするものでもあったのである。

こうした粛拝儀礼の意味を踏まえれば、粛拝とともに一連の儀礼として行われた進上も、やはり「隣国」の使節が行うべき儀礼であったと考えられるであろう。従って、日本国王使以外の日本人通交者についても、朝鮮国王に対する進上・粛拝儀礼を履行させられたからといって、朝鮮が彼らを臣下として扱っていたとは必ずしも言えず、それと同時に、朝鮮が彼らを「日本国」の通交者として受け入れていたことを否定し去ることはできないのである。ただ、受職人の行う進上・粛拝儀礼の場合は、当の本人が朝鮮に来朝して朝鮮国王に「君臣の礼」を行うのであるから、そこには朝鮮国王との君臣関係が含意されていることになり、受職人に限っては、「日本国」の通交者という側面は完全に否定されていると言える。

それでは、日本人通交者の中でも、受職人とともに朝鮮に対して最も明確な従属的関係を結んでいたと見ることもできる受図書人[25]の場合は、どのように考えればよいのであろうか。次節で検討してみよう。

二、授図書の制度と「日本国」

朝鮮の対日外交体制において、受職人は毎年一回朝鮮に自らが来朝せねばならないことになっていた。[26]それに対して受図書人は、図書（私印）と称される通交資格証明印を朝鮮から授けられ、それを捺した書契（外交文書）を使人に託して通交すること、すなわち使節派遣の権利が与えられていた。以上のことを踏まえた上で、受図書人についても、高橋公明氏は、受職人を朝鮮の「外臣」と捉え、受図書人についても、「図書がいかに私印であることを語法から明らかにしても、その印章が朝鮮という国家が個人に与えるものであり、その印影が使節の名儀を確認するものであるならば、図書は朝鮮と通交者との間では公的なもので、図書を与えるという行為自体が臣従の形式であった」と捉え、受職人と受図書人の朝鮮通交は、ともに「一種の臣従形式」であったと主張している。[27]だが、私見によれば、受図書人に与えられた通交資格証明印が図書すなわち私印であったという事実は、朝鮮が受図書人との間に君臣関係を形成しなかったことを意味すると考えられる。[28]高橋氏の理解と私見の齟齬は、どのようにすれば解消できるのであろうか。

朝鮮が日本人に通交資格証明印を授与する授図書の制度は、世宗代（一四一八〜一四五〇）に入る頃に始まった。開始当初の授図書の制度は、限られた日本の有力者の通交を保証するための優遇の方策として実施されたが、日本使節の派遣主体との間に歳遣船の定約（毎年派遣できる船数の取り決め）が行われるようになると、日本使節の渡航を統制するための手段となっていった。[29]このような授図書の意味の変化も与ってであろう、受図書人の中には、図書を授けられたことをもって、「朝鮮の臣」となったと朝鮮に申し出る者もでてくる（『成宗実録』巻十三、二年十一月辛酉）。

以上のような状況を踏まえれば、受図書人の朝鮮に対する通交方式は「一種の臣従形式」であったとも言えるであろう。だとすれば、たとい朝鮮が受図書人との間に君臣関係を設定しなかったとしても、朝鮮は受図書人を、受職人と同じく、臣下として扱ったのと等しく、朝鮮の対日外交秩序上の両者の位置づけの相違はほとんど意味をなさなかったことになる。しかし、必ずしもそうとは言えないのである。

【史料D】日本国西海路筑前州石城府管事平万京遣人来献土物、仍求万景印子、以為通好之験。命礼曹報書曰、貴名印子、已令雕造謹付回使。〈中略〉。近日、対馬島賊徒、背恩構釁、寇我辺境、殺掠人物、自称日本賊人、以累貴国之名、罪莫大焉。足下為国好謀、将上項賊党、厳加誅責、以懲後来、仍刷被虜人口発還完聚、堅両国之好、豈不幸哉。〈後略〉。

（『世宗実録』巻四、元年六月甲戌）

世宗元年（一四一九）、日本国西海路筑前州石城府管事の平万景（九州探題の管下で博多を管轄[30]）が使節を遣わして「通好の験」のための「万景印子」を求めたところ、世宗は礼曹に命じて、「貴名の印は既に雕造して謹んで帰りの使節に託した。〈中略〉。最近、対馬島の賊徒が恩に背いて事を構え、我が辺境を侵略し、人々を殺掠している。彼らは日本の賊人を自称して貴国の名に傷をつけており、その罪は莫大である。足下は国（日本）のためによく謀って、そのような賊党に厳しく誅責を加えて、そして被虜人を刷還して、両国の好を確固たるものとするならば、幸いである」との内容を平万景に文書で通達せしめた。

見られるように、平万景は「通好の験」としての「印子」（図書）の造給を願い、朝鮮も「両国の好」（朝鮮と日本の通好関係）の確立のために「印子」を与えたことが分かる。この史料Dに拠る限り、朝鮮にとって受図書人は、「日本国」に属する使節の派遣主体なのであり、その点において、朝鮮国王の臣下である受職人とは一線を画す存在であったと考えねばならない。

むろん史料Dは、授図書の制度が開始されたばかりの頃のものであり、前述のような授図書の意味の変化を踏まえれば、朝鮮の受図書人を「日本国」に属する使節の派遣主体とする認識も、次第に薄れていったとも考えられる。しかしここで問題としたいのは、対象者が「日本国」に属していることを前提として行い得るという、授図書が有する本来的な属性であり、授図書の実際的な意味が変化したとしても、その属性さえもが消滅したとは考え難いということである。すなわち、授図書という行為は、朝鮮側の捉え方次第では、「日本国」を否定して行うこともできれば、設定して行うこともできたのである。前者の場合は、受図書人の朝鮮に対する従属性が浮き彫りになり、その朝鮮通交は、受職人と同様、「一種の臣従形式」に基づくものとして捉えることが可能となるが、後者の場合は、受図書人は「日本国」に属する使節派遣主体となり、受職人とは相違して、朝鮮国王の臣下としては捉えることのできない存在となるのである。(31)

さて、ここに至って、朝鮮の対日外交秩序に「日本国」という枠組みの存在を見出すことが許されるようになったと思う。次章ではこの点を踏まえ、朝鮮の「日本国」に対する外交秩序の具体的な内容を考えてみよう。

三、対日外交秩序の新たな理解

一、「日本国」との並行的対等関係

先に見たように、「朝聘応接紀」の「四例」の(4)には「対馬島人」が挙げられている。従来、「対馬島人」は受図書人と考えられてきたが、(32)そうではなく、対馬島主が歳遣船として派遣する船に乗ってきた者たちであると考えられる。(33)従って「対馬島人」の派遣主体は対馬島主であって、「対馬島人」は朝鮮の直接的な外交対象ではないと考えられる。

そこで「四例」から、「対馬島人」と「日本国」には属さない「受職人」とを除き、「日本国」の使節派遣主体のみを示せば、(1)日本国王、(2)諸巨酋、(3)九州探題・対馬島主、(4)諸酋という序列が見えてくる。対馬島主が諸酋の範疇に入れられず、九州探題と同じ分類に入れられているのは、守護としての対馬島主の「日本国」内における政治的地位は、諸酋よりは上であると見る朝鮮側の判断が働いていたと考えられ、(34)朝鮮は「日本国」内の政治的地位の高下を基準として「四例」を設定していたと考えてよいであろう。従って、史料Bに見えた、接待の厚薄の基準となる「情勢」の「重軽」とは、主として「日本国」内における政治的地位の高下を含意していると考えられ、「四例」の分類に基づく朝鮮の対日外交体制は、「受職人」と「対馬島人」を除外して考えれば、「日本国」内の一定の政治的勢力を有する者が派遣する諸使節を、その政治的な地位の高下に従って接待する体制であったと考えることができる。

「四例」の分類が「日本国」内の政治的地位の高下を基本的な基準とするものであり、なおかつ粛拝儀礼の交換によって朝鮮国王と日本国王との対等関係が設定されていたとすれ

表　世祖5年（1459）の通信使が携行した書契一覧

	差出人	宛先	分類	備考
①	朝鮮国王	**日本国**王殿下（足利義政）	(1)国王	「…、**弊邦、与貴国壌地相接、世講鄰好**、…」
②	礼曹判書洪允成（正二品）	**日本国**大内多多良公足下（大内教弘）	(2)巨酋	「…、足下以系出我国、不忘先世、屢致誠欵、殿下嘉之、特賜白細綿紬十匹…、就付通信使僉知中枢院事宋処倹、聊示信意、惟照領、**仍冀差人護送**、…」
③	礼曹判書洪允成（正二品）	**日本国**畠山修理大夫源公足下（畠山義就または政長）	(2)巨酋	「…、**足下遠遣信使**、屢輸誠懇、我殿下嘉之、…特賜土宜白細綿紬十匹…」
④	礼曹判書洪允成（正二品）	**日本国**左武衛源公足下（斯波義政）	(2)巨酋	「…、足下毎遣使修誠、我殿下嘉之、…、今因通信使僉知中枢院事宋処倹之行、特賜土宜黒細麻布十五匹…」
⑤	礼曹判書洪允成（正二品）	**日本国**管領足下（細川勝元）	(2)巨酋	「…、足下遠輸誠欵、克敦隣好、我殿下喜悦之、…、今因通信使僉知中枢院事宋処倹之行、特賜土宜白細綿紬十匹…」
⑥	礼曹判書洪允成（正二品）	**日本国**京極佐佐木氏大膳大夫源公足下（京極持清）	(2)巨酋	「…、足下年前春節専人遣来、遠輸誠懇、殿下嘉之、茲将土宜白細綿紬十匹…、就付通信使僉知中枢院事宋処倹前去、…」
⑦	礼曹参判黄孝源（従二品）	**日本国**大和守足下（幕府奉行人飯尾元連）	(2)巨酋？	「…、殿下、今遣僉知中枢院事宋処倹等官、**前往貴国修好**、仍将土宜白細綿紬五匹…」
⑧	礼曹参判黄孝源（従二品）	**日本国**関西道大友源公足下（大友親綱）	(2)巨酋？	「…、自足下先世、帰順我国、積有年紀、今足下克紹先緒、**屢遣信使**、以輸誠欵、殿下良用嘉悦、特賜白細苧布五匹…、**仍冀差撥舩護送**、…」
⑨	礼曹参議徐居正（正三品）	対馬州太守宗公足下（宗貞盛）	(3)対馬島主	「…、我殿下、差遣僉知中枢院事宋処倹等官、通信貴国、経由貴州、…、**冀護送**」
⑩	礼曹佐郎金永堅（正六品）	**日本国**肥前州松浦一岐州太守志左源公足下	(4)諸酋	「…、足下不忘旧好、**毎遣信使**、遠輸誠欵、殿下嘉之、特賜白細苧布五匹…、**仍冀護送**、…」
⑪	礼曹佐郎金永堅（正六品）	**日本国**一岐州佐志源公足下	(4)諸酋	「…、**足下毎遣信使**、益敦旧好、殿下嘉乃誠欵、特賜白細苧布五匹…、**仍冀護送**、…」

※典拠は『世祖実録』巻17、5年8月壬申条。ただし掲出順序を適宜変えた。分類欄は『海東諸国紀』朝聘応接紀・諸使定例の「四例」に基づく（本稿46頁参照）。宛先欄の（　）内の実名は、高橋公明「外交儀礼よりみた室町時代の日朝関係」（『史学雑誌』91-8、1982年）に依拠。

ば、朝鮮の対日外交体制においては、朝鮮国王を頂点とする「朝鮮国」と、日本国王を頂点とする「日本国」の並行的対等関係が設定されていたことが推測される。この推測は書契上の差出人と受取人の対応関係と符合する。

高橋公明氏によれば、朝鮮の日本に対する書契の発給は、儀礼的地位の対等関係に基づいて、(1)日本国王使に対しては朝鮮国王の名義、(2)諸巨酋・(3)九州節度使・対馬島主に対しては礼曹判書（正二品）・参判（従二品）・参議（正三品）のいずれかの名義、(4)諸酋に対しては礼曹佐郎（正六品）の名義で行われるようになっていったという。[35] こうした書契の発給のあり方からも、「朝鮮国」の朝鮮国王・礼曹官員と、「日本国」の日本国王・巨酋・九州節度使・対馬島主・諸酋との間に、それぞれ並行的対等関係が設定されていたことが読み取れる。

ところが高橋氏は、世祖五年（一四五九）の通信使宋処倹が携行した十一通の書契の内、大内氏・大友氏・宗氏・志佐氏に宛てた書契に、「冀わくは人を差して護送せんことを」といったような、通信使の護衛を依頼する文言が含まれていること（表②⑧⑩⑪）に注目し、「国家が国家に派遣するという側面をもつ通信使の護衛を、室町幕府が彼等（大内氏・大友氏・宗氏・志佐氏―引用者）に命令するのではなく、朝鮮が直接依頼するという行為は、朝鮮と彼等の直接的関係の強さを物語っているのではないだろうか」と述べ、むしろ書契の内容から「日本国」という枠組みの存在を否定し、「朝鮮国」と西日本の諸勢力との上下関係、ひいては後者の前者への従属的関係を見出そうとした。[36]

しかし、書契の宛先には、対馬島主（表⑨）を除けば、すべて「日本国」が冠せられている（表①～⑧、⑩⑪）。対馬島主に限って、なぜ「日本国」が脱落しているのかは一考の余地がありそうであるが、日本国王宛の書契には「弊邦、貴国（日本国）と壌地相接し、世よ鄰好を講ず」（表①）とあり、対馬島主宛の書契には「貴国（日本国）に通信するに、貴州（対馬）を経由す」とあって（表⑨）、「日本国」の範囲が対馬までであると認識されていることが分かる。飯尾氏宛の書契には「貴国に前往し修好す」とあるが、ここでの「貴国」も対馬を含む「日本国」のことと解すべきであろう（表⑦）。

こうした点を考慮するとき、世祖五年の十一通の書契は「日本国」の諸勢力に宛てたものであったことは確実であろう。朝鮮が通信使の護衛を個別的に依頼していることからは、「朝鮮国」と西日本地域の諸勢力との「直接的関係の強さ」が読み取れることは確かであるが、そのことから、朝鮮の対日外交秩序における「日本国」という枠組みの存在を否定すべきではなかろう。また、畠山氏・大友氏・志佐氏・佐志氏が朝鮮に派遣した使節が「信使」と表現されていること（表③⑧⑩⑪）に注意すれば、少なくとも朝鮮が書契上で示そうとした外交秩序においては、彼らは「朝鮮国」に対して従属的関係に置かれているのではなく、「朝鮮国」との間に通好関係を結んでいる「日本国」の使節派遣主体として位置づけられていると考えることができる。従って、朝鮮が書契上に示そうとした対日外交秩序、すなわち対外的に主張しようとした対日外交秩序は、「朝鮮国」と「日本国」の並行的対等関係であったと考えて何ら問題はないのである。そして、既述したように、進上・粛拝儀礼の履行や授図書の制度の実施も、必ずしも「日本国」という枠組みを否定するものではなかった。

さて、これまでの考察を踏まえれば、『海東諸国紀』の序文に見られたような、朝鮮中心の華夷論に基づいた対日外交秩序は、対外的には貫徹されていなかったと考えられるのであり、やはりそれは、第一義的には、王権を修飾するために国内に向けて主張された外交秩序であったと考えねばならないであろう。それでは、朝鮮の主張した対日外交秩序には、なぜこのような国内外向けの二つの秩序が見出せるのであろうか。この点を明らかにすることによって、朝鮮の対日外交秩序の体系的な理解も可能となってくるであろう。

二、明中心の国際秩序との関わり方

朝鮮は明中心の国際秩序においては侯国（皇帝から冊封された君長の治める国家）であった。この点は日本・琉球・安南などの東アジア諸国と同じであるが、朝鮮は明の侯国としての立場を対明外交上においてのみ重視したのではなく、自国の国家体制の形成においても重視した。[37] そのような朝鮮が、対日外交においては打って変わって、明中心の国際秩序を度外視したとは、そもそも考え難い。それでは、明中心の国際秩序は、朝鮮が主張していた国内外向けの二つの対日外交秩序とどのような形で関わっていたのであろうか。

世祖四年（一四五八）、対馬の受職人井大郎の請願を受け、時の国王世祖は対馬島主宗成職に対する授職を建議した（『世祖実録』巻十一、四年二月丁未）。[38] 宗成職は、これより以前の端宗即位年（一四五二）、朝鮮から図書を授けられ、受図書人となっていた（『端宗実録』巻四、即位年十一月丙戌）。世祖は受図書人である宗成職に対して授職を行おうとしたわけである。しかしその際、臣下から次のような懸念の声が上がった。

【史料E】左議政鄭昌孫・右議政姜孟卿等議啓。〈中略〉。

一、我国与倭邦交親、中国所不知。若除微賤者職可也。至於島主、中国聞之、以為何如。〈後略〉。

（『世祖実録』巻十一、四年二月丁未）

左議政鄭昌孫・右議政姜孟卿らは世祖に対して、「我が国（朝鮮）が倭邦（日本）と交親していることを中国（明）は知りません。微賤者（地位の低い者）への授職は（中国が知っても）問題ありませんが[39]、対馬島主への授職は、中国がそれを知れば、どのように思うでしょう」と啓している。

史料Eの中の「我が国が倭邦と交親していることを中国は知りません」という言は、「私交」問題が表出したものである。「私交」問題とは、周辺諸国との通交が「私交」として中国の「問罪」の対象となり得るという問題のことである[40]。宗主国明の存在を考慮するとき、取るに足らない地位の低い者への授職は問題とならないが、対馬島主のように一定の政治的地位を有する者への授職は、明から「倭邦」との「交親」と捉えられ、「私交」として問題視される恐れが想定されたわけである。

ところで、ここで史料Eから確認しておきたいことは、「倭邦」とは「日本国」のことであるから、対馬までを含む「日本国」という枠組みは、明中心の国際秩序と不可分のものであったと考えられることである。すなわち、並行的対等関係の対象である「日本国」は、明中心の国際秩序が前提となるべきものであったと考えられるのである。この点は、次の史料Fによって裏付けられる。

【史料F】〈前略〉。克敦啓曰、近来客人、無礼莫甚。〈中略〉。非独対馬島、至深処倭人不関於我者、亦皆如此。以堂堂我国、受辱至此。臣実痛甚。請自今厳其待之之礼、使彼不得施其術。〈中略〉。伝曰、卿所啓果当。但日本即国王所在、而対馬島主即其臣也。今若厚待対馬島、而薄待深処倭人、則是薄其君而厚其臣也。祖宗以来、畏其鼠窃、待之如是耳。

（『成宗実録』巻二七八、二四年閏五月辛丑）

李克敦が、近来の日本使節は、対馬島人か深処倭人かを問わず、甚だ無礼であり、朝鮮が恥辱を受けるまでに至っているので、今後は深処倭人についても、接待の礼を厳しくすることを要請すると、国王成宗は、李克敦の要請を尤もであるとしながらも、「ただ、日本は国王が存在する所であり、対馬島主はその臣下である。もしも対馬島を厚待して深処倭人を薄待すれば、君主（への礼）を薄くし、臣下（への礼）を厚くすることになってしまう。祖宗以来、（日本使節が）隠れて盗みを働くことを忌み嫌って、そのように接待しているだけである（のであまり厳しくしない方がよい）」（史料F傍線部）と述べている。

見られるように、成宗は「日本」が「国王」の存在するところであり、対馬島主はその臣下であると述べており、明皇帝から冊封された日本国王を頂点とする、対馬までを含む「日本国」という枠組みを観念していたことが分かる。(41)だとすれば、並行的対等関係の対象となるべき「日本国」とは、明の冊封国としての「日本国」であったと考えられてくるであろう。「日本国」に対して並行的対等関係に基づいて発給された書契には、必ず明年号が使われたことも、(42)この理解を支えてくれるであろう。そして、朝鮮国王と君臣関係を結んで「日本国」に属さない受職人は、明皇帝の陪臣ということになるのである。(43)

さて、ここに至って、朝鮮が国外と国内に向けて主張した二つの対日外交秩序は、明中心の国際秩序を前提として「日本国」との並行的対等関係を設定する外交秩序と、朝鮮中心の華夷論的立場に基づいて日本人通交者を個別的な「夷」たる「朝貢分子」として設定する外交秩序であることが分かった。両秩序を「朝聘応接紀」の「四例」の分類を用いて図示すれば、**図2**①②のようになる。ただ、ここで注意すべきは、両秩序は必ずしも対立的なものとは言えず、いわばコインの表と裏の関係にあり、ある同一の事象をどのように捉えるかによって、朝鮮の対日外交秩序は**図2**の①にも②にもなり得たと考えられることである。

前述のように、授図書の制度は、その開始当初、「日本国」の通交者に対する通交資格証明印の授与という意味を有しており、それは**図2**①に沿うものであった。しかし時代が経るにつれ、授図書を通じて形成される朝鮮と受図書人との関係は、君臣関係の様相を帯びていき、ともすれば**図2**②に沿うものともなった。こうした変化は、図書が私印であることの意味、すなわち朝鮮が受図書人との間に君臣関係を形成していなかったことの意味を捨象して、受図書人の通交形式にのみ光を当てることによって、「日本国」の使節派遣主体である受図書人が、朝鮮に個別的に臣従する存在に読み換えられた結果であったと考えられる。進上・粛拝儀礼についても、「日本国」の使節による朝鮮国王に対する外交儀礼として位置づけられるべきものを、朝鮮中心の華夷論的立場から、日本人通交者の個別的朝貢行為として読み換えることによって、そこに「明の朝貢制度を縮小した形態」を見出し得たと考えられよう。そうした読み換えの最たるものが、朝鮮の国家儀礼に参列する「日本国」の使節を利用して、「朝鮮を中心とする華夷秩序の疑似空間」を演出することであったと言えるであろう。

おわりに

中村栄孝氏はかつて、朝鮮の対日外交を東アジアの国際秩

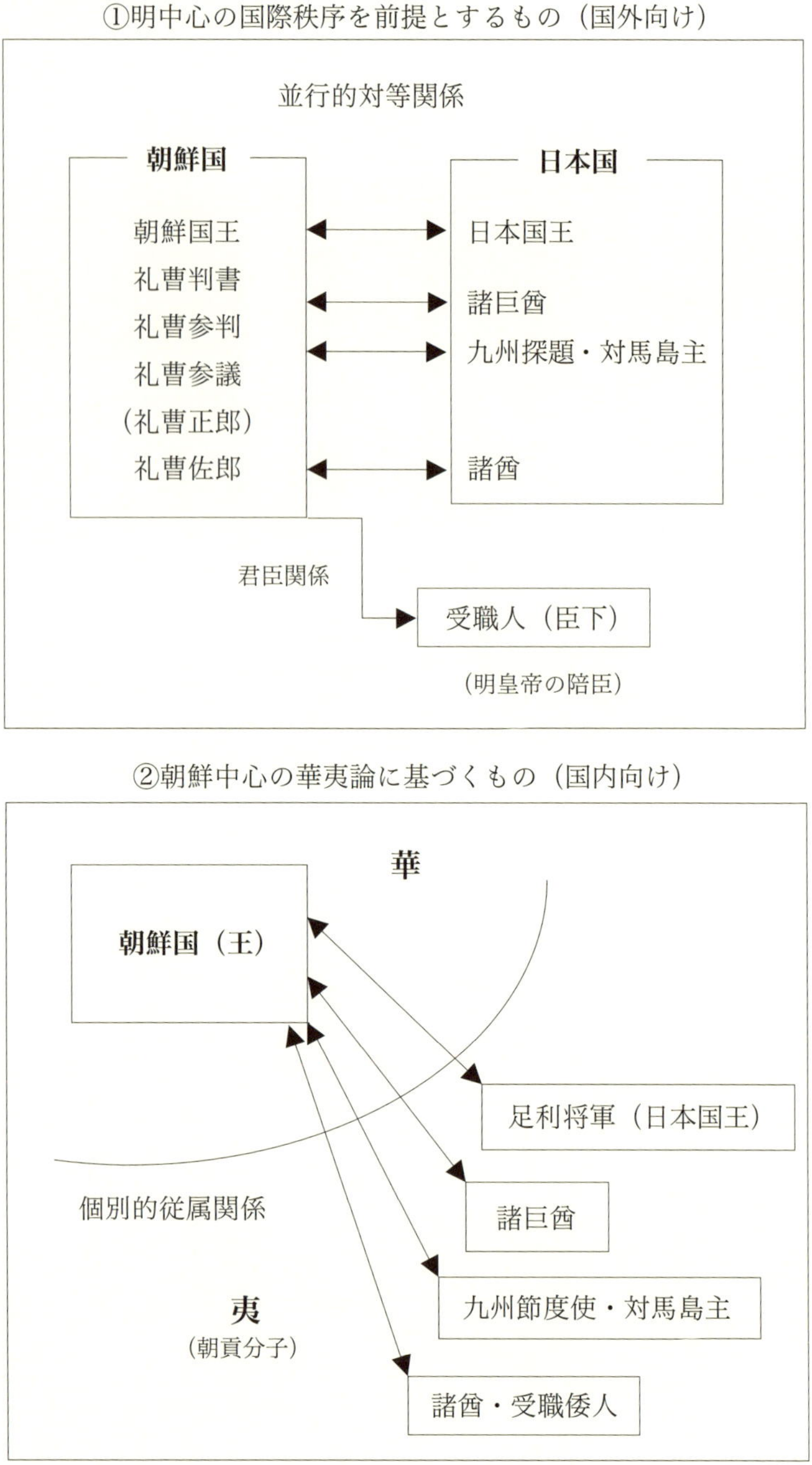

図2　朝鮮の主張した二つの対日外交秩序

序の中で捉えるために、「明の冊封体制下に、李氏朝鮮の国王と足利将軍（日本国王）とが、抗礼対等の関係で国交をむすんでおり、朝鮮は、明に対して事大、日本に対して交隣をもって、外政上の国是としていた」[44]と理解した。一九六二年に西嶋定生氏によって冊封体制論が唱えられると[45]、それをいち早く朝鮮の対日外交の理解に用い、「冊封体制下における日本に対する対等外交」という理解を打ち出したのである。

実は高橋・孫両氏の研究は、朝鮮の対日外交を「冊封体制下における日本に対する対等外交」と捉えることに対する批判的検証という面を持っていた[46]。高橋・孫両氏の研究が、明中心の国際秩序との接点に関する議論としては限界を有していたことは、そうした面に由来すると考えられるが、同様のことは、両氏の対日外交秩序自体の理解についても指摘し得る。すなわち両氏の研究では、朝鮮の対日外交体制の中から、冊封体制論では説明しえない側面――主には日本人通交者の朝鮮に対する個別的な従属的関係――を見出すことに議論の重点が置かれたあまり、「冊封体制」とはほとんど無縁の、朝鮮を中心とする対日外交秩序が前面に押し出され、その結果、朝鮮の対日外交秩序における「日本国」という枠組みが看過されてしまったのである。しかし本稿での考察を踏まえれば、「日本国」という枠組みは、朝鮮が対外的に主張した対日外交秩序に確かに組み込まれていたのであり、なおかつそうした「日本国」に対する外交秩序は、明中心の国際秩序を前提とするものであったと考えられる。

本稿の結論は結局、中村氏の理解に立ち戻ってしまったかのようである。しかし、たとい第一義的に国内向けであったとはいえ、日本人通交者を「朝貢分子」として捉えるような、自国中心の対日外交秩序を朝鮮が主張していたことも認められるべきであり、その点については、高橋・孫両氏の研究に従うものである。そうであるならば、本稿の結論は、冊封体制論の適用可否をめぐって二分されていた朝鮮の対日外交秩序に関する理解を、止揚しながら組み合わせることによって得られたものと言えるのである。

さて、朝鮮前期の対日外交秩序については、これまで述べてきたように理解できると思うが、先に言及したように、当該期の朝鮮の対日外交には「私交」問題という抜きがたい問題が介在していた。それゆえ、朝鮮は自国の対日外交を可能な限り明に憚り隠しながら行っていた[47]。しかし、だからといって、朝鮮は明中心の国際秩序を度外視することはなかったことは、本稿での考察結果から明らかであろう。すなわち朝鮮は、対日外交を明に憚り隠しながらも、その一方では明中心の国際秩序を重視して対日外交に臨んでいたのである。

明の侯国としての立場は、朝鮮の対日外交に対して、二重の意味で影響を与えていたと言えるであろう。

注

(1) 田中健夫『中世海外交渉史の研究』(東京大学出版会、一九五九年)一二―一八頁。

(2) 高橋公明「朝鮮遣使ブームと世祖の王権」(田中健夫編『日本前近代の国家と対外関係』吉川弘文館、一九八七年)。

(3) 河宇鳳「申叔舟と『海東諸国紀』――朝鮮王朝前期のある「国際人」の営為」(大隅和雄・村井章介編『中世後期における東アジアの国際関係』山川出版社、一九九七年)。

(4) 『海東諸国紀』編纂の背景については、中村栄孝『日鮮関係史の研究(上)』(吉川弘文館、一九六五年)三五六―三五八頁を参照。

(5) ただし、『海東諸国紀』に記載された日本人通交者の内、八十一名は「朝鮮遣使ブーム」時に朝鮮に通交した者たちであり、その者たちのほとんどが対馬によって仕立てられた偽使であったと考えられ、その他の通交者の中にも、偽使が一定数含まれていたことが確実であることを考えれば、『海東諸国紀』に見える日本人通交者は大部分が偽者であり、実際とはかけ離れた虚像ということができる(長節子「朝鮮前期朝日関係の虚像と実像――世祖王代瑞祥祝賀使を中心として」『年報朝鮮学』八、二〇〇二年)。しかし本稿では、朝鮮の設定した対日外交秩序を論じるため、むしろ朝鮮側に見えていた虚像に基づいて立論することになることを予め断っておきたい。

(6) 「四例」の分類に基づく「朝聘応接紀」の諸規定の内容は、長正統「中世日朝関係における巨酋使の成立」(『朝鮮学報』四十一、一九六六年)が整理している。

(7) 田中健夫『中世対外関係史』(東京大学出版会、一九七五年)。

(8) 金柄夏『李朝前期 対日貿易 研究』(ソウル:韓国研究院、一九六九年)一五頁。

(9) 高橋公明「外交儀礼よりみた室町時代の日朝関係」(『史学雑誌』九一―八、一九八二年)。

(10) 孫承喆『朝鮮時代 韓日関係史研究』(ソウル:지성의 샘、一九九四年)所収「조・일(朝・日)교린체제의 구조와 성격」。同書の日本語訳として、山里澄江・梅村雅英訳(鈴木信昭監訳)『近世の朝鮮と日本――交隣関係の虚と実』(明石書店、一九九八年)がある。本文の引用文は拙訳。

(11) 閔徳基氏は、朝鮮の対日外交を、「敵礼交隣」(日本国王との対等関係)と「羈縻圏交隣」(日本国王以外の通交者との上下関係)とに区分し、朝鮮の日本国王に対する対等外交の成立は、もっぱら朝鮮が志向した「礼的外交秩序」に基づくものであり、朝鮮の「礼的外交秩序」は「冊封体制」「華夷秩序」の論理では説明できないと主張している(閔徳基『前近代東アジアのなかの韓日関係』(早稲田大学出版部、一九九四年)所収「朝鮮朝前期の「日本国王」観――「敵礼」の面から」)。朝鮮の対日外交秩序自体についての理解に関して言えば、高橋・孫両氏のそれと決定的な差異は見出せないが、明中心の国際秩序との関わり方については、両氏とは異なる見解を示している。

(12) 河宇鳳「朝鮮前期의 対日関係」(趙恒来・河宇鳳・孫承喆編『講座韓日関係史』玄音社、一九九四年)、同「일본과의 관계」(国史編纂委員会編『한국사22――조선 왕조의 성립과 대외관계』果川:国史編纂委員会、一九九五年)では「敵礼関係交隣」「羈縻関係交隣」に区分して、前者においてのみ冊

封体制との関連が見出されている。また、エッコ・ヘジン・カン氏は、朝鮮は日本に対する文化的優越性を意識しながらも、明の「天子」の下での日本国王との対等外交を志向したと理解しており（Etsuko Hae-Jin Kang, *Diplomacy and Ideology in Japanese-Korean Relations: From the Fifteenth to Eighteenth Century*, Macmillan Press Ltd, London, 1997, pp.72-73, pp.80-82）、ケネス・ロビンソン氏も、朝鮮は日本・琉球に対する「海域外交」（Maritime Diplomacy）において、国王を頂点とする明の朝貢システムを前提としながらも、それと同時に明の朝貢システムから除外された通交者を取り込んで、朝鮮国王を中心とする階層的な秩序を形成していたと理解している（Kenneth R. Robinson, *Centering the King of Chosŏn: Aspect of Korean Maritime Diplomacy, 1392-1592*, The Journal of Asian Studies, The Association For Asian Studies, Vol. 59, No. 1, 2000, p.122）。

（13）拙稿「一五世紀朝鮮王朝の対日本外交における図書使用の意味――冊封関係との接点の探求」（『朝鮮学報』一九一、二〇〇四年）三五頁。

（14）高橋公明「外交儀礼よりみた室町時代の日朝関係」（前掲）七七頁。

（15）高橋公明「外交儀礼よりみた室町時代の日朝関係」（前掲）七八―七九頁。

（16）本稿では、申叔舟著・田中健夫訳注『海東諸国紀――朝鮮人の見た中世の日本と琉球』岩波書店、一九九一年）所収の東京大学史料編纂所所蔵本（正徳七年〔一五一二〕三月日付け内賜記あり）の影印版を用いることとする。

（17）申叔舟著・田中健夫訳注『海東諸国紀』（前掲）一八頁参照。

（18）申東珪「『海東諸国紀』로 본 中世日本의 国王観과 日本国王使의 성격」（孫承喆編『海東諸国紀』의 세계』ソウル：景仁文化社、二〇〇八年）一二九―一三四頁。

（19）高橋公明「外交儀礼よりみた室町時代の日朝関係」（前掲）六八―六九頁。

（20）桑野栄治「朝鮮初期の対明遥拝儀礼――その概念の成立過程を中心に」（『久留米大学比較文化年報』一〇、二〇〇一年）、同「朝鮮世祖代の儀礼と王権――対明遥拝儀礼と圜丘壇祭祀を中心に」（『久留米大学文学部紀要（国際文化学科編）』一九、二〇〇二年）、同「朝鮮成宗代の儀礼と外交――『経国大典』成立期の対明遥拝儀礼」（『久留米大学文学部紀要（国際文化学科編）』二〇、二〇〇三年）。

（21）閔徳基氏は、「対馬から朝鮮に対して「進上」し、朝鮮国王が「回賜」するという一種の朝貢貿易の形態を維持し、両者間に君臣関係が結ばれていた」と述べ、進上・回賜の履行が君臣関係の成立を意味したと捉えている（閔徳基『前近代東アジアのなかの韓日関係』（前掲）三二頁）。また、孫承喆氏も、「〔朝鮮は――引用者〕彼ら（日本人通交者――引用者）をして、野人（女真人――引用者）や琉球使節と同様、上京して国王に朝礼させたり、進上・回賜の形態で交易を行わせるなどして、上国に朝聘する諸規定に従わせた。こうして朝鮮を上国と位置づけ、朝鮮を頂点とする羈縻秩序に彼らを編入させていった」と述べている（孫承喆『朝鮮時代 韓日関係史研究』（前掲）、八九―九〇頁、引用文は拙訳）。孫氏の場合は、はっきりと君臣関係とは述べていないが、進上・回賜が朝鮮を「上国」と設定するものであったと捉えている。なお、「朝聘応接紀」によれば、「例賜」（回賜）は日本国王・諸巨酋・九州節度使の使節に対してのみ行われることになっており、進上には必ず回賜が伴ったわけではなかった。それゆえ、ここでは「進上」のみを問題とする。
(22) 米谷均「日明・日朝間における粛拝儀礼について」(中島楽章・伊藤幸司編『寧波と博多』汲古書院、二〇一三年)二九四頁。
(23) 橋本雄「アジアのなかの中世日朝関係史研究のために」(北島万次他編『日朝交流と相克の歴史』校倉書房、二〇〇九年)六七頁。
(24) 閔徳基『前近代東アジアのなかの韓日関係』(前掲)七四―七六頁。米谷均「日明・日朝間における粛拝儀礼について」(前掲)三一八頁。
(25) 高橋公明「外交儀礼よりみた室町時代の日朝関係」(前掲)七九頁。
(26) 松尾弘毅氏によれば、受職人が通交権益として認識されるようになるのは一四五〇年(世宗三十二年/文宗即位年)以降のことであるという(松尾弘毅「中世日朝関係における後期受職人の性格」〔『日本歴史』六六三、二〇〇三年〕二三―二四頁)。
(27) 高橋公明「外交儀礼よりみた室町時代の日朝関係」(前掲)八〇頁。
(28) この点については、橋本雄氏から、朝鮮側が設定する外交儀礼において、受職人と受図書人との間に特段の差異が設けられていなかったことに鑑みて、受図書人も受職人と同じく朝鮮国王の臣下の扱いを受けており、むしろ「両者は同じものであったと考えるのが自然ではなかろうか」という批判が寄せられた(橋本雄「アジアのなかの中世日朝関係史研究のために」〔北島万次他編『日朝交流と相克の歴史』校倉書房、二〇〇九年〕六六―六七頁)。しかし後述するように、朝鮮の対日外交秩序を考えるに当たっては、必ずしも受図書人と受職人を同様に捉えるべきではないと考えられる。
(29) 中村栄孝『日鮮関係史の研究(上)』(前掲)五五一―五五六頁、田中健夫『中世海外交渉史の研究』(前掲)一七八頁。
(30) 中村栄孝『日鮮関係史の研究(上)』(前掲)五二二頁。
(31) 松尾弘毅氏によれば、図書権益による通交が認められなくなった成宗元年(一四七〇)以降、受図書人兼受職人の倭人は、図書権益による通交が認められなくなったという(松尾弘毅「中世日朝関係における後期受職人の性格」〔前掲〕一九―三〇頁)。すなわち、受図書人であっても、官職を授与されたからには使節を派遣できなくなったのである。このことは、朝鮮が受職人との君臣関係を、単なる形式的なものとして捉えていたわけではなかったことを示していると考えられる。
(32) 中村栄孝『日鮮関係史の研究(上)』(前掲)五五五頁、橋本雄「アジアのなかの中世日朝関係史研究のために」(前掲)六八頁。
(33) 「礼曹啓、日本国王・琉球国王使臣、諸大臣、諸処常倭、九州都元帥源教直、対馬島特送及五十舩、受職倭等出来、上京人数不定、未便。今宜詳定。〈後略〉」(『成宗実録』巻十一、二年九月己卯)という史料の内容と対照すれば、「四例」の「対馬島人」とは、対馬島主の歳遣船五十隻に乗ってくる者たちを指していることが分かる。
(34) 世宗二十一年(一四三九)、対馬島主の文引の制度(対馬島主による日本人通交者に対する朝鮮渡航権利証の発給制度)の適用対象について除例外が定められた。除外例には大内氏・菊池氏の使節が含まれていたが、その理由は「如大内殿・菊池殿、皆非貞盛所処分者也」というものであった(『世宗実録』巻八十四、二十一年二月乙卯)。すなわち両氏の使節については、対馬島主の「処分」(処理)できる者ではないと判断されたのであるが、これは「日本国」内の政治的地位が考慮されてのことであろう。だとすれば、朝鮮は大内氏・菊池氏よりも政治的地位の低いと見られる者の使節については、対馬島主が「処分」可能であったと考えており、対馬島主の政治的地位を、大内氏・菊池両氏とその他の西日本地域の中小領主（諸酋）の中間に位置すると判断していたと考えられる。文引の制度の内容とその制度的変遷については、中村栄孝『日鮮関係史の研究（上）』（前掲）所収「日鮮交通の統制と書契および文引」を参照のこと。

(35) 高橋公明「外交文書、「書」・「咨」について」（『年報中世史研究』七、一九八二年）七五頁、同「外交儀礼よりみた室町時代の日朝関係」（前掲）七三―七七頁。なお、この点については、李鉉淙氏が先駆的に、「彼地（日本――引用者）の受書契者の地位に従って、こちら（朝鮮――引用者）の発信人名義も変わってきたものと推測される」と述べている（李鉉淙『朝鮮前期 対日交渉史研究』〔ソウル：韓国研究院、一九六四年〕三〇六頁、引用文は拙訳）。

(36) 高橋公明「外交儀礼よりみた室町時代の日朝関係」（前掲）七七―八〇頁。

(37) 朝鮮の国家体制における侯国的立場は、公文書における明年号の使用、国王の言に対する「教」という称謂、国王に対する「殿下」という呼称などに見出すことができることは指摘するまでもないが、その他には「二等逓降」の原則に基づく冠服制度の規定（柳喜卿・朴京子『韓国服飾文化史』源流社、一九七三年）などにも見出すことができる。また、天を祭ることができるのは皇帝のみであるという理由から、高麗時代から行われてきた祭天儀礼（円丘壇祭祀）を廃止したり（桑野栄治「高麗から李朝初期における円丘壇祭祀の受容と変容」〔『朝鮮学報』一六一、一九九六年〕）、明の侯国としての立場を示す対明遥拝儀礼を実施した（同「朝鮮初期の対明遥拝儀礼」前掲）。

(38) この時の宗成職に対する授職は結局実現しなかったと見られる（関周一『中世日朝海域史の研究』〔吉川弘文館、二〇〇二年〕二二七頁）。なお、世祖七年にも宗成職への授職が建議され、この時は「崇政大夫判中枢院事対馬州兵馬都節制使」の授与が決定されたが、授職の王命を持して対馬に派遣された敬差官李継孫は、宗成職の授職請願がその本意ではなかったことを知り、中途で引き返すことを余儀なくされた（中村栄孝『日鮮関係史の研究（上）』〔前掲〕三二七―三三六頁）。

(39) 筆者は前稿においても史料Eを取り上げ、「朝鮮王朝が日本に対して「多元的」に外交を行うに当たり、明の存在が考慮されるべきか否かは、明がそのことを関知する可能性の大小如何にかかっていた」という解釈を行ったことがある（拙稿「一五世紀朝鮮王朝の対日本外交における図書使用の意味」〔前掲〕五九―六〇頁）。しかし朝鮮は日本人通交者に官職を授与する際、明中心の国際秩序に配慮し、受職人を明皇帝の陪臣として位置づけようとしたこと（拙稿「同上」五六―五七頁）を勘案すれば、「微賤者」への授職が明に知られる可能性がないと朝鮮が判断していたとは言えず、史料Eで問題とされているのは、授職の事実を明に知られた場合に問題化するか否かであったと考えられる。ここに、前稿での解釈を訂正しておきたい。

(40) 拙稿「朝鮮王朝世宗による事大・交隣両立の企図」（『朝鮮学報』二二一、二〇一一年）。

(41) 当時の朝鮮においては、倭寇の根拠地である「三島」（対馬・壱岐・松浦または博多）と、「深処」すなわち九州以遠の「日本（国）」とを明瞭に区別する認識が存在した（村井章介

『日本中世境界史論』（岩波書店、二〇一三年）一二八―一三〇頁）。この点を踏まえれば、史料Fで成宗が言っている「日本」とは、「三島」を除外した「深処」を指していると考えられる。しかし、そうだとしても、成宗が対馬島主を日本国王の臣下として捉えていることは疑いないのであり、対馬までを含む「日本国」という枠組みを観念していたことも指摘できるであろう。

(42) 高橋公明「外交文書、「書」・「咨」について」（前掲）七六頁。

(43) 本稿前掲注39参照。

(44) 中村栄孝『日鮮関係史の研究（上）』（前掲）所収「十三・四世紀の東アジアと日本」四頁。初出は、『岩波講座日本歴史6（中世2）』（岩波書店、一九六三年）。

(45) 西嶋定生『中国古代国家と東アジア世界』（東京大学出版会、一九八三年）所収「東アジア世界と冊封体制――六―八世紀の東アジア」。初出は、『岩波講座日本歴史2（古代2）』（岩波書店、一九六二年）。

(46) この点は閔徳基氏の研究も同様である（拙稿「一五世紀朝鮮王朝の対日本外交における図書使用の意味」（前掲）三四―三五頁）。閔氏の研究については、本稿前掲注11を参照。

(47) 「私交」問題に対する朝鮮の対応については、拙稿「朝鮮王朝世宗による事大・交隣両立の企図」（前掲）参照。

朝鮮の対後金貿易政策

辻　大和

つじ・やまと――学習院大学東洋文化研究所助教。専門は朝鮮時代史。主な論文に「一七世紀初頭朝鮮の対明貿易――初期中江開市の存廃を中心に」（『東洋学報』九六巻一号、二〇一四年六月）、「一七世紀朝鮮・明間における海路使行と貿易の展開」（『朝鮮史研究会論文集』五二号、二〇一四年十月）などがあり、共訳書にアレクサンダー・ウッドサイド著、古田元夫・秦玲子監修、伊藤未帆・辻大和ほか共訳『ロスト・モダニティーズ――中国・ベトナム・朝鮮の科挙官僚制と現代世界』（NTT出版、二〇一三年）などがある。

本稿では一六二八年から一六三六年までの、朝鮮政府による対後金貿易政策について論じる。後金の朝鮮への侵入（一六二七）と講和後、朝鮮は後金に貢献（礼物）を送り、両国国境の平安道義州と咸興道会寧で開市を行った。一六三六年まで朝鮮は後金に抵抗しながらも貢献と開市を続けたが、その背景としては朝鮮だけが当時の周辺国（明、後金、日本）すべてと通交路を持ち、中継地の役割を発揮できたことがあったとみられる。

はじめに

本稿は仁祖六年（一六二八）から仁祖十五年にかけ、朝鮮が後金（仁祖十五年から清）との貿易において行った政策を明らかにする。朝鮮は仁祖五年に後金の侵入を受けて（丁卯の乱）講和を結び、仁祖十五年には清の侵入を再度受けて（丙子の乱）、清に服属した。

仁祖五年に講和を結ぶまで、朝鮮は後金とは通交および貿易を行っていなかった。しかし講和が結ばれると、朝鮮は後金に使節を派遣し、定期的な貢献と開市（互市）によって貿易を行うようになった。光海君五年（一六一三）に朝鮮と明との間で行っていた中江開市が廃止された後、朝鮮は中朝国境地帯で開市を行っていなかったが、仁祖六年（一六二八）に朝鮮は後金との間で中江開市を再開した。仁祖十五年まで使節による貿易と開市が併存する状況が再現された。

まず十七世紀前半朝鮮と後金（清）の通交に関連する先行

研究の概況と課題について振り返っておきたい。田川孝三が平安道沖の椴島を占拠した明将の毛文龍の活動（一六二一～一六二九）とそれへの朝鮮と後金の対応を明らかにし、[1]稲葉岩吉が明と後金の間で、朝鮮の光海君が中立的な外交政策をとったことを解明したことで、[2]朝鮮と後金との関係の事実解明が進んだ。その後、江嶋壽雄は朝鮮が後金（清）に送った貢献の数量的分析を行い、[3]劉家駒は朝鮮が消極的ながら後金との貿易を丙子の乱直前まで続けたことを明らかにした。[4]近年では韓明基は丁卯の乱（仁祖五年）後から丙子の乱（仁祖十五年）までの期間に、朝鮮が後金の貿易ルートとして重要視されたことを明らかにした。[5]

しかしこれらの研究では、朝鮮と後金との貿易で発生した問題や、その問題に対する朝鮮政府の政策やその背景に踏み込んだ分析は行われていない。朝鮮が消極的ながらも十年間にわたって後金と貿易を続けた原因、つまり朝鮮側からみた対後金貿易の意義がほとんど明らかになっていない。

そのような状況の中で、朝鮮が後金（清）に対して仁祖六年から仁祖十五年にかけてとった貿易政策の内容や、その背景を明らかにすることが本稿の目的である。本稿では以下、第一章で朝鮮・後金間の貿易の形態を整理した上で、第二章で朝鮮が対後金貿易においてとった政策の内容を論じ、第三章ではその背景を論じる。

一、朝鮮・後金間における貿易の形態

後金は光海君八年（一六一六）に建州衛でヌルハチによって建国された。ヌルハチが仁祖四年（一六二六）に亡くなり、その子であるホンタイジが後金の第二代汗として即位すると、仁祖五年二月に後金は朝鮮に侵攻した。後金軍が朝鮮国内への侵入に成功すると、朝鮮は狼狽して和平交渉を開始し、三月に両国は講和を結んだ。そのなかには両国の相互不侵、国境遵守、礼物（貢献）の条項が入っていた。[6]講和を受けて朝鮮は使節を後金に送るようになったが、後で見るように使節は貢献とともに貿易を行った。また両国は国境での開市を行うようになった。

本章では朝鮮使節による貢献、国境での開市、両国使節による貿易について、それぞれの形態が成立した過程を考察する。

一、朝鮮使節による貢献

貢献には朝鮮国王が定期的に派遣した使節が携帯した礼物と、臨時の使節が携帯した礼物の二種類があった。仁祖五年（一六二七）二月の講和交渉の際に、後金代表団の一員であった劉海が一定額の歳幣（年例の礼物）を後金に送るよう朝鮮

に求めたのに対し、朝鮮は贈り物は友好の情を主とするものであり、強要するものではない、として歳幣を回避しようとした。この講和交渉は妥結せず、同年三月の交渉の際にも後金から歳幣の要求があったものの、朝鮮はそれを拒否しようとした。(7)

　その後実際には、朝鮮は使節の派遣時に貢献を必ず後金へ送った。講和直後の仁祖六年六月に朝鮮が後金へ派遣した使節は朝鮮国王の書と方物を持参した。(8)その時の方物を「朝鮮國王來書簿」から見てみよう。**表1**は同書に収録される、仁祖六年（天聡元、一六二八）七月十日に後金に到着した朝鮮使節の持参品の礼単である。

表1　1628年7月の朝鮮使節持参礼単

白綿紬50匹	豹皮8張	短剣5柄	鞍具2部
白苧布50匹	霜華紙80巻	長槍2柄	丹木100斤
紅色布50匹	油芚4部	弓子1張	胡椒8斗
青色紬50匹	花席15張	弓袋1部	
青布400匹	油扇100柄	大箭10箇	
虎皮4張	長剣5柄	馬2匹	

　表1の礼単に含まれる物品は朝鮮特産品が主であるが、丹木（東南アジア産の蘇木）、胡椒など朝鮮産でないものも少数含まれている。いずれも後金では貴重な物品が中心である。

　その後の礼物を見てみると、少なくとも春季と秋季に定例化した贈り物が確認でき、江嶋壽雄はそれを年二回の歳幣であったと見ている。(9)しかし「朝鮮國王來書簿」にはその方物は「歳幣」とは記載されず、その額は毎回の使行の度に変動したことが確認できる。

二、開市

　仁祖五年（一六二七）三月の講和では、朝鮮と後金両国は国境の厳守と相互通交を定めたものの、両国間での開市は定めなかった。(10)しかし講和後も後金は義州を占領し続け、撤退する条件として開市を要求したため、朝鮮は仁祖六年（一六二八）二月二日までに開市を認めた。(11)そして同年同月中に第一回の開市が義州で行われ、朝鮮から後金へ米が三〇〇〇石送られた。(12)また同年二月末、後金のイングルダイ（ingguldai／龍骨大）が義州対岸の鎮江を商人とともに訪れ、食糧の供給を義州に求めた。(13)

　後金はさらに、朝鮮の北方国境に位置する咸興道会寧での開市を求め、朝鮮は仁祖六年九月までに会寧での開市を認めた。(14)しかし会寧に朝鮮の商人は集まらず後金の不満を募らせた。後金側の記録である『舊滿洲檔』によると、会寧は辺境であり道が険しく財が少ないために朝鮮国内の商人に敬遠されていた。(15)

　開市をやむをえず朝鮮政府が認めたのは、丁卯の乱により被虜人として後金に連れ去られた朝鮮人の贖還が開市を通じてなされることに朝鮮政府が期待していたからでもあった。[16]

三、後金使節による貿易

後金が開市場に指定した義州および会寧に朝鮮の商人と物資が集まらなかったことを受け、後金は朝鮮の国境より内陸に人を送り込んで貿易を行うようになった。たとえば仁祖六年（一六二八）十二月に、後金の使節であるイングルダイは漢城を来訪し、朝鮮から銀子八十五両で紅柿や生梨などを買おうとした。[17] その際に十七世紀以降の朝鮮において事実上国防・外交に関する最高機関であった備辺司は、開市場以外の地における後金使節による貿易に対して次のような見解を示した。

備辺司が答えて啓した。「義州の開市はもとから約条があり、時期の限定は自ら約条に依って開市を行うべきです。しかし今日の状況は、以前とは頗る異なり、毛文龍は〔陣営を〕設けて毎日間隙を見計らっていますので、意外な略奪の恐れは、実に深く憂慮すべきです」。[18]

この史料によると、備辺司は開市の時期は約条にしたがって行うべきであるとした上で、毛文龍による略奪の恐れがあると述べ、義州以外の場所での開市に慎重な見方を示していた。仁祖八年にも備辺司は開市場以外での後金による貿易に対して懸念を示した。[19] そもそも後金が年四回開市を実施することを朝鮮に求めたのに対し、朝鮮は年二回に縮小して開市を認めた経緯があった。[20] そのため後金使節は開市の実施回数の増加を朝鮮に求めていた可能性がある。

さて仁祖六年十二月の訪問の際、イングルダイらは朝鮮側に人蔘購入を強制して青布を買おうとした。その際の状況が次の史料に見える。

後金の使節が人蔘四八〇余斤を出してきて、青布一万九〇〇〇余匹に換えることを要求した。市廛商人は力を尽くして多く集めたが、なお未だ〔要求された〕数に満たず、〔後金の使節が〕暴力をふるって狼藉をなした。市廛商人は胸を叩き、声高に訴えた。[21]

ここではイングルダイが人蔘を代価に朝鮮から青布を買おうとしたことが述べられている。その青布の調達を漢城の市廛商人が担ったものの、指定量を集めることができなかったのだという。なお「青布」は明産の綿布名であり、[22] 朝鮮では軍兵用に用いられていた。[23] 多量が必要な場合、朝鮮は明将の毛文龍が占拠する椵島（皮島）から青布を輸入していた。[24] そのため後金の急な要求への備えが朝鮮政府には備蓄されていなかったものと考えられる。一方人蔘は後金南部の長白山一帯が特産地であり、十七世紀はじめから人蔘の調達に苦心していた朝鮮にとって、後金の人蔘は大きな魅力であったと考えられる。[25]

その後イングルダイらは漢城からの帰路、平壌に至り、銀百両余を送って、馬匹に換えることを朝鮮側に要求した。朝鮮側は一夜で十四の馬を購入することが難しく、平安道観察使であった金起宗は自分の馬をイングルダイに贈った。[26]

ほかの後金使節も朝鮮との貿易を求めた。仁祖十二年（一六三四）十二月に漢城を訪問した後金のマフタ（mafuta／馬夫達）は、持参した銀子九〇〇余両で諸色の錦段、黍皮（貂の毛皮）と紙、各様の彩色（顔料）、各種の薬物や緞子を求めたことがあった。[27]また仁祖十三年（天聡九、一六三五）四月に朝鮮を訪問したマフタは漢城で全額を取引することができず、帰路に平壌で貿易を行った。[28]

以上のように朝鮮政府は後金の臨時使節が開市場以外で貿易を行うことに対して消極的に対処した。後金汗に宛てた国書のなかで、朝鮮国王は次のように述べている。

朝鮮国王が金国汗に書を致す、（中略）先年約条を定めたときは、ただ我国の使臣の一行だけが、例として商人を帯同し、両国の貿易に資することができた。貴国の使臣も、また商品を所持することがあって、辺境で貿易することを求めたことがあった。私は初めは前約と違うことがあることから訝しんだが、〔貿易が〕続いてこれを考えるに、これもまた道理を損なうことに至らなかった。しかし春秋の使臣のほかに、また貴国の使臣が商品を持参して出来することは、頗る限りがない。弊国の物産では誠に応じることができない。[29]

朝鮮国王によると、そもそも朝鮮の使節だけが商人を帯同して貿易を行うことができると約条したにも関わらず、後金使節が貿易を行おうとしている。また春秋の使臣以外に後金の使者が貿易することに対しては、朝鮮の物資が不足してしまうという。このように朝鮮国王は後金使節による規定以外の貿易活動に否定的であった。前述したように、後金が欲する物資を朝鮮側では調達しきれないという状況があったためと考えられる。

四、朝鮮使節による貿易

前節の朝鮮国王の書に見られるように、朝鮮使節が後金に赴く際に、彼らが商人を帯同することは認められていた。仁祖八年（一六三〇）の朝鮮の使節に帯同した属吏（員役）は青布と南草（タバコ）を後金に持参していた。[30]タバコは日本から流入し、光海君十四年（一六二二）ごろまでに、朝鮮南部を中心に栽培が爆発的に増加していた。[31]ただ認定された貿易のみを朝鮮使節が行っていたわけでもない。仁祖十三年（一六三五)、朝鮮政府内で官僚を糾察する任務にあった司憲府は次のように密輸を報告した。

司憲府が啓して言った。「祖宗の法制では国境は整然と区切られており、事大交隣で使者は冠をかぶり馬車は覆いをして往来していても、一人として密かに国境外に出ることは許さなかったのは、思うに災禍を恐れることが深かったためです。今朴簹の一行は、朝廷が既に商賈を帯同する数を定めたにも関わらず、義州府尹の林慶業が、すなわち敢えて朴簹渡江の後に、ひそかに商人と商品を送り込み、深く瀋陽に入れました」[32]。

この史料によると、後金に赴いた朴簹の一行の場合は、約条で認められていた商人の人数を無視して、義州府尹林慶業が一行の中に商人と商品を紛れ込ませたのだという。このようにしてみると、朝鮮が後金との貿易で一方的に被害を受けていたわけでもないことがわかる。朝鮮には使節が両国を往来する機会を利用して貿易に関与した官が存在した。

以上のように、仁祖五年(一六二七)の講和締結に際し、朝鮮は後金から歳幣の要求を受け、講和後に貢献を送った。続けて朝鮮は後金から開市の要求を受け、両国の国境に位置する平安道義州と咸興道会寧で開市を行うようになった。しかし開市には朝鮮の商人と商品は集まりにくく、後金使節は漢城や平壌など朝鮮内地に入った際に貿易を行った。朝鮮は後金との商取引に消極的であったが、自国使節が後金に入る場合には商人を帯同させており、貿易を行う官もいた。

二、朝鮮政府の対後金貿易政策

一、貢献への施策

朝鮮が後金への貢献に対してどのような施策をとっていたかをここでは検討する。

まず後金による対朝鮮貿易の目的から把握しておきたい。後金は朝鮮との貿易を通じて明との戦闘に備えることを大きな目的としていたと考えられる。後金は光海君八年(一六一六)から明との戦闘を続けており、明と貿易が行えなかった。仁祖九年(天聡五、一六三一)の段階では後金汗(ホンタイジ)は明からの戦利品や、朝鮮との貿易で得た財貨を用いて蒙古から馬を購入し、明との戦いを準備したと認識していた[33]。実際、朝鮮との貿易は後金の国家的事業として行われていた。例えば後金で朝鮮との貿易を担当したイングルダイは財政を掌る戸部の長官(承政)であり[34]、マフタは戸部の次官(参政)を務めた[35]。こうした後金の貿易目的を朝鮮の備辺司がどのように理解したのかについては、仁祖十一年(一六三三)の史料に次のような記録がある。

備辺司が啓して言った。「金汗の答書を見れば、その目的は財貨を増やすことにあるようで、盟をたがえることにはないようです」。[36]

この史料では後金の目的は財貨を増やすことである、と備辺司が分析している。つまり備辺司は後金による対朝鮮貿易の目的が、国富蓄積にあることを把握していたと考えられる。

こうした対後金認識を踏まえた、朝鮮による貢献への実際の対応を次に検討する。具体的に、後金での仏教寺院修復に関して、仁祖十三年(一六三五)に行われた朝鮮からの貢献の例を見てみたい。仁祖十三年八月に、後金の旧都であったイェンデン城(興京城、ヘトアラのこと)での仏寺補修と、チャハル部からもたらされた仏像を祀る仏寺建設のために後金は朝鮮に資材を求めた。そのことについて『仁祖實錄』には「弊邦〔後金〕の寺はすでに建設しているが彩画〔の材料〕が欠乏しています。これは敬仏に関わるので、願わくは遅滞や誤りがありませんように云々」としか記載がないが、[37]後金側史料によると、イェンデン城での仏寺補修と、リンデン・ハンのチャハルからもたらされた、大元のフビライハンのときにパスパラマが造らせた仏像を祀る仏寺建設のため、後金が朝鮮に顔料の粉、靛花、藤黄、石黄、石青、紅、大飛金、白蠟、松香を求めた、[38]という。

一五九三年にチャハル部に生まれたリンデン・ハンは一六〇三年にハンに即位し、一六一七年にチベットから高僧ダクチェン・シャルパ・フトクトを招いて灌頂を授っており、その際に、前述のパクパ(パスパラマ)鋳造の仏像がチャハルにもたらされた。[39]モンゴル族はチベット仏教を信仰しており、一五七八年にはアルタン・ハーンがチベットの高僧ソナムギャムツォを青海に招いて仏教を復興していた。[40]そのため建国まもない後金にとって仏寺を修建することはモンゴル・満洲・漢の民族を統合するために必要だったと考えられる。

この後金の要求に対し、同年十月に朝鮮は後金の使節に託して顔料を送った。以下の朝鮮国王書は、現在は台湾の中央研究院歴史語言研究所に所蔵される、顔料の送り状である。[41]

朝鮮国王が金国汗に答書する。貴国の派遣官が平壌に至り、国書を送り届けた。貴国が、仏寺を補修しまた大元の仏尊を得たことを承った。これは天が、慈悲の教えを貴国の人に授けたものである。求めるところの顔料は別紙に記載して差し上げる。その中大緑と石青の二種は市に求めようとしたが得られなかった。ここではまだ送って助けていない。幸いに思いやりと信義を思う。

(天聡九年九月初九日董得貴が齎した書)[42]

この史料から、朝鮮が後金の要請に応えて実際に顔料を送ったことが分かる。大緑と石青の二種は市に求めたが得られなかったというのは、朝鮮政府が顔料を市廛に求めたものの、調達ができなかったためと考えられる。後金の要求に対し、朝鮮は完全に応えていない。朝鮮は後金の要求に常に応えていたわけではないことを示す一例といえる。

以上のように、後金は朝鮮との貿易によって国富を蓄積する目的があり、朝鮮へ貿易のために派遣された官は、財政担当の戸部の上級職が務めていた。後金への貢献に対する朝鮮の対応を見ると、後金から仏寺修建のための顔料が朝鮮に求められたことがあったが、その際に朝鮮は貢献したものと貢献しなかったものの二種類があった。

二、開市への施策

次に朝鮮政府による開市への施策について分析する。朝鮮政府が後金との間へ承認していた年二回の開市において後金との間で紛争が生じたことがあった。それに関して以下、価格決定を巡る紛争と、商人の不正に対する施策について検討する。

①価格決定をめぐる紛争

朝鮮と後金が開市場で取引する価格に対して、朝鮮側は不満を持つことがあり、特に仁祖九年（一六三一）から仁祖十二年（一六三四）にかけて大きな問題となった。問題の発端は仁祖九年四月に後金のイングルダイ一行が義州の開市場で朝鮮商人から不当に安く商品を買ったことにあった。そのことに関する義州府尹と宣諭使の報告は次の通りである。

義州府尹の申景玗と、宣諭使の朴蘭英が急報して啓した。「開市の時龍骨大が商品の価格を安く定めたことは、掠奪と異なることがありません。さらに〔龍骨大が〕怒っていうことでは『我らは先に牛馬売買のことを言ったのに、牛はわずか五十頭であり、馬は全く市に出ていない。我らの望むところは、貨物を載せて運ぶことに過ぎない。もし終始許可しないのであれば、貨物を江岸に留置し、まさに数百人でもって、安州や平壌などの地に直接入って、馬匹を得て来ることを期することになるぞ』、ということでした」(43)。

ここでは義州府尹が、イングルダイが商品を安く買い付けたと報告した。そして続いてイングルダイが、市に出た牛の数が五十頭と少なく、馬が市にでていないことに怒ったと報告したことがわかる。これを受け、朝鮮は同年（天聡五）八月に価格問題について後金に抗議を行った。その抗議の内容が盛り込まれた国書は後金側の史料『朝鮮國來書簿』に収録されており、その内容は次の通りである。

開市の流通は、平価で貿易を行って、利が偏ったり害が偏ったりしないようにすべきであり、そうであってこそ久しく行うことができて弊害がない。このごろ義州開市の時、貴国の使者が、強さを頼んで意気高く、多く非理をなし、或るものは安く価格を抑え、或るものは馬畜を略奪した。もし青布を商品とし、我が方の商人が瀋陽に至れば、その価値は甚だ重く、貴方の商人が弊国の首都に至れば、その価値は甚だ軽い。もし国境で互市をすれば、その中間の値を採ってその半分を得るべきである。今商人を脅し、価格を定めるに甚だ軽くするので、商人は恨みを叫ぶのに極まりがない。[44]

これによると、朝鮮国王は開市での取引は「平価」で行われるべきであるとし、義州開市において後金の使者が安く取引し、馬畜を略奪したことを非難した。そして青布の価格は瀋陽が最も高く、漢城が最も安く、国境（義州）で取引するのであればその中間の価格で取引すべきであるとする。前述したように青布は明産の綿布であり、椵島を通じて朝鮮に明からもたらされていた。そのため瀋陽より漢城の価格が安かったのであろう。この朝鮮からの抗議に対し、後金は同年閏十一月に返答を行った。その返答は朝鮮の『仁祖實錄』に次のように残されている。

金国汗が書を朝鮮国王に致す、（略）また義州で価格を抑えたこと（勒価）と会寧での要求について言う。我が人に我を欺く者がおり、王の人に王を欺く者がいる、これは厳しく追求せざるを得ないことである。本当にこの事があれば、それは両国の和好をそこなう。王はまさに義州の該当する官員に文を送り、勒価をした者の姓名並びに略奪した馬匹の毛色の詳細を調査して書に記入してもたらすべきである。[45]

この後金汗から朝鮮国王への返答によると、後金汗は朝鮮国王に対して義州での安値買い取り（勒価）および馬匹略奪に関する詳しい状況報告を求めた。問題の解決はまだ行われていない。

その後も朝鮮は引き続き後金に価格問題を提起した。仁祖八年（天聡五、一六三〇）十二月に後金汗へ朝鮮国王が送った国書のなかで、朝鮮国王は朝鮮に嘘をつく者がいないとは限らないとした上で、後金の方が朝鮮より強国であることから、強者が弱者に強い行動に出ることがあると述べ、後金の安値購入、略奪を暗に非難した。[46] 結局この価格決定をめぐる問題はどのように解決がなされたか確認できないものの、朝鮮は後金との開市においては朝鮮商人の利益を保護するよう、後金に対して継続的に求めていたことがわかる。

②開市における朝鮮商人の不正への施策

一方で朝鮮商人が後金との貿易において、一方的に被害を受けていたわけではなかった。そのような場合の朝鮮政府の施策を次に見てみたい。

仁祖十二年（天聡八、一六三四）に、朝鮮商人から後金へ引き渡される物品が不正に変えられる事件が起きた。同年に後金汗から朝鮮国王へ送られた国書の内容が『内國史院檔』に残っており、事件の内容を知ることができる。そこでは後金に朝鮮商人が販売した朝鮮産の緞子や布の質が低く、紙の数量が不足していると指摘した上で、「漢」の産品であるモチン（毛青、青布）が不足していることを言い訳にしないように、と後金汗が朝鮮国王に抗議していた。(47)

これに対し朝鮮国王は後金汗に謝罪の国書を送った。朝鮮は後金に謝罪したが、朝鮮商人の活動は流動的であり、利益追求の側面が強いとして商人取締の限界を訴えた。もちろん取締自体は行うとした。(48)

このようなことから、朝鮮商人が後金との貿易において不正行為を働いた場合、朝鮮政府は後金に謝罪するものの、商人の取締を厳格に行うことまでは後金に約束していないことがわかる。

三、越境採蔘への施策

以上のような貢献や開市といった貿易のほかに、後金と朝鮮の間で問題になったのは、朝鮮人が国境を不法に越境して後金産人蔘を採取する行為（越境採蔘）であった。本来であれば後金との貿易によって朝鮮商人が後金産人蔘を輸入すべきであったため、朝鮮人による越境採蔘は後金産人蔘を不法に奪うものであった。以下では越境採蔘に対する朝鮮政府の取り組みを検討する。

朝鮮と後金の間の国境は鴨緑江と豆満江であった。その国境を民が無許可で越境することについて、仁祖六年（天聡二、一六二八）に両国が厳罰処理することを約束した。その合意において、後金汗は朝鮮に対して朝鮮人の無断越境を禁止しており、朝鮮から国境監視の提案があったことに言及していた。(49)

その後、仁祖十三年（天聡九、一六三五）に越境採蔘が多発する。天聡九年中の『舊滿洲檔』記事から確認できる越境採蔘の事例を**表2**に整理した。**表2**によると同年の四月から九月の間に五回、朝鮮人が越境採蔘を図って後金に摘発されたことがわかる。

こうした越境採蔘の多発を受けて同年九月に後金から朝鮮に抗議が行われ、その後朝鮮国王が後金汗に宛てた国書にお

表2　天聡9年（1635）の越境採蔘事件一覧

報告の日付	事件の概要
天聡9年7月12日	Tulai NiruのGainaが人参を取りに行き、人参を取りにきた朝鮮人4人を捕らえた
天聡9年7月18日	Fiyannggu NiruのBusantaiが人参を取りに行き、人参を取りに来た朝鮮人18人の内二人を捕らえた
天聡9年8月1日	Jangsiha Antanu, Sahaliyan Otonggoが朝鮮から人参を取りに来たのを獲得して送ってきた
天聡9年9月10日	江界のNioYaGagiが15人で人参を採取に来て、11人は逃げたが4人をLafaのDaiduBithesiが捕らえた。

いて、朝鮮国王は越境採蔘を反省する意を示し、朝鮮の流民の行動の背景について言及した上で、一定程度越境採蔘に理解を示した(50)。

　次に朝鮮の北部地方における越境採蔘多発の原因を検討する。仁祖十三年（一六三五）に咸興道観察使が行った報告の中に、越境採蔘多発の原因が言及されている。

　咸鏡道観察使の閔徽が急報して啓して言った。「碧潼等の鎮の居民三十余人が、越境採蔘して、ついにみな被虜人となりました。思うに禁法が厳しいとはいっても、中央と地方の上部機関が貨物を送り、それで人蔘を購入させます。求めることが多いので、守令はやむをえず民間に〔代価を〕分けて給し、人蔘を交換して納めるようさせます。そのためその成り行きは法を犯さざるを得なくし、死を忘れて被虜人となるのだといいます」(51)。

　この史料によると、朝鮮の中央と地方の政府機関が代価（貨物）を辺境の邑に送って人蔘を購入させ、守令が民に負担を転嫁させたため、民が越境採蔘に駆り立てられているという。朝鮮の政府機関の動きが民の越境採蔘を促進していたことになる。

　違法な人蔘取引の利益は大きかったと見られ、このような人蔘取引の統制が朝鮮国内で求められるようになった。違法な人蔘取引に対する備辺司の認識は次の史料の通りである。

　備辺司が啓して言った。「最近蔘商は納税が少ないのに、得る利益は多いです。故に国内の人が、争ってともに〔後金側に〕密入国する弊害は、ずっと禁ずることができません。収税を増やし、商利を奪うことで、禁令の一助とすることを請います」(52)。

　この史料によると備辺司は、人蔘商人は納税が少なく、利益が大きいために、朝鮮国内の人が後金に密入国しているという認識を示した。そして備辺司は人蔘取引への課税を増やして、禁令の一助とすることを求めた。

以上のように、貢献については、朝鮮政府は後金の要請に応える場合と応えない場合があった。開市場での取引においては、朝鮮政府は朝鮮商人が価格面で不利に置かれた商人を保護するために後金と交渉を行った。一方で朝鮮商人の中に後金使節を騙して利益を得る者が発覚した際には、取締を厳格に行わず、越境採蔘の問題については政府機関が越境採蔘を促すことさえあった。ただ弊害が多くても朝鮮政府は後金との貿易を中止したことはなかった。

三、朝鮮の対後金貿易政策の背景

前章で論じたように朝鮮政府は対後金貿易で朝鮮商人の利益を保護するために交渉を行っていた。それでは、朝鮮商人が不利益を被ることがあった対後金貿易を、朝鮮政府が中止しなかったのはなぜだろうか。この章では後金との貿易に朝鮮がある程度応じた背景について、論じる。

朝鮮は前述のように平安道沖の椵島を通じ、青布や緞子をはじめとする明の物資を輸入していた。また光海君元年（一六〇九）に朝鮮は対馬との間で己酉約条を締結し、光海君三年から対馬から歳遣船が派遣されることとなり、日本の対馬との間の貿易が再開された。そのことで朝鮮に日本や東南アジアの産品が輸入されるルートが形成された。

朝鮮から後金へ贈られる貢献品リストに入っていた胡椒と蘇木は朝鮮では産出せず、朝鮮は対馬から入手していた。己酉約条締結後に対馬が朝鮮に進上した胡椒と蘇木は、歳遣船十七艘と特送使船三艘でそれぞれ合計二〇〇〇両、三二八〇両であった。[53] また東萊倭館での公貿易においても胡椒と蘇木は水牛角と共に対馬から輸入された。[54] 東南アジア産品は十六世紀以前には対馬へ博多商人の手を介してもたらされることがあったが、[55] 十七世紀以後は対馬に博多商人やオランダ、イギリス商館を経由してもたらされていたと考えられる。たとえば一六一四年に対馬を訪問したイギリス東インド会社平戸商館のリチャード・コックス（Richard Cocks）は、日本に輸入される胡椒はほぼ全量が朝鮮向けであり、彼が対馬に持ち込んだ胡椒は高い値で売れたと本国に報告している。[56] また蘇木はオランダ東インド会社が平戸にシャムから持ち込んだ記録がある。[57] 後金は朝鮮が日本から物品を輸入する経路を持っていることを熟知していた。[58]

このように朝鮮は日本、明、後金の三者と貿易を行う窓口を持っていた。当時の東アジアにおいて、明と後金は戦争状態であり、明および後金と日本は隔絶されていた。朝鮮だけがすべての周辺国と貿易を行うことをできた。このような国際環境のなかで朝鮮は後金から特産物を入手でき、明および日本との間で中継貿易を行うことができた。

朝鮮は後金と明との間を中継する貿易を行ったが、その状況は後金にも把握されていた。例えば仁祖十三年（一六三五、天聡九）に金国汗が朝鮮国王に宛てた書のなかに朝鮮が後金と明の間で行った中継貿易への言及がみられる。それによると、朝鮮商人が後金から価格一斤あたり一六両の人蔘を、嘘の理由により一斤あたり九両で獲得したのち、一斤あたり二十両で皮島（椵島）の漢人に転売したことを後金汗が問題視していた。[59]それ以前から朝鮮商人は椵島に銀と人蔘を売っていた。戸曹が仁祖六年に行った報告のなかに椵島に朝鮮の商人が集まり、銀と人蔘を売っているとの説明がある。[60]東萊の倭館で対馬向けの人蔘輸出が増加する一六四〇年代までには、朝鮮は清との貿易を通じて人蔘の入手をすることが可能となっていた。[61]

以上のように朝鮮は明、後金、日本との間に貿易の窓口を持っていた。当時の東アジア諸国の中では最多の窓口数である。後金が明と戦争をしており、日本と隔絶していたことから、朝鮮からみれば後金は明産品、東南アジア産品、自国産品を輸出する格好の相手であり、人蔘を輸入できる存在であった。朝鮮が後金と貿易を継続する動機はここにあったと考えられる。

おわりに

本稿では仁祖六年（一六二八）からの朝鮮の対後金貿易政策について論じた。その結果明らかになったことは次の通りである。

仁祖五年（一六二七）の盟約締結に際し、朝鮮は後金から歳幣の要求を受け、結局貢献を送った。続けて朝鮮は後金から開市の要求を受け、国境の平安道義州と咸興道会寧で開市を行った。しかし開市には朝鮮の商人と商品は集まりにくく、後金使節は漢城や平壌など朝鮮内地に入った際に取引を行うようになった。朝鮮は後金との商取引に消極的であったが、自国使節が後金に入る場合には商人を帯同させていた。

貢献については、朝鮮政府は後金の要請に応える場合と応えない場合があった。開市場での取引においては、朝鮮政府は朝鮮商人が価格面で不利に置かれた場合は商人を保護するために外交交渉を行った。一方で朝鮮商人の中に後金使節に対して不正を働いた者が発覚した際には朝鮮政府は取締を厳格に行わず、朝鮮の政府機関の行為が越境採蔘を促進することさえあった。朝鮮政府は後金との貿易において弊害が多くても貿易を中止したことはなかった。

朝鮮政府が、消極的ながらも後金との貿易を継続した背景としては、当時の国際情勢があると考えられる。朝鮮は明、後金、日本と貿易を行っていた。当時の東アジア諸国の中では最多の窓口数である。朝鮮からみれば後金は明産品、東南アジア産品、工芸品を輸出する格好の相手であり、明や日本への重要な輸出品である人蔘を輸入することのできる存在であった。

このようにしてみると、朝鮮は後金との貿易を活用して東アジア国際貿易の仲介者として振る舞ったということができるであろう。とりわけ後金が日本や東南アジアなどの海域にアクセスできない状況、明と戦争中であるという状況のなかで、中継貿易の担い手として存在していた。そのために朝鮮は後金との間で商品の取引価格を巡って何度も交渉したり、朝鮮商人の不正をそれほど厳格に追及しなかったりするなどの対応を行ったのだと考えられる。

丙子の乱（仁祖十五年）で朝鮮が清に敗北して服属すると、以上述べてきたような朝鮮の中継貿易は大きく変容するが、本稿では論ずることができなかった。丙子の乱後の朝鮮の対清貿易については別稿にて論じる予定である。

注

（1）田川孝三「毛文龍と朝鮮との関係について」（『青丘説叢』三、今西龍発行、京城：近澤印刷部印刷並発売、京都：彙文堂書店発売、一九三二年）。

（2）稲葉岩吉『光海君時代の満鮮関係』（大阪屋号書店、一九三三年）。

（3）江嶋壽雄「天聡年間における朝鮮の歳幣について」（『史淵』一〇一、一九六九年）、同「崇徳年間における朝鮮の歳幣について」（『史淵』一〇八、一九七二年）。二論文は江嶋壽雄『明代清初の女直史研究』（中国書店、一九九九年）に後に収録された。

（4）劉家駒『清朝初期的中韓関係』（台北：文史哲出版社、一九八六年）。

（5）韓明基『丁卯・丙子乱과 東亜細亜』（푸른역사、二〇〇九年）。

（6）劉家駒前掲注4書、一四―一六頁。

（7）江嶋壽雄『明代清初の女直史研究』（中国書店、一九九九年）四八〇―四八三頁。

（8）『朝鮮國來書簿』天聡元年七月十日条。参照したものは韓国国史編纂委員会所蔵写本および京都大学人文科学研究所所蔵本（青写真（請求記号　内藤―一二七）からコピーしたもの）である。

（9）江嶋壽雄前掲注7書、四八五―四八六頁。

（10）『満文老檔』太宗天聡第四冊、天聡元年三月三日条。

（11）『朝鮮國來書簿』天聡二年二月初二日条および鴛淵一「朝鮮国来書簿の研究（一）」（『遊牧社会史探求』三三、一九六八年）八―一〇頁。

（12）劉家駒前掲注4書、五一―五二頁。

(13)『承政院日記』第二十冊、崇禎元年三月二十八日条。
(14)『仁祖實錄』巻十九、仁祖六年九月甲申条。
(15)『舊滿洲檔』閏字檔、天聡二年八月二十七日条。
(16)森岡康「丁卯の乱後における贖還問題」（『朝鮮学報』三二、一九六四年）九四—九六頁。
(17)『仁祖實錄』巻十九、仁祖六年十二月辛卯条。
(18)「備局回啓曰。灣上開市自有約條、季朔之限自當依此行之。而但今日事勢、與前頓異、毛營設伏日俟釁隙、意外搶掠之患、實深可畏」（『仁祖實錄』巻十九、仁祖六年十二月辛卯条）。
(19)『仁祖實錄』巻二十二、仁祖八年二月丁丑条。
(20)『承政院日記』第二十一冊、崇禎元年五月十七日条。
(21)「胡差出給人蔘四百八十餘斤、責換靑布一萬九千餘匹。市民等竭力湊合、猶未准數、鞭笞狼藉。市民叩心號訴」（『仁祖實錄』巻十九、仁祖六年十二月丙申条）。
(22)鮎貝房之進「市廛攷（三）」（『朝鮮』三三四、一九四三年）。
(23)『承政院日記』第二三一冊、康熙九年十月八日条。
(24)『承政院日記』第二十六冊、崇禎二年閏四月九日条。
(25)辻大和「十七世紀初頭朝鮮における人蔘政策の定立とその意義」（『朝鮮学報』二二〇、二〇〇九年）六九頁。
(26)『仁祖實錄』巻十九、仁祖六年十二月丁未条。
(27)『仁祖實錄』巻三十、仁祖十二年十二月辛亥条。
(28)『舊滿洲檔』満附三、天聡九年五月二十六日。
(29)「朝鮮國王致書金國汗、（中略）上年定約時、只敝邦使臣之行、例帶商賈、以資兩國通貨而已。乃者貴國使臣、亦有所持物貨。責貿於邊上、不穀初以有違前約爲訝、繼以思之、此亦不至害理。但春秋使臣外、亦有貴國差人持貨出來、頗無限節。敝邦物力誠無以應」（『朝鮮國來書簿』天聡八年十一月二日到來分）。
(30)『亂中雜錄』、崇禎三年二月初二日条。『亂中雜錄』は壬辰丁卯の乱に参戦した南原の趙慶男によって書かれた野史であり、『大東野乘』に収録されている。
(31)『亂中雜錄』、天啓二年正月条。
(32)「憲府啓曰。祖宗法制疆域有截、雖事大交隣冠蓋往來、而不許一人私出境外、蓋慮患之深也。今者朴簵之行、朝廷既定商賈帶往之數、而義州府尹林慶業、乃敢於朴簵渡江之後、潛送商貨、深入瀋陽」（『仁祖實錄』巻三十一、仁祖十三年十一月癸亥条）。
(33)『滿文老檔』太宗第三十九冊、天聡五年七月二十八日条。
(34)イングルダイは『欽定八旗通志』巻一五六、人物志三十六、英俄爾岱条によると天聡五年（一六三一）に戸部承政に就任した。
(35)マフタは『欽定八旗通志』巻一四八、人物志二十八、馬福塔条によると天聡五年（一六三一）に戸部参政に就任し、天聡八年（一六三四）に戸部承政となった。
(36)「備局啓曰、卽見金汗答書、其意似在增幣、而不在渝盟」（『仁祖實錄』巻二十八、仁祖十一年三月戊戌条）。
(37)「弊邦寺已處造苦乏彩畫、此係敬佛、幸勿稽誤云」（『仁祖實錄』巻三十一、仁祖十三年八月乙酉条）。
(38)『舊滿洲檔』、天聡九年七月二十五日条。
(39)石濱裕美子『清朝とチベット仏教——菩薩王となった乾隆帝』（早稲田大学出版部、二〇一一年）一四頁。
(40)石濱裕美子前掲注39書、五頁。
(41)「朝鮮國王答金國汗書」中央研究院歴史語言研究所内閣大庫所蔵（台北市）、登録番号〇三八一三六。漢文部分の翻刻文が『明清史料』丙編一に収録されており（満文は脱落）、図版が『明清檔案存真選輯初集』（中央研究院歴史語言研究所、一九五九年）、瀋陽舊檔、図版四九、九七頁に収録されている。

(42) 「朝鮮國王答書金國汗。貴差至平壤、傳致國書、承貴國修建佛寺又得大元佛尊。此天以慈悲之教授貴國之人也、所要彩畫別錄以呈。其中大綠石青貳種求諸市上而不得。茲未送副。幸惟恕亮。［天聰九年九月初九日董得貴齎 □□附
sure haniuyucianiyaiuyunbiyai ice uyun de dongdukuigajihabithe］」

(43) 「義州府尹申景珎、宣諭使朴蘭英馳啓曰。開市時龍胡勒定物貨之價、無異奪掠。且怒曰、我等先言牛馬買賣事、而牛則僅五十首、馬則全不出於市。我等所望、不過載運物貨。若終始不許、則留置物貨于江邊、當以數百人、直入安州平壤等地、期得馬匹而來云矣」（『仁祖實錄』巻二十四、仁祖九年四月丙辰条）。

(44) 「開市通貨、必須平價交易、無偏利偏害事、然後方可久行而無弊。頃日灣上開市時、貴國差人、恃強負氣、多作非理、或抑勒價値、或攘奪馬畜。如青布爲貨、我商到瀋陽、則價甚重、貴商到敝京、則價甚輕。若境上互市、則當酌取其中方、得其半。今則劫制商人、定價甚輕、商賈號冤、罔有紀極」（『朝鮮國來書簿』、天聡五年八月到来分）。

(45) 「金國汗致書朝鮮國王、（略）又言灣上勒價會寧徵責要索。我人欺我者有之、王人欺王者有之、是不可不嚴究也。果有此事、是敗我兩國和好。王當行義州該管官員、査勒價者姓名並攘奪馬匹毛色詳細開來」（『仁祖實錄』巻二十五、仁祖九年閏十一月辛酉条）。

(46) 『朝鮮國來書簿』天聡五年十二月二十六日到来分。

(47) 『内國史院檔』天聡八年檔、天聡八年三月二日条。

(48) 『内國史院檔』天聡八年檔、天聡八年四月二十七日条。

(49) 『滿文老檔』太宗天聡第十冊、天聡二年五月二十三日条。

(50) 『滿文老檔』太宗崇徳第一冊、天聡十年正月十六日。

(51) 「咸鏡監司閔徽馳啓曰。碧潼等鎭居民三十餘人、越境採蔘、竟皆被擄。蓋禁法雖嚴、而京外上司入送貨物、使之貿蔘。取責多門、守令不得已分給民間、責令貿納。故其勢不得不冒法、忘死至被擄云」（『仁祖實錄』巻三十一、仁祖十三年十月壬辰条）。

(52) 「備局啓曰、近來蔘商納税少、而取利多。故内地之人、爭相入往潛越之弊、終不可禁。請量加收税、稍奪商利、以爲禁令一助」（『仁祖實錄』巻三十一、仁祖十三年十一月丙辰条）。

(53) 『通文館志』巻五、交隣、年例送使条より集計。なお年例送使条による歳遣船の進上物品の統計は田代和生『近世日朝通交貿易史の研究』（創文社、一九八一年）六一頁にある。

(54) 『邊例集要』巻八、公貿易、己酉（一六〇九年）十月条。

(55) 森克己「中世末・近世初頭における対馬宗氏の朝鮮貿易」（『九州文化史研究所紀要』一、一九五一年）八―九頁。

(56) Richard Cocks発イギリス東インド会社本店宛書簡（一六一四年五月）（『大日本史料』十二編十七、東京帝国大学文科大学史料編纂掛、一九一四年、四六四―四六八頁）。

(57) Elbert Woutersenからオランダ東インド会社平戸商館宛書簡（一六一四年九月）前掲注56書、四九九頁。

(58) 浦廉一「明末清初に於ける日本の地位」（一）（『史林』十九―二、一九三四年）二五八―二五九頁。

(59) 『舊滿洲檔』滿附三、天聡九年十二月二十日条。

(60) 『仁祖實錄』巻十九、仁祖六年十二月丁未条。

(61) 篠田治策『白頭山定界碑』（楽浪書院、一九三八年）五三頁。

『満文原檔』にみえる朝鮮国王の呼称

鈴木 開

すずき・かい――日本学術振興会特別研究員。専門は朝鮮近世政治外交史。主な論文に「『瀋陽往還日記』に現れた仁祖九年（一六三一）朝鮮―後金関係」（『韓國文化』六八、二〇一四年、韓国語）、「劉興治と朝鮮との関係について」（『満洲研究』一九、二〇一五年刊行予定、韓国語）などがある。

清初の根本史料である『満文原檔』には朝鮮関係記事が多く含まれている。このうち、朝鮮国の君主の呼称には一見すると奇妙な揺れがみられる。それらを年代順にたどっていくと、当初は清の君主の呼称と同じハンが用いられていたが、次第に漢語の王から取られたワンと併用されるようになり、最終的にワンへの一本化が図られる、という過程が浮かび上がる。このことは朝清関係の特質を考える上で重要であるように思われる。

はじめに

大清国Daicing gurun成立以前、その前身である後金国Aisin gurunの君主の呼称については、清という国の基本的性格に関わる問題であるため、早い時期から関心が払われてきた。すなわち市村瓚次郎氏、内藤虎次郎氏は、彼らが一九〇五年八月に盛京の崇謨閣で発見した『朝鮮国来書簿』・『各項稿簿』・『奏疏稿』に基づき、(1)天聡十年（一六三六）以前の国号は後金・金であったこと、ホンタイジHong taijiが同じく天聡十年に皇帝を称する以前は金国汗と称していたことを指摘した。(2)

その後、故宮博物院文献館による清代内閣大庫檔案の整理作業により、一九三一年二月に、ヌルハチNurhaci、ホンタイジ時代の事蹟を記した「満文原檔」三十七冊が発見された。これらは、既に内藤氏らによって一九〇五年十月に発見されていた『満文老檔』の原史料となったものであり、これによって当時の事情をより詳細に知ることができるようになった。この「満文原檔」を実見し、かつ同史料の影印である『旧満洲檔』(国立故宮博物院、一九六九年)を参照して研究を進めた神田信夫氏は、女真やモンゴルに対してはマンジュManju、明や朝鮮に対しては後金・金が国号として天聡十年まで用いられ、金の訳語であるアイシンAisinも国内で用いられていたことを明らかにした。神田氏は、天聡十年以前、「満文原檔」中のAisinがManjuに塗抹・修正されていることもあわせて指摘した。(3)

以上の研究により、後金国の君主の呼称はほぼ明らかになったといえる。その反面、もう一方の当事者である朝鮮国の君主の呼称については、『満文老檔』を参照した三田村泰助氏による簡単な言及を除けば、(4)ほとんど関心が払われてこなかった。しかしながら、満文史料における朝鮮国王の呼称には揺れがみられるのであり、このことは後金側の朝鮮認識や朝鮮・後金関係、さらにそれらを前提とする朝清関係の成立を考える上で重要な意味を持つように思われる。

そこで以下では、『旧満洲檔』の新たな影印である『満文原檔』(国立故宮博物院、二〇〇六年、以下『原檔』)にみえる朝鮮国王の呼称について基礎的な検討を行い、その変遷について仮説を提示する。なお『原檔』では、無圏点の旧満文と有圏点の新満文による表記が混在している。このため、表において事例を示す場合にはsolgoとsolho、kanとhanなど旧満文と新満文の綴りを区別し、本文で引用する場合には基本的に新満文の綴りに改めた。日本語訳は満文老檔研究会訳注『満文老檔』(東洋文庫、一九五五〜一九六三年)を参考にしたが、用語統一などの理由から一部拙訳を用いた。

一、ヌルハチ時代

『原檔』中、ヌルハチ時代に朝鮮国王の呼称がみえる記事をまとめたのが**表1**である。

一見して分かるように、記事の種類を問わず、基本的にsolho han(朝鮮のハン)と記している。また、【2】nikan solho odz monggo yaya amba gurun i han beisei(明、朝鮮、日本、蒙古などの諸大国のハン、ベイレらの)、【11】nikan i u wang han ini amban gi dz be solho gurun de emu jalan han tebuhe(周の武王=ハンは彼の大臣箕子を朝鮮国の初代ハンに就かせた)とあるように、朝鮮の支配層を明、日本、モンゴルといった国々と同様にハン、ベイレとし、かつまた箕子を朝鮮の初代ハンとしている。ここから、空間的にも時間的にも、朝鮮を治める君主をハンとする後金側の認識をうかがうことができる。

また、記事の約半数が朝鮮側に送った文書に関わるも

表1　ヌルハチ時代の朝鮮国王の呼称

	年	月	日	字号（巻・頁数）	『老檔』頁数	呼称・塗抹（修正部分）	関係史料（記事内容等）
1	万暦37年（1609）	2月	（未詳）	荒（1・11）	9~10	solgoi kan, solgo kan	（明を通じWarkaを送還させる）
2	万暦43年	12月	（未詳）	荒（1・67~68）	60~61	nikan solgo oosa monggo yaya amba guruni kan beisei	（ヌルハチの言）
3	天命4年（1619）	3月	21日	昃（1・236~239）	142~144	solgo kan, solgo kan, solgo kan, solgo kan, solgo kan	『太祖』3月甲辰*
4		5月	28日	昃（1・241~243）	146~147	solgo kan	（梁諌の到着）
5		6月	8日	昃（1・243）	147~148	solgo kan	（Muhaliyan等の帰還）
6	天命5年	4月	17日	昃（1・340~352）	225~236	solgo monggo babai gurun i kan, solgo kan	（Kalkaの諸beileに送った書）
7		7月	11日	昃（1・360~363）	243~245	solgo kan	（朝鮮に送った書）
8	天命6年	閏2月	1日	張（2・6）	262	solgo kan	（朝鮮に送った書）
9		3月	21日	張（2・53~54）	293	solgo kan	『太祖』3月癸亥
10		6月	21日	張（2・134）	346~347	solgo kan	（Šolonggoの帰還）
11		7月	8日	張（2・140~144），来（3・7~10）	351~352	nikan i u wang kan ini amban gi se be solgo gurun de emu jalan kan tebuhe	（朝鮮に送った書）
12		9月	24日	張（2・212~213），来（3・59~60）	394~395	orin duin de solgo(de solgo kan i elcin ting bansa _____)kafan isinjiha**, solgo kan	（鄭忠信の到着）
13		12月	（未詳）	張（2・314~315）	452~453	solgo kan, solgo kan, solgo kan	（朝鮮に送った書）
14	天命7年	正月	3日	張（2・340~342）	467~468	sini kan, soweni kan	（朝鮮に送った書）
15		2月	10日	張（2・436~437）	527	mini kan	（Ajigen Mergen, Hūwaliyanの到着）
16	天命8年	6月	10日	盈（4・14~15）	793	solgoi fe kan ice kan, ice kan	（捕虜とした毛文竜配下の言）
17		7月	8日	盈（4・84）	849	solgo kan	（金景瑞の自死）
18	天命10年	正月	（未詳）	収（4・245~248）	954~955	solgoi nendehe kan, ice kan, ice kan, ice kan, kan, ice kan, kan, kan i kecen, kan,	（韓潤，韓義の言）
19			6日	収（4・248~254）	955~958	kan i kecen, nendehe kan, ice kan, ice kan, ice kan, fe kan, kan i kecen, ice kan	（韓潤，韓義の書）
20		2月	1日	収（4・261~267）	961~963	solgoi kan	（毛文竜に送った書）

*　『太祖武皇帝実録』当該条に朝鮮宛の文書が収録されている。張存武、葉泉宏編『清入関前与朝鮮往来国書彙編：1619－1643』（国史館、2000年、台北）を参照。

**　この部分は「張字檔」にのみみえる。

のであるが、文書を送ったという事実については、【7】【14】solho de unggihe bithei gisun（朝鮮に送った書の言）、【11】unggihe bithe ere inu（送った書これこそ）のように簡単に記すものが多く、【8】【13】のようにそれに対する記載のないものもある。対外的に初めて後金国号を称したとして有名な【3】の文書も単にbithe araha gisun（書に書いた言）とあるのみである。この文書は「後金国汗、奉書于朝鮮国王」という書き出しであったと考えられるが、[5]朝鮮に対して下手に出るような文言であったため、この部分は「昃字檔」には収録されなかったと考えられる。

また【9】の文書は、amaga aisin gurun i han solho han de bithe unggirengge（後金国のハン、朝鮮のハンに書を送ること）という書き出しで始まる。これは『太祖武皇帝実録』では「満洲国汗、致書於朝鮮国王」と改められているが、実際に送られたものには「後金国汗、致書于朝鮮国」とあったと考えられ、[6]「朝鮮国王」という呼称に対してsolho hanという語があてられていたことが分かる。

塗抹・修正もほとんどみられず、わずかに、【12】solho hafan isinjiha（朝鮮の官員が到着した）とあったところに、[7]solho han i elcin ting pansa hafan isinjiha（朝鮮のハンの使者鄭判事が到着した）と説明を加えている記事があるに過ぎない。その際にも、solho hanと記している点が注意される。

以上のようにヌルハチ時代の朝鮮国王は後金側からハンと認識されていたと考えられる。

二、ホンタイジ時代

一、天聡元年

ところが、ホンタイジがハン位を継承した後の天聡元年（一六二七）の記事をまとめた「天字檔」では様相が一変する。この年は正月からの朝鮮への出兵（丁卯の乱）により朝鮮関係の記事が非常に多くなっているが、このうち朝鮮国王の呼称がみえる記事をまとめたのが**表2**である。ヌルハチ時代に比べて塗抹・修正が非常に増えていることが分かる。

なかでも多いのが、朝鮮国王についてもともとhanと記していたところを塗抹して、wangに修正している記事で、十六記事中三十二事例が確認される。朝鮮国王についてhanと記し、塗抹・修正が加えられていない記事も、四記事中十三事例が確認され、塗抹・修正された事例とあわせて「天字檔」が編纂された当初には、朝鮮国王をヌルハチ時代と同じくハンとする認識が支配的であったと考えられる。

一方、「天字檔」の編纂当初から、朝鮮国王をwangとする記事もみられる。このうち【3】【4】【25】【27】は、いず

表２　天聡元年の朝鮮国王の呼称

	年	月	日	字号（巻・頁数）	『老檔』頁数	呼称・塗抹（修正部分）	関係史料（記事内容等）
1	天聡元年	正月	22日	天（6・13~15）	8~9	solgo kan, solgo kan, wang ging	（朝鮮遠征軍の報告）
2	(1627)		（未詳）	天（6・54~58）	34~37	solgo kan (i wang)	（朝鮮国を討つ）
3			28日	天（6・59~62）	39~41	solgo cohiyan gurun i wang	（Amin等が書を送る）
4			（未詳）	天（6・62~66）	41~44	cohiyan gurun i wang, coohyan gurun i wang	『太宗』（重修）正月丁酉*
5		2月	6日	天（6・66~67）	44~45	meni kan (wang)	（姜璹，朴雲の言）
6						solgoi kan (wang)	（李永芳の言）
7						(solgoi wang lidzung)	（仁祖は江華島へ逃げる）
8			8日	天（6・68）	45~46	meni kan (wang), meni kan (wang)	（姜絪の言）
9			7日	天（6・70~72）	47~49	solgo kan (wang), kan (wang), solgo kan (wang), solgo kan (wang), kan (wang), solgo kan (i wang lidzung), solgo kan (i wang lisung)	（仁祖とAitaの問答）
10			（未詳）	天（6・72~73）	49	solgo kan (wang ni) deo, kan i (solgoi wang ni) deo	（李玖が後金陣中に到着）
11			（未詳）	天（6・73~75）	49~50	solgo kan (wang lisung), solgoi kan (wang), solgo kan (wang), solgo kan (wang)	（Aminは漢城へ向かおうとする）
12		3月	3日	天（6・75~76）	50~51	solgo kan (wang), solgo kan (i wang), solgo kan (wang lisung), solgo kan (wang lisung)	（江華盟約）
13			（未詳）	天（6・77~78）	52~53	ini kan (wang)	（Kūrcanは瀋陽に戻る）
14			18日	天（6・79~82）	53~55	solgo i wang, solgo i wang	（ハンの遠征軍への指示）
15			（未詳）	天（6・82~83）	55~56	solgo kan (i wang), solgo kan	（Aminは平壌に向かう）
16			（未詳）	天（6・83~85）	56~57	solgo kan (wang) i deo	（平壌にて講和を誓う）
17						coohiyan gurun i wang i deo li gio, coohiyan gurun i wang lisung, wang, (solgoi) wang, coohiyan gurun i wang	（平壌盟約）
18		4月	15日	天（6・87~93）	59~63	solgo kan i deo, solgo kan (i wang) i deo, solgo kan i deo, solgo kan i deo	（Amin等の帰還）
19			25日	天（6・95~96）	64~65	solgo kan (wang) i deo, solgo kan (wang) i deo	（李玖を招いて酒宴）

20		5月	3日	天（6・97~100）	65~68	solgo kan i deo, solgo kan i deo, solgo kan, solgo kan i deo, solgo kan i deo, solgo kan i deo, solgo kan i deo, meni gurun i kan (wang)	（李玖を見送る酒宴）
21			5日	天（6・100）	68	solgo kan i deo	（李玖を送る）
22			（未詳）	天（6・103~104）	70~71	solgo kan (i wang), kan i (wang ni), kan i deo	（錦州の紀太監等へ送った書）
23		7月	10日	天（6・132~133）	92	(solhoi wang lisung)	（回答官申景琥の到着）
24			16日	天（6・136~137）	94~95	solgo kan (wang)	（申景琥等への賞賜）
25			19日	天（6・137~138）	95~97	wang deo, wang doo	『仁祖』8月丁未**
26		12月	（未詳）	天（6・149）	108	solgoi bithei gisun (coohiyan gurun i wang lisung)	（回答官朴蘭英の到着）
27			9日	天（6・155~156）	111~113	wangi (han i) kecen, solgo wang ni deo	『太宗』12月壬寅***

* 『太宗文皇帝実録』（康熙重修）当該条に朝鮮宛の文書が収録されている。張存武、葉泉宏編『清入関前与朝鮮往来国書彙編：1619－1643』を参照。以下同じ。
** 『仁祖実録』当該条に朝鮮宛の文書が収録されている。
*** 『太宗文皇帝実録』（順治初纂・漢文本）当該条に朝鮮宛の文書が収録されている。

れも朝鮮側に送った文書や、文書を送ったという事実に関わって記されていて、漢文の「王」字をそのまま音写したのではないかと考えられる。このほか【14】は江華盟約についてクルチャンkūrcanから報告を受けたホンタイジが遠征軍に送った文書のなかにみえる文言であるが、han hendume〔中略〕suwe tubaci bithe arafi〔中略〕seme solho i wang de takūra（ホンタイジがいうには〔中略〕汝らはそこから書を書いて〔中略〕と朝鮮のワンに遣わせ）、jai solho i wang de unggire bithe de（また朝鮮のワンに送る書に）というように、朝鮮側に文書を送ることと関わって登場している。

また【17】は平壌盟約の誓文の文言であるが、wangのみならず朝鮮国の部分もcoohiyan gurunとなっている。にもかかわらず、一ヶ所のみsolho iという書き込みがあるために統一性を欠いたものとなっている。江華盟約の誓文は満文と漢文の双方が作成されており、平壌盟約においても、満文と漢文の双方で誓文が作成されたために、漢文の表現に合わせようとcoohiyan gurun i wangという表現が用いられたのではないかと考えられる。あるいは、平壌盟約では漢文の誓文が作成されなかった可能性もあるが、その場合でも、江華盟約の誓文にならってcoohiyan gurun i wangという表現が用いられたと考えられる。平壌盟約の経緯を記した【15】【16】でも朝鮮国王はsolho hanと記されていることから、【17】のwang

も、基本的にhanと同じ意味で用いられていたはずである。

また【1】では朝鮮国王をsolho hanとする一方で、漢城をwang gingとする。漢城については【27】isuhunde wang i hecen de šuwe hūdašaki（互いにワンの城で直接交易したい）とある部分のwangを塗抹してhanに修正しており、漢城の呼称も一定していない。(8) このほか、【15】【18】【20】のようにhanをwangに塗抹・修正するという方針が記事内で貫徹していない場合もある。

いずれにせよ、天聡元年においては、朝鮮国王をcoohiyan gurun i wangやsolho wangと呼称する事例が現われるが、それらは基本的にsolho hanと置き換え可能なものとして使用されていた。しかし時代が下るにつれて、hanをwangに修正したり、【7】【23】【26】のように新たにwangを追加したりすることによって、ハンとは置き換えられないワンという呼称が用いられるようになっていったと考えられる。

二、天聡二年から天聡六年まで

天聡二年以降、朝鮮国王の呼称がみえる記事をまとめたのが**表3**である。

天聡二年は行間への書き込み記事である【2】を除けば一事例にとどまる。その【1】の記事は『朝鮮国来書簿』所収の文書を満文に訳したものであるが、同書によると、この文書には「戊辰年正月初十日」と日付が記され、「朝鮮国接待宰臣兵曹参判崔鳴吉、礼曹参判金慶徴、戸曹参判李景稷、書贈竜骨大、朴吉乃両大人」とも記されており、仁祖からホンタイジに宛てられたものではなかった。したがって【1】にみえるwangは、「旧字檔」編纂者が、この文書を仁祖の国書であるようにみせるために、coohiyan gurun i wang de bithe isinjiha（朝鮮国王の書が到着した）と記したものである。ここでのwangは、「旧字檔」編纂者が、漢文中の朝鮮国王という呼称を念頭に記したものであり、hanとwangが並行して用いられていた前年の状況が継続しているものと理解しておきたい。

その後、天聡四年まで朝鮮国王の呼称がみえる記事は現れない。【3】はヌルハチの弟の子で、ダイシャンDaišan、マングルタイManggūltaiとともに三大ベイレといわれるアミンAminが失脚させられた際に、その理由として掲げられた十六の罪状のうちにみえるものである。ここでは朝鮮国王を一貫してhanと記しているが、塗抹・修正の対象とはならなかったようである。

続いて天聡六年の記事が収録されている「地字檔」では五記事中五事例が確認される。このうち、【5】がsolho i hanとするのに対して、【6】【8】がcoohiyan gurun i wang

表3　天聡2年〜6年の朝鮮国王の呼称

	年	月	日	字号（巻・頁数）	『老檔』頁数	呼称・（修正部分）	関係史料（記事内容等）
1	天聡2年	正月	28日	閏（6・230）	116	coohiuwan gurun i wang	『書簿』正月分28日到*
2		5月	（未詳）	閏（6・256）	133	(solgo gurun i wang lisung de bithe unggime)	『太宗』5月乙酉
3	天聡4年	6月	7日	呂（7・239~283）	401~416	kan i kecen, solgo kan, sūweni kan, kan i deo, solgo kan, kan i deo, kan, kan i deo, solgo kan, kan i kecen, han i kecen, solgo kan i kecen, kan i hoton	(Aminの十六大罪)
4			10日	呂（7・286~289）	417~418	solgoi kan, solgoi kan	(Inggūldaiの報告書)
5	天聡6年	正月	11日	地（8・56）	628~629	solgoi kan	(朝鮮人逃亡者の送還)
6		9月	4日	地（8・248~249）	845	coohiyan gurun i wang lisung	(秋信使朴蘭英の到着)
7			13日	地（8・252）	849	solgoi wang ni mama	(Mandarhanの派遣)
8		11月	11日	地（8・271）	866	coohiyan gurun i wang lisung	(回答使元翻の到着)
9		12月	17日	地（8・290）	879~880	solho gurun i wang	(Baduri, Cahara, Dungnamiの言)

* 『朝鮮国来書簿』に朝鮮宛の文書が収録されている。張存武、葉泉宏編『清入関前与朝鮮往来国書彙編:1619–1643』を参照。

lidzung、【7】がsolho i wang、【9】がsolho gurun i wangとし、wangと記す事例が増加しているようである。ただ【6】は次葉（『原檔』八、二四九頁）の左上に当該月の出来事の記録を担当した旗色を示すjuwe lamun uyun biya（両藍九月）という文言が書き込まれ、四角い枠線で囲まれているにもかかわらず、その前葉（同二四八頁）の末端の接ぎ紙された部分に、◯uyun biya i ice duin de（九月の初四日に）という書き出しで記されている。また【8】も末端に接ぎ紙されて書き込まれているなど、不審な点がある。いずれも仁祖の国書の満文訳は掲載されていないが、日付や内容からみて【6】は『朝鮮国来書簿』天聡六年分九月分初八日、【8】は同書同年十一月分十一日を典拠に書かれたと考えられ、しかももとの国書には記されていなかった仁祖の諱まで記されている。【6】【8】はいずれも「地字檔」編纂当初の記事ではなかった可能性もある。

一方【7】は、sure han mandarhan be takūrafi solho i wang ni

mama akū oho sinagan i doroi hoošan deijime unggihe（ホンタイジはマンダルハンを遣わして、朝鮮のワンの祖母〔＝仁穆大妃〕が亡くなった喪の礼で紙を焼きに送った）という短い記事であるが、「地字檔」編纂当初から収録されていたものと考えられる。さらに【9】のsolho gurun i wangは、朝鮮から帰還したバドゥリBaduri、チャハラCahara、ドゥンナミDungnamiがホンタイジに述べた言のなかにみえるものである。【7】【9】からは天聡六年段階で朝鮮国王をハンではなくワンと位置付けようとする認識が後金側にみられるようになり、それが『原檔』の記述にも反映されるようになっていたのではないかと考えられる。

三、天聡十年・崇徳元年

『原檔』は天聡七・八年の記述を欠き、また第九冊に収録される「天聡九年檔」も他檔冊と性格を異にするため後述することとすると、次に朝鮮国王の呼称がみえるのは天聡十年の記事である。**表4**にまとめたように、天聡十年になると朝鮮国王の呼称はcoohiyan gurun i wangおよびsolho i wangと表記することがほぼ定着したといえる。

その他の事例でも朝鮮国王をwangと記すものが大部分であるが、例外が三事例ほど認められる。【7】はホンタイジが仁祖の正妻であった仁烈王后の弔問を行うことを命じるために礼部に下した書であるが、bi coohiyan gurun i ejen i emgi ahūn deo arafi urgun gasacun i doro de ishunde yabumbihe（我は朝鮮国の主とともに兄弟として慶弔の礼には互いに往来していた）と記され、朝鮮国王をejen（主）としている。しかし同じ書のなかでwang deo i sargan（王弟の妻）とも述べているから、エジェンとワンを同じ意味で用いていたものと考えられる。これに対して【10】は仁祖が後金軍の侵入に備えるよう八道の監司に送った有旨（王命書の一種）のうち、平安監司洪命耉に送られたものであるが、その文中、「我国君臣」をmusei gurun i ejen amban（我らの国の主、大臣）と、「朝廷」をhanと訳している。

また、大清国成立後の【18】は、朝鮮春信使羅徳憲、回答使李廓一行が一度は受け取ったホンタイジの国書を通遠堡に至ったところで返却した際に記した文書であるが、このうち「我君父」とあるところをmeni han ama（我らの君父）と訳している。

【10】【18】は翻訳上の問題であるため過大評価はできないが、朝鮮の「君」といった場合、ejenあるいはhanと翻訳される可能性があったことは疑いないことである。これに対して【7】は、ejenとwangを同様の意味で用いており、朝鮮国王に対してはハンとワンの両方が用いられていた天聡六年

表4　天聡10年・崇徳元年の朝鮮国王の呼称

	年	月	日	字号（巻・頁数）	『老檔』頁数	呼称・塗抹（修正部分）	関係史料（記事内容等）
1	天聡10年	正月	（未詳）	日（10・10～14）	893～898	coohiyan gurun i wang	『書簿』正月分17日…齎到*
2		2月	2日	日（10・22～29）	903～910	solgoi wang, solgoi wang i sargan, (solgoi wang)	（Inggūldai, Mafuta等の派遣）
3						coohiyan gurun i wang, wang, wang	『太宗』2月丁丑
4						coohiyan gurun i wang, wang ni sargan, wang, wang	『太宗』2月丁丑
5						coohiyan gurun i wang, coohiyan gurun i wang, wang, wang, wang, wang, wang	『太宗』2月丁丑（八和碩貝勒，十七固山大臣の書）
6						coohiyan gurun i wang, coohyan gurun i wang mini deo, wang, wang, wang	『太宗』2月丁丑（外藩各蒙古貝勒の書）
7		（正月）	（16日）	日（10・29～30）	910～911	coohiyan gurun i ejen, wang deo i sargan	（仁祖妃の弔問を命じる）
8		3月	20日	日（10・85）	965～966	coohiyan gurun(i wang ni)karu bithe	『書簿』3月20日…齎到
9			（未詳）	日（10・86～87）	966～967	coohiyan gurun i wang, coohiyan gurun i wang, wang ging hecen, coohiyan gurun i wang,	（Inggūldai等の帰還）
10			（未詳）	日（10・90～92）	969～971	muse i gurun i ejen amban, han	『仁祖』3月朔丙午
11		4月	（未詳）	日（10・105～108）	982～985	coohiyan gurun i wang, wang	（春信使羅徳憲，李廓等の到着）
12						coohiyan gurun i wang	『書簿』3月29日…齎来
13						coohiyan gurun i wang	『書簿』3月29日…齎到
14	崇徳元年	4月	11日	日（10・118～119）	993～994	solgoi wang ni elcin, wang ni elicin, wang	（羅徳憲，李廓が即位式参列を拒否する）
15			15日	日（10・122～134, 297～298）	997～1010	coohiyan gurun i wang, wang, coohiyan gurun i wang	（羅徳憲等への賞賜）
16						coohiyan gurun i wang	『太宗』4月己丑
17						coohiyan gurun i wang, wang, wang, wang, wang, wang, wang, wang, wang, wang, wang, wang, wang, wang, wang, wang, wang, wang	『太宗』4月己丑
18						meni han ama	『書簿』5月初9日

19		10月	27日	宇（10・551）	1362	solgo wang	（朝鮮の使者Bai miの到着）
20						sini wang	（聖旨）
21		11月	25日	宇（10・690～694）	1473～1476	suweni wang, suweni wang, wang, suweni wang, suweni wang	『同文』別編巻三**
22		12月	3日	宇（10・700）	1479～1480	solgo i wang ni tehe wan ging hecen, solgoi wang ging hecen	（遠征軍への指示）
23			16日	宇（10・711～714）	1487～1490	sini wang, wang ging, sini wang, sini wang, sini wang, sini wang, sini wang, sini wang hecen,	『太宗』12月丙戌
24			19日	宇（10・714～716）	1490～1492	solgoi wang ging hecen, wang ging hecen, wang ging, sini wang, meni wang, wang	（Mafuta等と崔鳴吉等の交渉）
25						solgo i wang	（Inggūldaiの派遣）
26			21日	宇（10・716）	1492	solgoi wang ging hecen, solgoi wang lidzung	（Daišan, Mucengge等が皇帝の陣へ帰還）
27			25日	宇（10・716～719）	1493～1494	solgoi wang ging hecen	（Inggūldai等の帰還）
28						solgoi wang ni alin i hecen, solgoi wang ni sargan juwe jui, wang, wang ging hecen, wang	（Inggūldaiの報告書）
29			26日	宇（10・720～722）	1495～1498	solgoi wang, wang ging hecenci	（Yotoに下した聖旨）
30			28日	宇（10・723）	1498	wang ging hecen	（漢城より30里のところに到る）
31						solgoi wang	（Kicunggeが報告にくる）
32			29日	宇（10・723～724）	1498～1499	solgoi wang ging hecen, wang ging hecen, solgoi wang	（諸gūsa i ejenに下した聖旨）
33				宇（10・725～726）	1500～1501	solgoi wang ging hecen, solgoi wang, wang, ini wang	（Daišanの報告）
34			30日	宇（10・726～727）	1502	coohiyan gurun i wang	（戦利品の披露）
35				宇（10・727～728）	1502～1503	coohiyan gurun i wang ni tehe wang ging hecen	（漢城の略奪）

*　…は中略。

**　『同文彙考』当該巻に朝鮮宛の文書が収録されている。張存武、葉泉宏編『清入関前与朝鮮往来国書彙編:1619－1643』を参照。

以前の状況の痕跡を、わずかながらとどめているのではないかと考えられる。

三、「満文国史院檔」および「天聡九年檔」

一、「天聡五年檔」・「天聡七年檔」・「天聡八年檔」

北京の中国第一歴史檔案館に所蔵される「満文国史院檔」は、天聡・崇徳年間の檔案史料を中心とする檔冊群で、『太宗文皇帝実録』（順治初纂、以下同じ）の稿本と推測されるものや、同『実録』にはみられない記事を含むものもあり、その価値は極めて高い。[10] 以下ではそのうちの天聡年間の記事にみえる呼称について、既に刊行された影印や訳注などに基づいて考察し、これまでの検討結果に対する補足を行うこととする。

「天聡五年檔」は『太宗文皇帝実録』や『原檔』には収録されていない記事が大量に含まれているという点で、特に重要な檔冊であるが、[11] 朝鮮国王の呼称は三事例が確認できるにとどまる。まず、二月十六日にホンタイジがニングタ Ningguta に駐留するジャヌ Janu、コルコン Korkon に対して送った文書にみられるもので、han hendume solho wang de jeku i jalinde takūraha bihe（ハンがいうには、朝鮮のワンに穀物の件で〔人を〕遣わしていた）とある。[12] 次に、十一月初四日にダイスンガ Daisungga、金備禦 Jin beiguan が朝鮮から派遣されてきた使者の到着を報じる文書に、solho han takūraha（朝鮮のハンが遣わした）とある。[13] 最後に、閏十一月二十四日にクルチャン、マンダルハンが朝鮮から派遣されてきた金得時に送った文書に、後金が安州での開市を求めていることについて、guwe wang jaci marambi（国王甚だ拒む）と記している箇所がある。[14]

「天聡七年檔」も『太宗文皇帝実録』の稿本と推測されるが、さらに大幅な修正が加えられ、他の編纂物に再利用するために抜き取られた部分があるという。[15] 本檔冊では朝鮮国王を coohiyan gurun i wang もしくは solho i wang とする記事がそのほとんどを占める。なかでも、『朝鮮国来書簿』や『太宗文皇帝実録』に収録されている両国の国書のように、もともと漢文で記されていたものを満文に訳した場合には coohiyan gurun i wang を用い、使者の往来に関わる事実関係を記す場合には solho i wang を用いているといった傾向が指摘できる。さらに、六月十八日に朝鮮に派遣されていたイングルダイ Inggūldai、ダイスンガが本国に送った報告書のうち、solho i han とあるところの han を wang に塗抹・修正している点が[16]注意される。

「天聡八年檔」は計四冊が現存するが、このうち『太宗文皇帝実録』に至るまでの編纂過程がよく現れている檔冊の訳注と影印が、清朝満洲語檔案史料の総合的研究チーム訳註『内国史院檔 天聡八年』（東洋文庫、二〇〇九年）として刊行されている。本檔冊で朝鮮国王の呼称がみえるのは、両国間の使者往来や国書交換に関わる記事に限られ、「天聡七年檔」と同様に、coohiyan gurun i wangとsolho i wangという呼称が併用されている。

二、「天聡九年檔」

「天聡九年檔」は、故宮博物院文献館による整理作業の結果、一九三五年九月に発見された三冊の檔冊のうちの一冊で、その際に「満附第三冊」と名付けられた。これは『旧満洲檔』が刊行された際、第九冊に影印が収録された。その後、東洋文庫清代史研究室訳注『旧満洲檔 天聡九年』1・2（東洋文庫、一九七二・一九七五年）が刊行され、『原檔』でも第九冊に「満附三」として影印が収録された。後からの書き込みによる修正の指示の多くが『太宗文皇帝実録』の記述に反映されていることから、同『実録』の稿本の一つと推測される。[17]

本檔冊では、朝鮮についてcohiyan・choohiyan・coohiyanと綴りが一定していないものの、朝鮮国王をcoohiyan gurun i wangとする記事が大部分を占める。solho i wangが用いられているのは、六月十六日に、solho i wang de karu unggihe bithe i gisun（朝鮮のワンに報い送った書の言）と返書を送ったという事実関係について記した記事中に現れる。[18] このほか、十二月に外藩の諸ベイレと後金の諸ベイレがホンタイジに尊号を定めることを要請したのに対して、ホンタイジが朝鮮にも相談すべきことを述べた言のなかに、solho gurun i wangとsolho i wangが一事例ずつあり、続いて朝鮮への使者派遣に関わって礼部の管理を命じられていたサハリヤンSahaliyanがホンタイジに述べた言のなかに、solho i wangとある。[19]

さらに五月二十六日に朝鮮に派遣されていたマフタMafuta、ボルホイBorhoiが帰還して提出した報告書のうち、漢城についてhan i falan（ハンの里）と記しているところを、wang jing（王京）に塗抹・修正している。報告書にはもう一つ、漢城についてhan i falanと記す事例があるが、こちらは塗抹・修正されていない。[20]

ここまで、「満文原檔」では事例が十分にはみられなかった年次について、「満文国史院檔」・「天聡九年檔」にそくして検討を加えてきた。檔冊ごとに性格が異なり、一概に論じることはできないが、それでも前章での検討結果を補足することができたと考える。すなわち、「天聡五年檔」では、solho wangとsolho hanがそれぞれ一事例ずつあり、天聡五年段階でも、依然としてsolho hanという呼称が用いられていたと考えられる。また、国王をそのまま音写し、guwe wangとしたと思しき事例もあり、呼称が揺れ動いていた状況がうかがえる。

「天聡七年檔」・「天聡八年檔」・「天聡九年檔」では、coohiyan gurun i wangとsolho i wangという呼称の併用がほぼ定着したかにみえる。しかし「天聡七年檔」に一事例、「天聡九年檔」に二事例、朝鮮国王をhanと記している事例が確認される。このうち「天聡七年檔」の事例はhanをwangに塗抹・修正しているが、「天聡九年檔」では同一記事中に同様の意味で登場するにもかかわらず、一方はhanをwangに塗抹・修正し、もう一方は何の変更も施されない。いずれも戸部承政という要職にあったイングルダイやマフタがホンタイジに提出した報告書に現れる文言であり、天聡年間末期に至っても、朝鮮国王をハンとする認識が完全には消滅していなかったことを示していると考えられる。

おわりに

既に石橋崇雄氏は、ヌルハチが天命元年（一六一六）に女真の諸ベイレからスレ＝ゲンギェン＝ハンsure genggiyen hanの尊号を贈られ、後金国の君主として承認されたこと、そのハン位を継いだホンタイジが、天聡十年に国号を大清とし、満・蒙・漢族から推戴され、寛温仁聖皇帝gosin onco hūwaliyasun enduringge hanに即位することで、ハン位と皇帝位の接合を目指したことを指摘している。[21]

この指摘を、朝鮮・後金関係の文脈で捉えるならば、後金においては国内向けと国外向けに複数の君主の呼称が存在したが、それが天聡十年の大清国の成立に至って、皇帝位を兼ねた大清のハンへと統合されようとしていたと理解することができる。このことを踏まえて、満文史料における朝鮮国王の呼称の変遷を示せば図のようになる。

すなわち、天命年間においては、後金国ハンも朝鮮国王も同じハンとして後金側に認識され、次の天聡年間以降も、同様の意識は続いていたと思われる。一方で、天聡元年以降、朝鮮・後金間で国書が交わされるようになると、朝鮮国王をワンと記す用法がみられるようになる。後金においては、ホンタイジが徐々に権力を掌握し、大清国成立および皇帝即位へ向けた動きが本格化していくが、その過程で、満文では同じくハンと表現されてしまう従来の朝鮮国王の呼称は非常に不都合なものとなったと思われる。

そうした認識は、天聡五年の六部の設置、大凌河攻城戦、マングルタイの失脚などによる政治体制の変化を経て、天聡

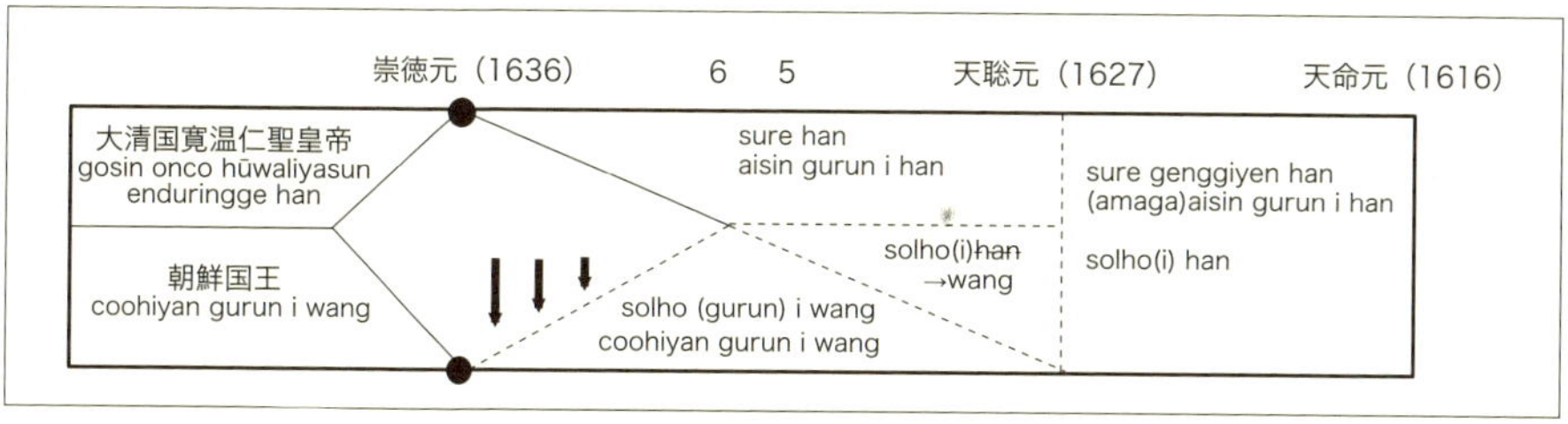

図　主な満文史料にみえる後金国ハンと朝鮮国王の呼称の変遷

六年以降に顕著になっていくとみられるため、図中には大清皇帝への指向性として実線で表現した。これまで検討してきたように、同じ天聡六年以降、朝鮮国王をハンではなくワンと記す用法が一般的になっていくのは、そうした後金側の認識や体制の変化を反映していると考えられる。図中の点線は明確な境界がなかったと考えられる部分に引かれているが、むしろそうであったからこそ、天聡六年以降、両国間の対立が深まり、崇徳元年十二月の朝鮮出兵（丙子の乱）を迎えることになったと思われる。朝鮮国王の呼称にそくしていえば、実線矢印で示したように、ハンからワンへと下降させようとする圧力が存在したということになると思われる。

そして、天聡元年の朝鮮出兵によって朝鮮国を降服させたことが、天聡十年の時点でホンタイジの第一の業績とされた以上、その際の朝鮮国王の呼称がホンタイジと同じハンであってはならなかった。「天字檔」における han から wang への塗抹・修正は、天聡六年以降の後金における認識の変化により行われたのではないかと思われる。

最後に、いま示した満文史料における朝鮮国王の呼称の変遷は、限られた事例から大まかな傾向を示したに過ぎず、その他の対外勢力との関係、さらには後金における内政と外交の関係といった観点からより詳細な検討が必要であることはいうまでもない。紙幅の都合上、言及できなかった史料もある。ここで提示した仮説は、あくまで問題提起にとどまることを強調して、分析をひとまず終えることとしたい。

注

（1）『朝鮮国来書簿』は天聡元年から崇徳五年まで、朝鮮から後金（清）に送られた国書を中心に収録し、『各項稿簿』は天聡二年から五年まで、後金から朝鮮に送られた国書を中心に収録している。また『奏疏稿』は天聡六年から九年までの上奏文を収録している（以上、内藤虎次郎「清朝開国期の史料」（『内藤湖南全集』七、筑摩書房、一九七〇年、初出一九一二年、三二五―三二八頁）。

（2）市村瓚次郎「清朝国号考」（『支那史研究』春秋社、一九二九年、初出一九〇九年）四七九―四八二・四八七―四八八頁、「各項稿簿に題す」（『史苑』二―一、一九二九年）。内藤虎次郎「清朝開国期の史料」三二五―三二八頁、『清朝史通論』（『内藤湖南全集』八、一九六九年、初出一九四四年）三〇一―三〇二頁など。

（3）以上、神田信夫「満洲（Manju）国号考」（『清朝史論考』山川出版社、二〇〇五年、初出一九七二年）二九―三一頁。

（4）三田村泰助「天命建元の年次に就て」（『東洋史研究』一―二、一九三五年）二八―二九頁。

（5）趙慶男『続雑録』（民族文化推進会、一九七七年）一、己未三月初四日条。

（6）趙慶男『続雑録』一、辛酉（夏四）月初一日条。「朝鮮国」となっているが、「張字檔」にもあるように「朝鮮国王」に宛てて出されたとみてよいと思われる。

（7）**pansa** の後に一〜二語ほど書き入れられているが塗抹されており、判読できなかった。

（8）『太宗文皇帝実録』ではこの箇所を「須到王京交易」としている。**wang** を **han** に塗抹・修正している事例は管見の限りこれのみである。

（9）この文書は『仁祖実録』十四年四月庚子条にも収録されているが、大部分が省略され、「我君父」のくだりもみえない。

（10）石橋崇雄「清初入関前の無圏点満洲文檔案『先ゲンギェン＝ハン賢行典例』をめぐって」（『東洋史研究』五八―三、一九九九年）および東洋文庫清代史研究委員会『内国史院檔 天聡七年』（東洋文庫、二〇〇三年）所収「解説」を参照。

（11）清朝満洲語檔案史料の総合的研究チーム訳註『内国史院檔 天聡五年』Ⅰ（東洋文庫、二〇一一年）所収「解説」を参照。

（12）『内国史院檔 天聡五年』Ⅰ、図版一八ａ（訳注三四頁）。

（13）『内国史院檔 天聡五年』Ⅱ（二〇一三年）、図版一五六ａ―一五六ｂ（訳注三〇二―三〇三頁）。

（14）『内国史院檔 天聡五年』Ⅱ、図版一八四ａ―一八四ｂ（訳注三五二―三五三頁）。

（15）『内国史院檔 天聡七年』所収「解説」一五頁。

（16）『内国史院檔 天聡七年』図版五七ａ―五八ｂ（訳注八六―八八頁）。

（17）松村潤「順治初纂清太宗実録」（『明清史論考』山川出版社、二〇〇八年、初出一九七三年）三四八―三五三頁。

（18）続く国書中の文言を満文訳した部分では、**cohiyan gurun i wang de unggihe**（朝鮮のワンに送った）と記される（『原檔』九「満附三」二四〇―二四二頁〈『旧満洲檔 天聡九年』2、一八二―一八五頁〉）。

（19）『原檔』九「満附三」四八四―四八五頁（『旧満洲檔 天聡九年』2、三八一―三八三頁）。

（20）以上、『原檔』九「満附三」一九五―一九六頁（『旧満洲檔 天聡九年』1、一四八―一四九頁）。

（21）石橋崇雄『大清帝国への道』（講談社学術文庫、二〇一一年、初出二〇〇〇年）九一―九三・一〇八―一一八頁。

宋時烈の朱子学――朝鮮朝前中期学術の集大成

川原秀城

かわはら・ひでき――東京大学大学院人文社会系研究科教授。専門は中国朝鮮思想史、東アジア科学史。主な著書に『朝鮮儒学史』（裵宗鎬著、監訳、知泉書館、二〇〇七年）、『関流和算書大成――関算四伝書』第一～三期（共編、勉誠出版、二〇〇八～二〇一一年）、『高橋亨朝鮮儒学論集』（編訳、知泉書館、二〇一一年）などがある。

宋時烈は朝鮮朝後期を代表する李珥学系の朱子学者。未曾有の社会的な危機に直面して、道学政治すなわち思想統制↓朱子学一尊による危機克服を志向した。その朱子学研究は（1）訓詁と（2）哲学よりなるが、どちらの研究も、退栗合璧――李滉と李珥の学説の折衷総合を通して朝鮮朱子学を集大成しようとする性格ないし傾向が強い。

宋時烈（一六〇七～一六八九）は、倭乱（一五九二～一五九八）・胡乱（一六二七、一六三六～一六三七）後の朝鮮朝後期の学術界を代表する朱子学者・思想家である。また後期政治を領導した西人・老論の領袖、政界の理論的指導者としても名高い。

高名な学者・政治家ゆえ、朝鮮朝期における宋時烈の評価はいたって高い。（1）宋時烈は死後、「宋子」と尊称された。朝鮮儒林が自国の学者の姓に「子」をつけて尊称するのは、わずかに李滉と李珥と宋時烈の三名にすぎない。（2）伸冤（一六九四）後、当時の支配層は書院を数多く建て、宋時烈を配享した。梅谷書院（水原）・考岩書院（井邑）・楼岩書院（忠州）・龍津書院（徳源）・華陽書院（湖西）・盤谷書院（巨済）・寒泉書院（黄澗）などである。また英祖は宋時烈を文廟に従祀し（一七五六）、正祖は孝宗廟庭に配享した（一七七六）。（3）文集の『宋子大全』『尤庵集』にくわえて多数の朱子学研究書が出版された。すなわち、『文公先生記譜通編』『小学諺解』『朱子大全箚疑』『程書分類』『心経附注釈疑』『節酌通編』『論孟或問精義通考』などである。また宋時烈の文章の要約も公刊された。正祖が朱熹と宋時烈の相照応する文章を抄して『両賢伝心録』を編み、李勝愚が『朱書百選』の例にならって『宋書百選』を編んだのがそれである。

だが現在の宋時烈評価は、往時とまったく逆である。（a）史学的には朝鮮朝社会を停滞させた党争を激烈化した張本人として断罪されることも多く、（b）思想史的には正統と異端を峻別して朱子学の教条化を促進し、その自由な発達を阻害した原理主義者ととらえられ、せいぜい朱熹・李珥の祖述者の位置をあたえられるにすぎない。宋時烈ひいては朝鮮朝十七世紀の思想は総体的には不毛であり、思想史的な意義としては十六世紀の四端七情論争を継承し十八世紀の人物性同異論争を準備する以上の役割はないかのようである。

本稿は、（1）宋時烈の朱子学関連業績を分析して、朝鮮朝儒林の評価を再検証し、（2）それを通して、現在の思想史上の鳥瞰図をいくぶん是正することを目論んでいる。[1]

一、宋時烈小伝

宋時烈、生没年は宣祖四十年（一六〇七）～粛宗十五年（一六八九）。字を英甫、号を尤庵・華陽洞主などという。本貫は恩津である。略歴を記せば、次のとおりである。[2]

［青少年期］　宋時烈が誕生したのは、宣祖四十年（一六〇七）十一月二十一日。都事の応期の孫、奉事の甲祚の第三子として、忠清道沃川郡九龍村に生まれた。名門の出自ではない。母は善山郭氏、自防の女である。

光海君五年（一六一三）、宋時烈は始めて学につき、翌年、同宗宋爾昌の家に赴いて、一歳年長の浚吉（一六〇六～一六七二）と業を共にした。同春堂宋浚吉は同宗同門のみならず、党争を共に戦った一生の盟友である。光海君十年（一六一八）、父の甲祚は「朱子は後の孔子であり、栗谷は後の朱子である。孔子を学ぶのは栗谷より始めなければならない（朱子後孔子也、栗谷後朱子也。学孔子当自栗谷始）」と諭して、自ら李珥の『撃蒙要訣』を授けた。宋時烈の李珥学研鑽は、家学の影響が大きいといわねばならない。

仁祖五年（一六二七）、丁卯胡乱のとき、伯兄の時熹が戦死し、翌年、父甲祚も死去した。仁祖八年（一六三〇）、父の三年喪が明けるや、正式に李珥の嫡伝と誉れの高い沙渓金長生（一五四八～一六三一）に入門した。直接師事した期間は長くないが、李珥より伝わるところをことごとく受けたという。また金長生の死後は、その嫡子の愼独斎金集（一五七四～一六五六）に師事した。

［仁祖期］　仁祖十一年（一六三三）九月、宋時烈は生員試に一等（状元）で合格。「名世の大儒となるであろう（当作名

世大儒）」と未来を嘱望された。同年十月、敬陵参奉を拝したが、すぐ辞職。ついで仁祖十三年（一六三五）、鳳林大君（一六一九〜一六五九）の師傅に抜擢され、一年余り、その教育を担当した。鳳林大君は後の孝宗（在位、一六四九〜一六五九）である。師弟間の深い情義が後の隆盛を決定したということができるであろう。

だが仁祖十四年（一六三六）、後金は国号を清と改め帝を称し、朝鮮に朝貢と派兵を要求。十二月、清兵がにわかに入寇し、丙子胡乱が勃発した。宋時烈は当時、仁祖に随行して南漢山城に避難籠城する。翌年正月、仁祖は清に降伏して太宗に臣従を誓した。これが三田渡の恥辱である。厖大な賠償金にくわえて、昭顕世子と鳳林大君の北行（人質）を強要された。丙子以後、宋時烈は冠履倒易を憤り、家居して度重なる召命にも応じなかった。

[孝宗期]　仁祖二十七年（一六四九）、孝宗は即位するや、国恥を雪ぐべく、ひそかに北伐を計画。ただちに対清斥和を主張する金尚憲および金集・宋浚吉・李惟泰・権諰などを登用し、金自點など親清勲臣勢力を排除しようとした。宋時烈は召命が下るや、ただちに入廷し、進善・掌令・執義などを拝命した。また「己丑封事」を上りて君徳・事務を論じた。その第十三事は「政事（軍政）を修め以て夷狄を攘う（修政事以攘夷狄）」であり、尊周大義と復讐雪恥を力説するが、その主張は孝宗の北伐計画と符合し、後その中心人物として抜擢される契機となる。だが翌孝宗一年（一六五〇）二月、金自點一派は新進の士流を除去すべく、朝鮮が新人を進用して北伐を計画していると国情を清に密告。清は重兵をもって国境を制圧し、使者を遣わして詰問し、事はまさに不測に至らんとした。宋時烈を含む士流はみな還郷を余儀なくされた。

孝宗六年（一六五五）、母郭夫人が死去。孝宗は密使を遣わして自らの意志をひそかに諭し、宋時烈の意思を再確認した。孝宗八年（一六五七）、宋時烈は母の喪が明けるや、「丁酉封事」を上り内修政教・抵御外敵などを論じる。翌孝宗九年（一六五八）七月、賛善を拝命し、同年九月、吏曹判書に任命され、王の絶対的な支持のもと、一年弱にわたって北伐計画、実質的には民生安定・富国強兵の政策を粛々と実行した。だが孝宗十年（一六五九）五月、孝宗が突然に昇遐して顕宗（在位、一六五九〜一六七四）が即位。王朝の基本政策が変わり、北伐計画は水泡に帰した。

[顕宗期]　宋時烈は孝宗の死後、国政に参画する意志を失い、朝廷を離れ野にあったけれども、先王の遺臣と士林の信望のゆえをもって、莫大な政治的な影響力をもちつづけ、公論はその一言一句によって左右された。まさに山林宰相であ

る。短期間であるが、顕宗から右議政（一六六八）と左議政（一六七二）を命じられ、実際に職務に従事したこともある。だが顕宗期は同時に、党争すなわち執権党と対立党の政治抗争が激化しはじめた時期でもある。宋時烈は西人・老論の領袖として南人と対立し、その結果、毀誉褒貶をくりかえし、波瀾万丈の人生を送った。

最初の深刻な対立は礼説である。孝宗十年（一六五九）、孝宗が薨じて、仁祖の継妃・孝宗の継母である慈懿大妃は葬礼において、いかなる喪服を着るべきかをめぐって、両党は争訟をくりひろげた。礼訟という。宋時烈・宋浚吉（二者をさして両宋という）など西人は、孝宗は仁祖の庶子（第二子）であるため、期年服を採用すべしと主張し、南人の尹鑴（一六一七～一六八〇）などは、孝宗は仁祖の嫡統を継承するため、三年服を採用すべしと主張した。領議政の鄭太和は国制や明律を根拠として期年説を支持し、廷議は一応、期年説に決着した。だが顕宗一年（一六六〇）、南人の許穆（一五九五～一六八二）や尹善道（一五八七～一六七一）がふたたび上疏して、宗統の不明を理由に期年説の非を主張し、両宋ほかを弾劾した。許穆や尹善道の弾劾は失敗に帰したが、南人は失敗にもめげず、相継いで上疏して西人の礼説の非を攻撃しつづけた。顕宗十五年（一六七四）二月、孝宗王妃の仁宣大妃の逝去に際して、慈懿大妃の服制をふたたび問題視し、同年八月、顕宗の昇遐、粛宗（在位、一六七四～一七二〇）の即位にいたって、両宋の「誤礼」「乱統」を糾弾し、ついにそれに成功した。礼訟の勝敗すなわち名分の得失は、南人に大幅な勢力伸張をもたらし、西人に政治的没落をもたらした。

[粛宗期]　粛宗一年（一六七五）一月、宋時烈は遠竄の命をうけ、徳源に流配され、六月、長鬐に改竄された。流配地では高齢（六十九歳）にもかかわらず、研究に尽力し講学を継続したという。また粛宗五年（一六七九）四月、巨済に移配された。宋時烈は『春秋大全』隠公四年の条に則って「春秋の法は、乱臣賊子を誅するとき、必ず先にその党与を治める（春秋之法、乱臣賊子、先治其党与也）」といい、主悪（張本）にくわえて従賊も処罰しなければならないと主張した（尤庵先生言行録）が、南人にも同様な主張を展開し、宋時烈を死罪に処し西人を尽除せんとする者が存在した。許穆・尹鑴などである。清南という。

粛宗六年（一六八〇）四月、西人の金錫冑・金万基・金益勲などは南人の逆謀を告発して、南人領袖の許積のみならず事変に無関係の尹鑴も処刑した。[3] 南人はその結果、大挙失脚した。庚申大黜陟あるいは庚申換局という。同年六月、宋時烈は全釈の命をうけ、十月、領中枢府事を拝した。宋時烈は朝廷にふたたび召入して、名声は一時に震い、南人を黜陟した勲戚たちと一派を形成した。粛宗八年（一六八二）、西人勲戚派は宋時烈の黙認（あるいは指嗾）のもと、無辜の南人を誣告し、権勢の独占を企図したが、かえって西人清議派の弾劾をうけ、宋時烈も批判された。勲戚派と清議派の反目の結果、粛宗九年（一六八三）、西人は老論と少論に分裂した。老論は老練政治家の金寿恒（領相）・金錫冑（右相）・金万基（国舅）・金益勲（御営大将）などからなり、宋時烈を領袖として南人を徹底的に排除せんとした。一方、少論は宋時烈の仮借なき原理主義を嫌った尹拯・南九万・呉道一・朴世采・朴泰輔など青年政治家からなり、穏和な現実主義を標榜した。同年五月、宋時烈は朝廷を離れて帰郷した。

粛宗十五年（一六八九）一月、西人は老論少論を論じるなく、南人系の昭儀張氏の生んだ王子を元子に冊封するのに反対し、王の怒りを買い、多く罷免された。南人は再執権を果たし、過去の政治的弾圧に報復した。宋時烈は済州に謫され、金寿恒は珍島に流された。これを己巳換局という。宋時烈は同年六月八日、井邑で賜薬をうけ卒した。享年八十三である。

なお西人南人の党争に最終的な決着がつくのは、粛宗二十年（一六九四）の甲戌換局においてである。粛宗の政権交替策の結果、西人は再執権し、宋時烈などは官爵を回復する一方、南人は決定的な打撃をこうむって、再執権の道を閉ざされた。党争は南人の完全没落すなわち宋時烈の仮借なき異端排除策の勝利をもって終息したのである。

［宋時烈と朱子学］　以上が宋時烈の略歴であるが、波瀾万丈である。まさに比類なき大政治家の、理想や信念に命をささげた一生と称することができるであろう。西人老論の領袖としてのその政治活動は深甚な影響を朝鮮朝後期社会におよぼし、根底からそれを規定したとのべてよいにちがいない。

だが宋時烈の活動は政治の領域にとどまらない。わたしのみるところ、むしろ学術思想の影響の方がより深刻であると思う。以下、その政治理念をささえた朱子学について分析を試みるゆえんである。

二、朱子学基本書の編纂

宋時烈は優れた朱子学研究書を数多く残した。『文公先生記譜通編』（一六六〇）、『小学諺解』（一六六六）、『朱子大全箚疑』（一六七八）、『程書分類』（一六七八）、『朱子語類小分』（一六七九）、『心経附注釈疑』（一六八二）、『朱文抄選』（一六八三）、『節酌通編』（一六八六）、『論孟或問精義通考』（一六八九）、『朱子言論同異考』（一六八九）、『退渓書箚疑』（一六八九）などであるが、著述時期は興味深いことに、おおむね晩年の粛宗期に集中している。

一、顕宗期の著述——記譜通編と小学諺解

①記譜通編

宋時烈の朱子学研究書は多く印行されたが、初印の栄誉をになうのは『文公先生記譜通編』六巻である(4)。『宋書拾遺』巻八に転載される崇禎庚子(一六六〇)の自序によれば、朱子の文章は『朱子大全』に備わり、日用の談言は『朱子語類』に詳しいが、朱子自身の出処始末などを知ろうと思えば年譜行状をみるのがよいであろう。だが年譜行状には、宋の李方子『朱子年譜』(宣徳六年(一四三一)徽州重刻本)二巻と明の戴銑『朱子実紀』(正徳八年(一五一三)年刻本)十二巻があり、それぞれ別行されるのみならず、たがいに詳略があり優劣をつけがたい。そこで両書をとって相互に校訂し、重複を削り訛舛を正し、欠漏するところがあれば追補し、合して一冊とした、云々という。

『文公先生記譜通編』はすなわち広義の年譜であるが、上記両書を編修して、巻一に道統源流・世系源流・真像・塋墓図、巻二に年譜、巻三に行状、巻四に廟宅・褒典・讃述、巻五に記題など、巻六に門人・童蒙須知・訓子従学帖を分配したところに書としての特徴がある。同書が当時公刊されたのは、おそらく顕宗が顧命の重臣として宋時烈を尊び、即位の翌年(一六六〇)、それを命じたからであろう。『文公先生記譜通編』の影響は大きい。英祖辛卯(一七七一)刻『朱子大全』に附された附録巻四の「年譜原本」は、『文公先生記譜通編』の引く李方子『朱子年譜』をそのまま援用しているが(5)、そのことによってもうかがうことができるにちがいない。

②小学諺解

第二の印本『小学諺解』は朱子撰『小学』の朝鮮語訳である。古ハングルで記されている。『宋子大全』所収「年譜」(以下、「尤庵年譜」と略称)によれば、顕宗七年(一六六六)十月、顕宗は元子の教育のため、宣祖丁亥本『小学諺解』の改訂を宋時烈に命じ、宋時烈は宋浚吉などの協力をえてその任を果たした。草本の完成後あまり時をおかず印行されたことは間違いない。

徐有榘『鏤板考』や李山海「(宣祖丁亥本)小学諺解跋」などによれば、朝鮮朝における『小学諺解』の歴史は次のように整理することができる。すなわち、(a)『小学諺解』初刻本は、中宗十三年(一五一八)、己卯士禍に潰えた趙光祖などが王命を奉じて撰解したが、己卯諸賢は文学を自任する者が多く、字義を捨てて注解を恣にしたところが多い。中宗戊寅本という。(b)二刻本は、宣祖二十年(一五八七)、李山海

（東人）・鄭澈（西人）などによって作成された。儒臣たちは明の程愈『小学集説』にのっとって中宗戊寅本を改撰し、逐字解的な訳書を作った。宣祖丁亥本である。（c）だが宣祖丁亥本は、宋時烈などにとって「頗る訛誤の多い」ものにすぎない。漢文による『小学』解釈の最終バージョン、李珥『小学集説』（一五七九）の説と逕庭が多かったからである。『小学諺解』三刻本すなわち顕宗丙午本が作成されたゆえんである。

徐有榘『鏤板考』によれば、中宗戊寅本はつとに亡失し、正祖期に行われたのは改撰を経た宣祖丁亥本と顕宗丙午本であるという。宋時烈の朝鮮語訳は初学者を中心に読みつがれたのである。

③顕宗期の著述

総じて宋時烈は、朱子の著述の一言一句を深く考察するだけでなく、過去の朱子研究をよく整理吸収し、それを総合しようとする傾向がきわめて強い。顕宗期の著作『文公先生記譜通編』『小学諺解』などはまさにその典型であろう。中国書であれ朝鮮書であれ、先行研究をみごとに折衷総合している。その集成型の学問スタイルは、一生を通じて一貫しわずかの変化もない。

だが顕宗期における著述は粛宗期のそれと性格を異にするところも多く、宋時烈の著述としてはむしろ例外に属するであろう。著述の動機が純粋な学術上の当為に根ざしており、宋時烈を特徴づける強烈な政治的情念が表面にまったく現れてこないからである。

二、粛宗期の著述——朱子大全劄疑・心経附注釈疑など

①党争と著述目的

宋時烈による朱子学関連書の著述出版は粛宗初期に急増し、賜死の直前にいたるまでハイペースを維持したが、その著述目的自体は単純明快である。「尤庵年譜」崇禎五十一年（一六七八）七十二歳八月の「朱子大全劄疑成」の条に、「先生嘗曰」としてその著述目的がみえ、同じ目的は賜死の年、崇禎己巳（一六八九）春の「朱子大全劄疑序」にもほぼそのまま記載されている。最晩十余年の学術研究を動機づけたのはまさにその信念と判断すべきであろう。

宋時烈が人生の最晩年、万難を排して学術研究に従事し、多数の朱子学研究書を物した理由は大きく二つある。上記資料ほかによれば、（1）一つは学術上の要請である。研究の当為がしからしめたものであり、誤謬の訂正や遺忘の防止を直接の目的としている。（2）他の一つは政治上の要請である。宋時烈は理想社会の実現には朱子学の普及が欠かせないと信じ、朱子学の普及のため獅子奮迅の努力をした。

宋時烈はいう。比来、斯文の厄は極まれり。南人理論家の尹鑴は朱子を攻斥して余力を遺さず、尹宣挙・拯父子は終始、尹鑴を党助して、斯文に災厄をもたらしている。甲寅（一六七四）の秋、尹鑴は金澄監司の家を訪ねて朱子批判をしたあげく、「吾が功は禹の下に在らず」と豪語したと聞くが、その禍は洪水猛獣よりはなはだしい。だが世人は朱子書を知らないゆえそれを好まず、その結果、異端の言辞の乱すところとなっている。世人に朱子書を読むことを知らしめれば、邪説は自ずと消滅するであろう。諸賢の力を借りて真摯に努力すれば、究極のところ、聖学を明らかにし世教を扶ける一助になるにちがいない、と。朱子学の正当性は、朱子学を信奉する宋時烈にとって自明の前提である。宋時烈の自任する使命ないし責務とは、朱子学の普及を通して「天理を明らめ人心を正し、異端を闢け正学を扶ける（明天理正人心、闢異端扶正学）」（権尚夏・墓表）ところにある。宋時烈が老骨に鞭し、孜々として著述に励むゆえんである。

②朱子大全箚疑と節酌通編

宋時烈は当時尹鑴などの朱子学を相対化する新たな学風の流行に対して強い危機感を感じ、その危機克服を目的として朱子学の正統性の証明・普及を企図し、数多くの研究書や入門書を物したわけであるが、以下、粛宗期の著作についてその具体的内容を分析したい。最初は『朱子大全』関連書である。書名をあげれば『朱子大全箚疑』『節酌通編』『朱文抄選』などという。宋時烈の著作は李滉など、朝鮮朝碩学の先行研究と深い関係があるため、まずもって朝鮮朝における『朱子大全』研究史を一瞥しなければならない。

[前史]　朝鮮朝における『朱子大全』研究史であるが、(6)

（a）中宗三十八年（一五四三）癸卯、中宗は校書館に命じて『朱子大全』（朱子大全一〇〇巻、目録二巻、続集十一巻、別集十巻）を印出頒行した。当時、『朱子大全』の流通は広くなく、目睹した学者も少なかったからである。李滉（一五〇一～一五七〇）自身も中宗の印行によって始めて同書の存在を知ったという。

（b）李滉は『朱子大全』を知るやただちに購入してそれを耽読した。特にその書札には啓発されるところが多かったが、分量が厖大であり（本集の巻二十四～巻六十四、続集の巻一～巻十一、別集の巻一～巻六）、内容にも深浅があるため、尤も学問に有用な部分を抜きだして一書を編修することを企図し、家人・門人などに嘱してそれを完成した。『晦庵書節要』十四巻である。「退渓先生年譜」は草稿の完成を明宗十一年（一五五六）に記し、自序は朱子書札の約三分の一程度を収録したことを伝えている。

（c）李滉自序に附す奇大升識語によれば、『晦庵書節要』は刊行に際して目録と註解を添付し、書名を改めたという。『朱子書節要』二十巻がまさにそれである。[7] だが門人たちはただ『朱子書節要』を刊行したのみではない。李徳弘や李咸亨などは『朱子書節要』の難解な個所を質問し、李滉の一時の口述や書札の解答をまとめて注釈書を編修した。『朱子書節要記疑』あるいは『朱子書節要講録』という（**図1**）[8]。編修当時から、注釈の内容にはいまだ李滉の手校を経ないものもあり、名理が躓き事証が誤り、本旨を失するところも一つでないという（趙穆などの）批判もあったというが、朝鮮史上最初の『朱子大全』注釈であり、その意義は量りしれない。漢文の注釈にくわえてハングルの注釈も附されている。

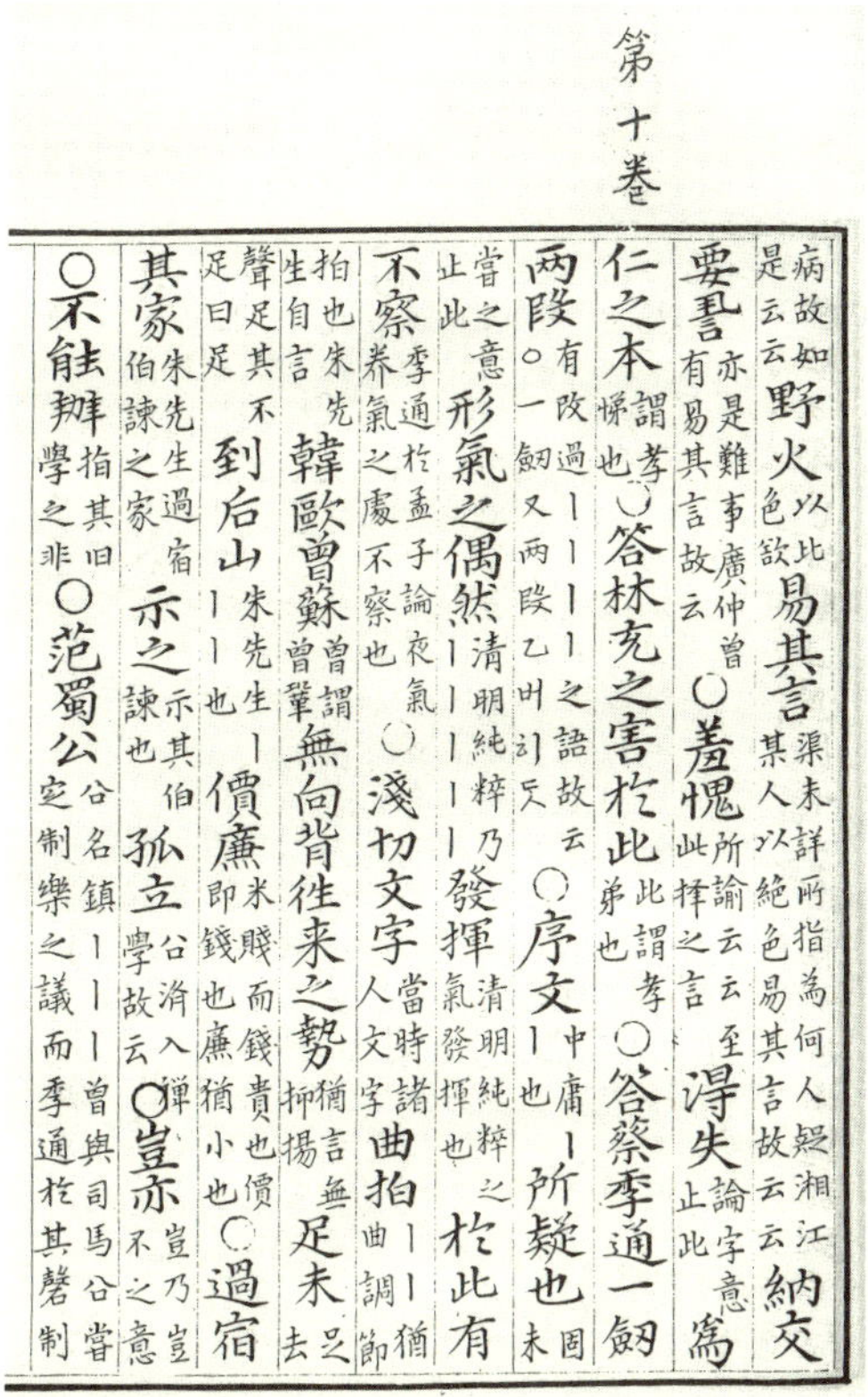
第十巻
病故如是云云 野火 以此色欲 易其言 渠未詳所指爲何人疑湘江某人以絶色易其言故云云 納交
要書 亦是難事廣仲曾有易其言故云 〇羞愧 所諭云云至此擇之言 得失 論字意止此 爲
仁之本 謂孝悌也 〇答林充之害於此 此謂孝弟也 〇答蔡季通一劄
兩段 有改過｜｜｜之語故云 〇一劄又兩段乙비리尺 〇序文 ｜也 中庸｜所疑也 固未
嘗之意止此 形氣之偶然 清明純粹乃發揮 ｜｜｜｜｜｜｜｜ 清明純粹之氣發揮也 於此有
不察 季通於孟子論夜氣養氣之處不察也 〇淺切文字 當時諸人文字 曲拍 ｜｜猶曲調節
拍也朱先生自言 韓歐曾蘇 曾謂曾鞏 無向背往来之勢 猶言抑揚 無足未 足去
聲足其不足曰足 到后山 朱先生｜｜也 價廉 米賤而錢貴也價即錢也廉猶小也 〇過宿
其家 朱先生過宿伯諫之家 示之 示其伯諫也 孤立 谷滑入禪學故云 〇豈亦 豈乃豈不之意
〇不能辨 指其旧學之非 〇范蜀公 公名鎮｜｜｜曾與司馬公嘗定制樂之議而季通於其磬制

図1　『朱子書節要記疑』巻七の書影

（d）光海君十四年（一六二二）、李滉の再伝弟子、鄭経世（一五六三～一六三三）は『朱文酌海』十六巻を編纂した。[9] 女婿[10]の宋浚吉「朱文酌海跋」（一六五三）によれば、同書は編纂の目的が『朱子書節要』の補完にあり、その選に漏れた『朱子大全』中の「尤も大体に関し受用に切なる」文章の抜粋を企図したものである。書札を含む封事・奏劄・雑著・序・記・跋・行状などを収録しており、『朱子書節要』とは輿衛（車輿・衛士）や羽翼の関係にある、という。印本が現存している。

[朱子大全劄疑]　宋時烈は上記の先行研究を利用しつつ、『朱子大全』に関連する『朱子大全劄疑』『節酌通編』『朱文抄選』などを編纂したが、最初に成果をあげたのは『朱子大全劄疑』である。[11]『朱子大全劄疑』は『朱子大全』の注釈書であり、本集一〇〇巻・続集十一巻・別集十巻よりなる。巻数は『朱子大全』のそれと対応している。[12]

「尤庵年譜」は粛宗四年（一六七八）「八月、

朱子大全劄疑（粗ぼ）成る」と記し、「宋時烈は乙卯（一六七五）ごろから『朱子大全』の注釈作業に没頭した。随時記録し、朝夕孜々として少しも止めなかった（自乙卯以後、専心大全、随手劄録、晨夕孜孜未嘗少輟）」と説明を補足する。また権尚夏「尤庵先生墓表」は『朱子大全劄疑』『程書分類』について「長鬐に流謫されたときの著作である（長鬐時所述也）」とのべている。

（a）長鬐における『朱子大全』の注釈作業であるが、自序に「記疑を続し、酌海を通釈して、因りて以てその余に及ぶ（続記疑、通釈酌海、而因以及於其余）」とあり、『朱子書節要記疑』の続成→『朱文酌海』部分の注釈→両書に未収録の部分の注釈と進んだことは疑えない。また注釈のとき、金寿恒（一六二九～一六八九）などにも自説を質議した。金寿恒の訂誤補漏は精博を極めたと、宋時烈は自序に記している。

（b）粗成（一六七八）後には厳密な校正を企図し、門人の権尚夏（一六四一～一七二一）・金寿恒の胤子の昌協（一六五一～一七〇八）・李喜朝（一六五五～一七二四）などにそれを命じた。権尚夏や金昌協の年譜には複数回その校正作業のことがみえている。

（c）宋時烈は死が間近に迫る粛宗十五年（一六八九）二月、遺言をもって権尚夏・金昌協ほかに商量修改を委嘱した。『朱子大全劄疑』の修改はかくして、宋時烈の死（一六八九）後も継続された。『寒水斎集』「寒水斎先生年譜」によれば、権尚夏は宋時烈の死後、修校の事を主宰し、精力をそれに傾注した。金昌協は問目をもって来質したが、権尚夏はその「長を集め短を去りて、その当を得るを務め」た。金昌協の歿におよぶや、権尚夏が独りその作業に任じた。粛宗四十一年（一七一五）、「朱子大全劄疑の修校、畢る」。廷臣の建白によって、芸館で印行された、という。『朱子大全劄疑』は師弟の涙ぐましい努力のもと、開始から四十年をへて完成したのである。

『朱子大全劄疑』は『朱子大全』の全著作を網羅する注釈書であるが、特に注意すべきは（1）『朱子書節要』にみえる小字の注解（節要注）と（2）『朱子書節要記疑』に収める注釈（記疑）が同書にすべて収録されていることである。

たとえば**図2**[13]は『朱子大全劄疑』巻四十四の第一葉であるが、双行小字の部分が『朱子大全』巻四十四の「答蔡季通」第一～第三書の注釈にほかならない。陰刻大字の「一板」「二板」は当時流行の『朱子大全』（十行十八字）の板数（丁数）を示し、第一板・第二板のことである。大字の「一剣両段」は答蔡季通第一書の原文を示すが、下注小字の「記疑」は『朱子書節要記疑』（所収注釈）を意味し、「記疑」以下に李滉門下の注釈を引く。(14)「前日之書」の下注「節要注」は、『朱子書節要』の注解をさす。また大字の「三条」から「註凡物止中也」の部分は、もともと『朱子書節要』に収録されていない。李滉の選に漏れた文章であれば、記疑はない。下注がただ宋時烈自身の注釈のみからなる理由である。一方、大字の「序文」以下はすべて下注に記疑の文を引く。**図1**と対照すれば、『朱子書節要記疑』の注釈がもれなく引用されていることは明らかであろう。

宋時烈は李滉門下の記疑説や節要注をすべて一字も動かさず引用する。解釈が自説と同じときだけでなく、驚くことには見解が異なるときにも記疑説や節要注の引用を止めようとはしない。記疑説や節要注につづいて自説を展開して、末尾に常套句「記疑説（または節要注）はおそらく正しくないであろう（記疑説恐未然）」をおいて考察を終えている。同様な編纂執筆方針の『心経附注釈疑』自序はその特殊な執筆法の採用理由を説明して、「先行研究を尊敬することを重んずる以上、そうせざるをえない（尊畏前輩之義、不得不如是也）」というが、『朱子大全』注釈書の編纂執筆についてもおそらく同様に解してよいであろう。すなわち、（1）『朱子大全劄疑』の形式――李滉の原本において敢えて一字も動かさないこと、（2）自序の発言――「記疑を続し」て同書を作成したとのべることからいって、『朱子大全劄疑』執筆の狙いは、李滉訓詁の補完を企図したところにあるということができるにちがいない。(15)

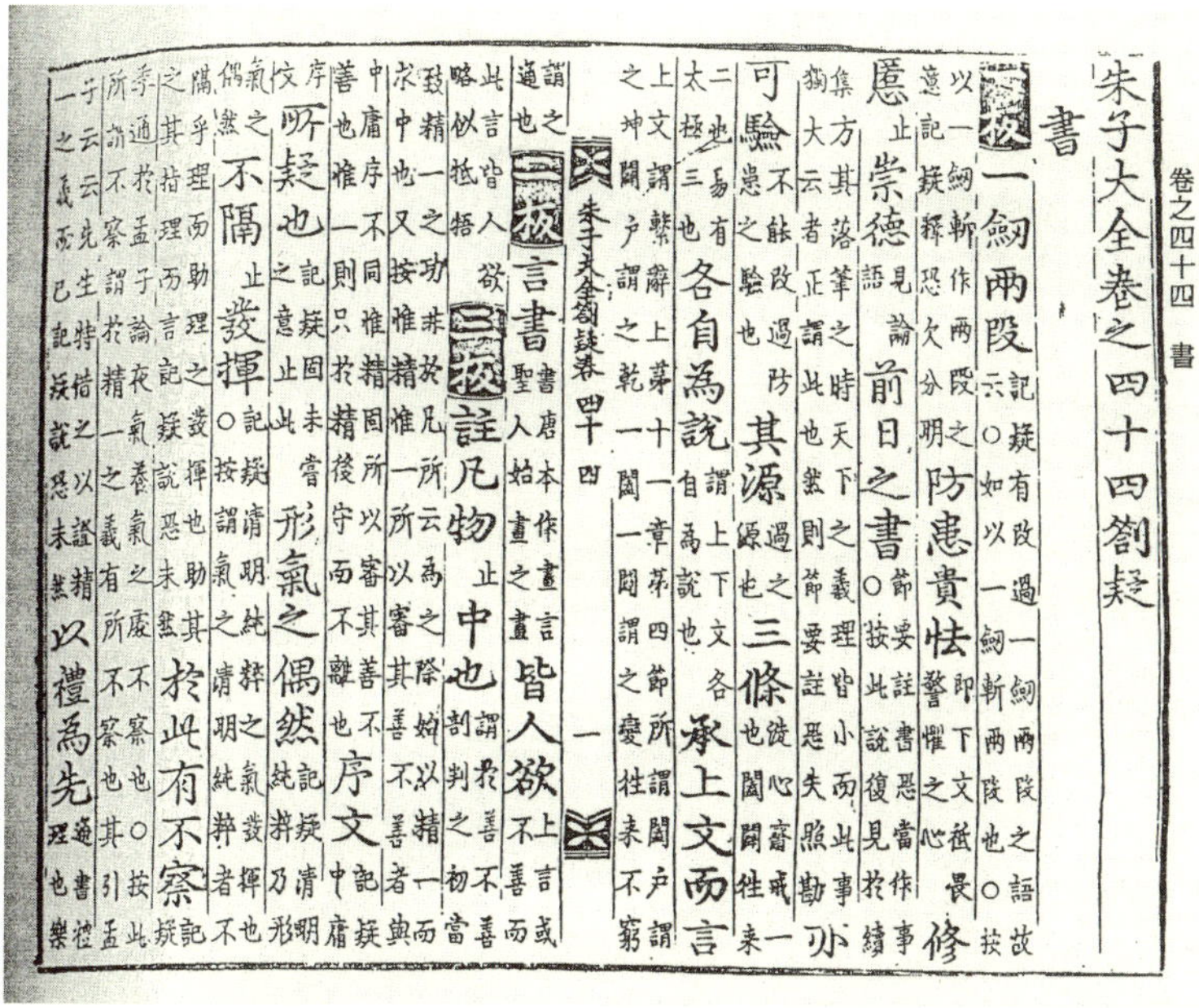
卷之四十四　書
朱子大全卷之四十四劄疑
書
校 一劔兩段 記疑有改過一劔兩段之語故云○如以一劔斬兩段也○按
以一劔斬作兩段之意記疑釋恐欠分明 防患貴怯 即下文祗畏警懼之心 修
慝 止 崇德 見論語 前日之書 節要註書恐當作事○按此說復見於續
集方其落筆之時天下之義理皆小而此事獨大云者正謂此也然則節要註恐失照勘 亦
可驗 不能改過防患之驗也 其源 過之源也 三條 從心審戒也闔闢往來 一
二也易有太極三也 各自為說 謂上下文各自為說也 承上文而言
上文謂繫辭上第十一章第四節所謂闔戶謂之坤闢戶謂之乾一闔一闢謂之變往來不窮
謂之通也 二校 言書 書唐本作畫言聖人始畫之畫 皆人欲 上言或不善而
朱子大全劄疑卷四十四　一
此言皆人欲略似抵捂 三校 註凡物 止 中也 謂於善不善剖判之初當
致精一之功非於凡所云為之際始以精一而求中也又按惟精惟一所以審其善不善者與
中庸序不同惟精固所以審其善不善也惟一則只於精後守而不離也 序文 記疑中庸
序校 所疑也 記疑固未之意止此 嘗 形氣之偶然 記疑然乃清明形
氣之偶然 不隔 止 發揮 ○記疑清明純粹之氣發揮按謂氣之清明純粹者不也
隔乎理而助理之發揮也助其之其指理而言記疑說恐未然 於此有不察 記疑
李通於孟子論夜氣養氣之處不察也○按此所謂不察謂於精一之義有所不容也其引孟
子云云先生特借之以證精一之義而已記疑說恐未然 以禮為先 通書禮理也樂

図2　『朱子大全劄疑』巻四十四の書影

『朱子大全劄疑』の影響はきわめて大きい。宋時烈が臨終におよび、高弟弟子に完書の商訂を遺命するや、朝鮮朝の朱子学者たちは競ってその余意を推し、衍を節し欠を補おうとした。閔遇洙（一六九四～一七五八）・任聖周（一七一一～一七八八）・徐有榘（一七六四～一八四五）・洪奭周（一七七四～一八四二）・金邁淳（一七七六～一八四〇）などである。[16] 極めつきは、李恒老（一七九二～一八六八）・埈（一八一二～一八五三）父子が宋時烈の『朱子大全劄疑』に数十家の注釈を添えて『朱子大全劄疑輯補』七十冊を編纂した（一八五〇）。やや大部すぎる嫌いはあるが、『朱子大全』の注釈を調べるには便利である。同書を称して朝鮮朝の『朱子大全』注釈史を締めくくる最後の著作とのべても決して過言ではないであろう。

［節酌通編］　一方、『節酌通編』三十六巻は、書名どおり李滉の『朱子書節要』二十巻と鄭経世の『朱文酌海』十六巻の合帙本である。巻一～巻二十が『朱子書節要』、巻二十一～巻三十六が『朱文酌海』からなり、内容は原書と変わらない。また二書に未収録の『朱子大全』の重要文章を収めた『節酌通編補遺』七巻がある。[17] 徐有榘『鏤板考』は通編・補遺を一括して「本朝宋時烈編」としている。[18]

先行研究（姜文植）などによれば、（a）時期は定かでないが、宋時烈は相当早い時期から『朱子書節要』と『朱文酌海』の合本（通編）に注釈を添えた朱子文集の注本（正文帯注本）を構想したらしい。（b）だがその構想が具体化しはじめたのは『朱子大全劄疑』粗成（一六七八）後のことである。すなわち、粛宗九年（一六八三）、宋時烈は李師命の要請をうけて『朱子書節要』『朱文酌海』の「補遺」を作成。これが『節酌通編補遺』である。翌年、忠清道観察使の李端錫が『朱子書節要』『朱文酌海』と『朱子大全劄疑』の合刊を計画。宋時烈もそれに応じて『朱子大全劄疑』の該当個所を送付した。国立中央図書館蔵『朱子節酌通編』四十一巻（写本）がその段階の草稿にあたると考えられる（**図3**）。[19]『朱子書節要』（巻一～巻二十）『朱文酌海』（巻二十一～巻三十六）『節酌通編補遺』（巻三十七～巻四十一）からなり、『朱子大全劄疑』の注釈を一行さげて記録している。まさに注本である。

（c）粛宗十二年（一六八六）一月、金寿興は『節酌通編』の刊行を建議し、その刊行論議が本格化した。朝廷における議論の結果、（1）注本は看閲には便であるが、巻数が厖大になる、（2）注本に未添付の『朱子大全劄疑』の注釈は刊行をみない、（3）原詩十巻が収録されない、など問題点が指摘され、問題点を解決するには、（4）『節酌通編』『節酌通編補遺』『朱子大全劄疑』をそれぞれ単行するのがよいであろう、との結論に達した（宋子大全・巻五十三・答金起之・

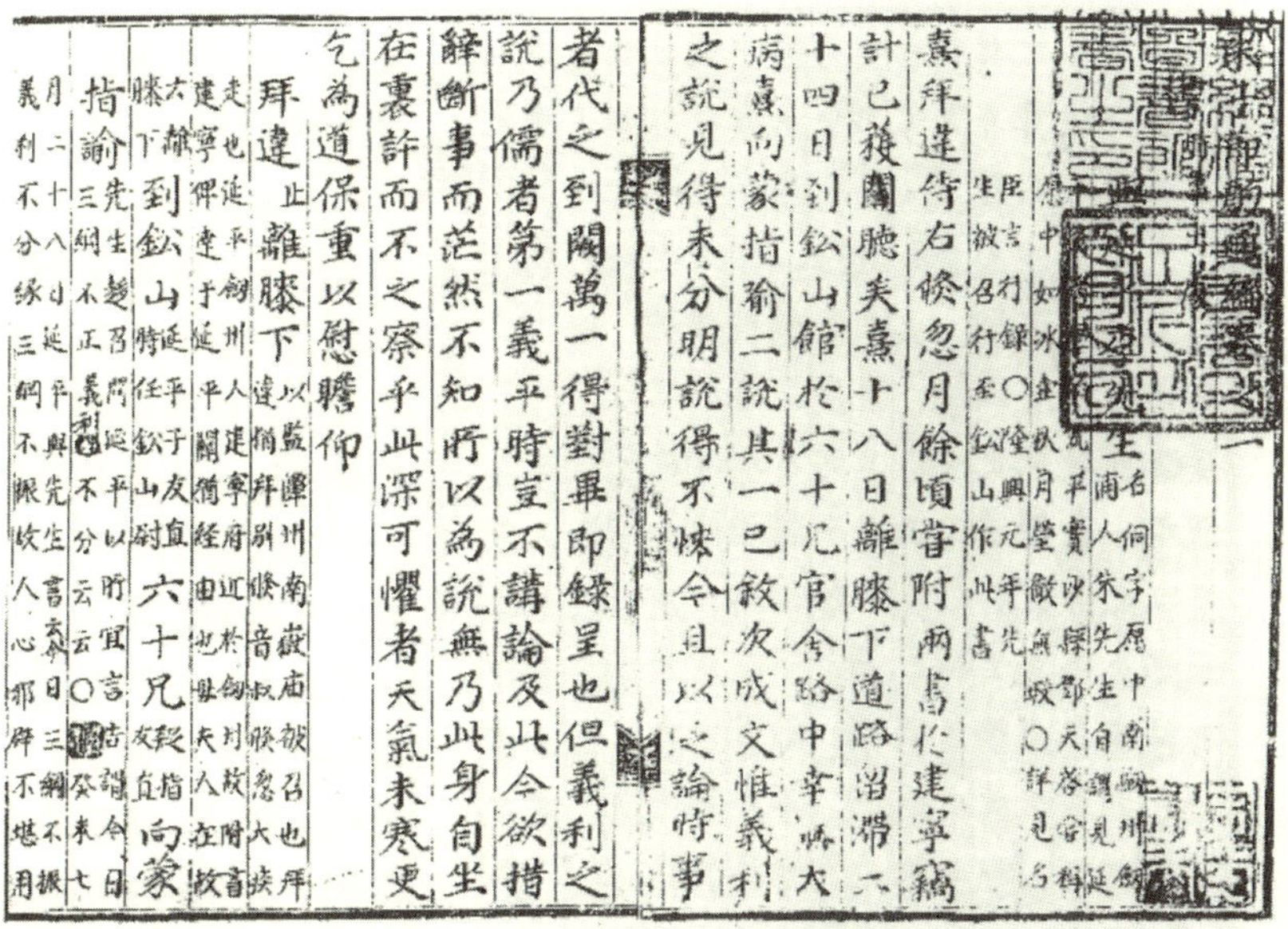
熹拜違侍右倏忽月餘頃嘗附兩書於建寧竊
計已獲關聽矣熹十八日離膝下道路留滯六
十四日到鉛山館於六十兄官舍路中幸略大
病熹向蒙指諭二說其一已敘次成文惟義利
之說見得未分明說得不快今且以之論時事
者代之到闕萬一得對畢即錄呈也但義利之
說乃儒者第一義平時豈不講論及此今欲措
辭斷事而茫然不知所以為說無乃此身自生
在裏許而不之察乎此深可懼者天氣未寒更
乞為道保重以慰瞻仰

図3　『朱子節酌通編』巻一の書影

丙寅四月十四日）。かくして粛宗の裁可をえて三書が刊行されたのである。

『節酌通編』の出版経緯からすれば、宋時烈が李滉と鄭経世の節要（ひいては学問）にことのほか信頼を寄せていたことは確かである。すなわち宋時烈が李滉などの節要本に全面的に依拠する以上、それは先行の視点を自らの視点と基本的に同じととらえ、先行の研究成果を自らの研究に融通しうると考えていたことを示している。すくなくとも異なる学派の異質の研究成果とは考えていないことは間違いないところであろう。

甲戌換局（一六九四）以後、『節酌通編』は経筵にたびたび利用された。粛宗のとき三回、景宗のとき三回、英祖のとき三十三回などという。影響の巨大さをみることができるであろう。[20]

［**朱文抄選**］　『朱文抄選』四巻は、『朱子大全』から聖学（帝王学）に尤も切要なところを抜粋したものである。「尤庵年譜」によれば、粛宗九年（一六八三）八月、筵臣侍読用の教材として、『朱子大全』から全体大用をみ、聖心に黙契し、政治云為の間に補益する文章を抄択せよと、王命がくだり、宋時烈は『朱子書節要』と『朱文酌海』から若干篇を択び、もって進めたという。

現伝本（印本）[20]は巻一が書であり『朱子書節要』から引かれ、巻二の封事と巻三の封事・奏劄と巻四の議状・説・序が『朱文酌海』から引かれている。『朱文抄選』は進講用の教材であるが、両班のための『節酌通編』と同様、李滉学との学術距離は近く、親和性はいたって高い。

③程書分類と朱子語類小分

宋時烈は朱子学研究、特に『朱子大全』の注釈に最も精力を傾注したが、くわえて『二程全書』『朱子語類』も重んじた。その結果が『程書分類』『朱子語類小分』などである。

[程書分類] 『程書分類』三十巻は、『二程全書』の分類重編本である。編纂出版の経緯を簡単にまとめれば、以下のようにいうことができる。[21]

すなわち、（a）長鬐流謫中（一六七五～一六七八）、宋時烈は『二程全書』の編次錯乱を厭い、その分門類編を企画。（b）粛宗四年（一六七八）、書名を『程書分類』と定めた。草本の粗成である。（c）庚申換局（一六八〇）後、崔邦彦・李喜朝・権尚夏など、門人が分授して草本を整頓する。（d）草本が完成。粛宗十五年（一六八九）二月、権尚夏に後事を託したとき、「君と凡例を議定したいと思い、浄本を華陽に送置した（欲与君議定凡例、送置浄本於華陽矣）」とのべている。浄本が存在することからいって、草本の完成はそのすこし前に溯るであろう。（e）草本の完成後、成晩徵・権煜などが修校に従事した。（f）粛宗四十三年（一七一七）、李喬岳・閔鎮厚などが『程書分類』の印出を計画。（g）粛宗四十四年（一七一八）十二月、権尚夏が「程書分類跋」を執筆。――編纂の完成にはまさに四十余年を費やしている。

『二程全書』は、版本によって巻数にやや出入があるものの、概略すれば（1）『河南程氏遺書』二十五巻、附録一巻、（2）『河南程氏外書』十二巻、（3）『河南程氏文集』十二巻、遺文一巻、附録一巻、（4）『周易程氏伝』四巻、（5）『河南程氏経説』八巻、（6）『河南程氏粋言』二巻をあわせて刊行したものである。所収書は性格や構成がそれぞれ異なり、閲読が難しいだけでなく、『遺書』『外書』は門下諸人の記述になる二程の語録であって、編録は散漫雑出し、内容が一定していない。内容を整理した研究書が求められるゆえんである。

『程書分類』[23]は「考閲に便なる」ことを目的として、『二程全書』の文章を「各段剔出し、分門編入した」ものである。巻一～巻十は易・書・詩・春秋・礼記・周礼・儀礼・孝経・論語・大学・中庸・孟子に関する内容をあつかい、記載順は経書成立のそれにしたがっている。巻十一～巻十六は理気・性理・学・聖賢・歴代・治道・異端である。編次はほぼ『性理大全』に倣っている。巻十七～巻三十は明道文集・伊川文集・文集拾遺である。各条の脚下には、遺・外・粋などと原書名を附記している。

『程書分類』の整理が一定の水準に達していることは、同書の構成を一瞥するだけでも自ずと明らかであろう。(24)『性理大全』目録などを根拠した階層的な内容構成によって、調べたい文章を簡単にみつけることができるからである。

［朱子語類小分］　『朱子語類小分』一四〇巻は、『朱子語類』の分類重編本である。印刷に附されなかったため、序文も跋文もなく、編纂の詳しい経緯はわからない。わずかに「尤庵年譜」「尤庵先生墓表」などによって、（a）巨済流謫中（一六七九）、日夕、孫の疇錫と『朱子語類』を対勘。（b）同年十二月、「朱子語類小分、（粗ぼ）成る」。（c）庚申換局（一六八〇）後、李喜朝などが草本を修正。（d）粛宗十五年（一六八九）二月、権尚夏に「検校」を委嘱。（e）宋時烈の死後、浄本が完成。権尚夏が出版を模索した（寒水斎集・巻十九・与湖南伯）、ということができるにすぎない。

『朱子語類小分』は、現伝本（写本）(25)を分析するかぎり、『朱子語類』のもつ語録ゆえの欠点（1）記事錯雑、（2）煩複過多を緩和克服しようと、その錯雑を整え、その煩複を刪り、類に随って分を移したものである。具体的な編纂作業をのべれば、標題を参照しながら、問答の内容を検証する。錯雑したところを整頓し、煩複したところを削除する。また問答の主題が変わったときには、その意味上の境界に「〇」字をかいて前後を別の節とし、記事を細分化（小分）する。こうまとめることができる。その大分を小分するところが、本書の最大の特徴である。『朱子語類小分』重編の狙いは、『朱子語類』自体がすでに分門の書であるが、それを再分門し、読みやすくするところにあるということができるであろう。

④心経附注釈疑

宋時烈はひろく朱子学関連書を編纂したが、驚くことには、李滉学の核心中の核心『心経附注』にも注釈書を残した。『心経附注釈疑』四巻がそれである。

［心経附注と李滉］　『心経』一巻は、南宋の真徳秀（一一七八〜一二三五）撰。経書などにみえる聖賢の論心格言を編集し、諸家の議論を注記したものである。『書経』一章、『詩経』二章、『周易』五章、『論語』三章、『中庸』二章、『大学』二章、『礼記』楽記三章、『孟子』十二章、および周敦頤二条、程頤一条、范浚一条、朱熹三条よりなっている。冒頭に引く「人心道心章」、すなわち『書経』大禹謨の「人心惟危、道心惟微、惟精惟一、允執厥中」が、朱子学心論の核心、いわゆる十六字心法である。原注は朱熹「中庸章句序」を引いている。

『心経附注』四巻は、明の程敏政（?～一四九九）撰。程朱以下大儒の言を採摭して、『心経』の説を補輯したものである。程敏政自序によれば、『心経』の本文は真徳秀に出るが、原注には『西山読書記』など、後人の雑入した可能性が高いところもないわけでない。閑居の暇に、謹んでこの参校をなした、という。「附注」以下にみえるのがまさにそれである。たとえば「人心道心章」のばあい、経文一条および原注一条に対して、朱熹六条、陳埴一条、黄榦一条、真徳秀一条、王柏一条を附している。

朝鮮朝における『心経附注』の受容は、中宗（在位、一五〇六～一五四四）初期、趙光祖（一四八二～一五一九）や金安国などにはじまり、李滉にいたって本格化したという。[26] 李滉が『心経附注』を入手したのは、中宗十八年（一五二三）二十三歳あるいは中宗二十八年（一五三三）三十三歳のことである。李滉は入手後一生にわたって、神明のごとくそれを尊信し、それを端緒として心学淵源を探求した。李滉の学は『心経附注』によって開かれ、『朱子大全』によって完成した、云々といわれることが多いが、[27] それは李滉学の構造を一言でよくのべているであろう。また李滉は伝統の初学教育、すなわち初学者は最初に『小学』を学ばねばならない――を大きく変革し、初学用工の書として『小学』でなく『心経附注』を課した。根本原理に通じれば爾後諸多の事項は労せずしてよく通悟することができると考えたからである。[28] それは李滉学の独自性と画期的なところをよく示しているであろう。

李滉は自ら『心経附注』を真摯に研究しただけでない。たびたび門下に講義し、門弟たちとそれについて筆談した。門弟たちは講義ノートほかにもとづきながら、難字句の語釈などを添えて『心経附注』の注釈書を作成した。代表的なものが李徳弘『心経質疑』や李咸亨『心経講録』などである。『心経質疑』は李徳弘の文集『艮斎集』続集巻三に収められている（**図4**）。[29] だが門弟編の注釈書であれば、親受とはいえ伝録をへるため、解釈は伝授者の力量に左右され玉石混淆とならざるをえず、結果的に李滉の真説か疑わしいところもないわけでない。書のもつこの性格は『朱子書節要記疑』と同じである。

「心経附注釈疑」　『心経附注釈疑』（心経釈疑と略称）四巻は、『心経附注』の注釈書である。

編纂出版の経緯は『朝鮮王朝実録』や「尤庵年譜」「寒水斎先生年譜」などによれば、おおむね以下のようである。すなわち、（a）粛宗七年（一六八一）七月二十七日、副提学の李翊相が上疏して、『心経附注』注釈書の刊出のため、宋時烈に命じて李滉門下の注釈書を釐補することを請う。上こ

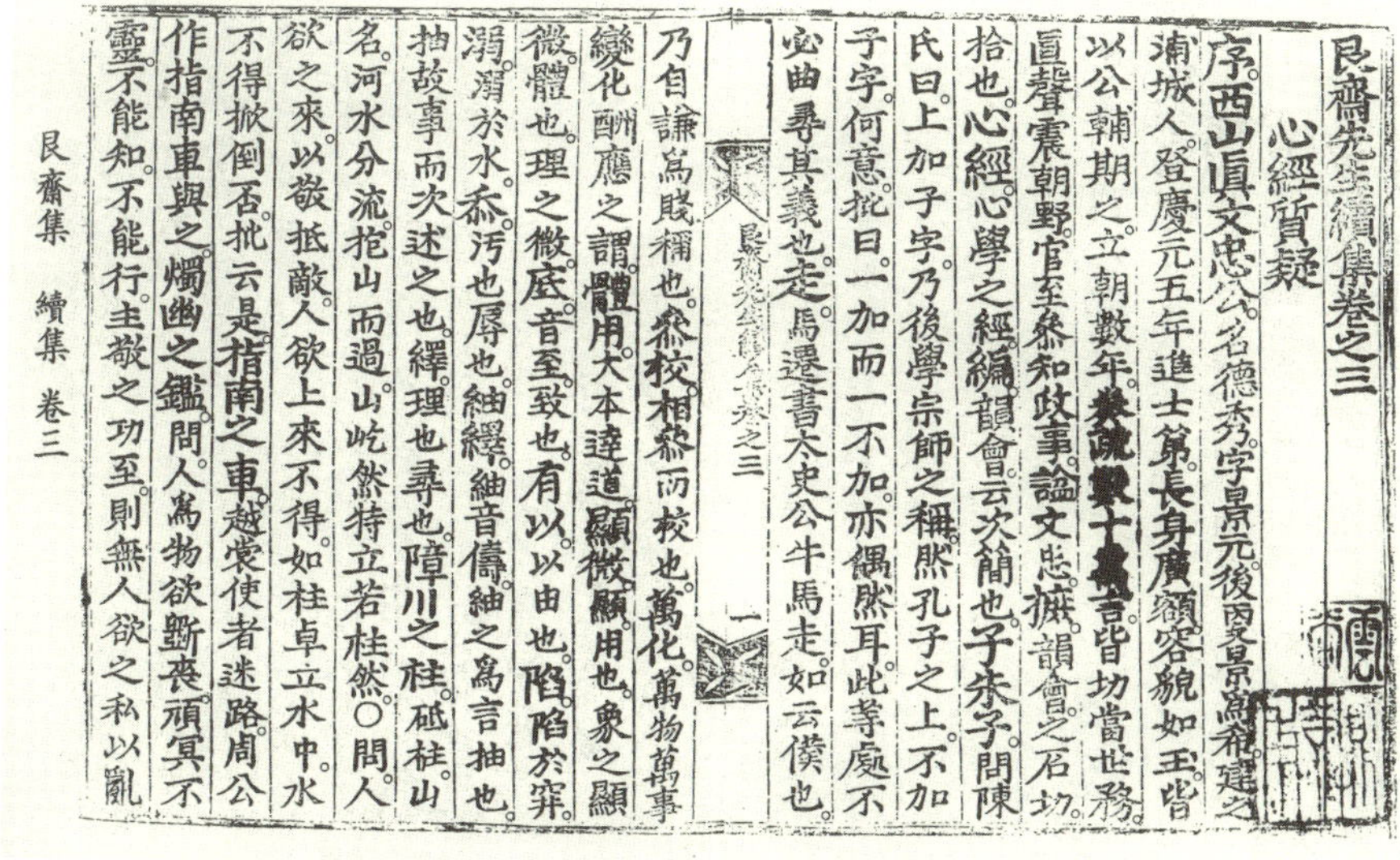
艮齋先生續集卷之三
心經質疑
序西山眞文忠公名德秀字景元後更景希建之
浦城人登慶元五年進士第長身廣顙容貌如玉皆
以公輔期之立朝數年奏疏數十萬言皆切當世務
直聲震朝野官至叅知政事論文忠摭韻會之石切
拾也心經心學之經編韻會云次簡也子朱子門陳
氏曰上加子字乃後學宗師之稱然孔子之上不加
子字何意批曰一加而一不加亦偶然耳此等處不
必曲尋其義也走馬遷書太史公牛馬走如云僕也
艮齋先生續集卷之三　一
乃自謙爲賤稱也叅校相叅而校也萬化萬物萬事
變化酬應之謂體用大本達道顯微顯用也象之顯
微體也理之微底音至致也有以以由也陷陷於穽
溺溺於水忝汚也辱也紬繹紬音儔紬之爲言抽也
抽故事而次述之也繹理也尋也障川之柱砥柱山
名河水分流抱山而過山屹然特立若柱然○問人
欲之來以敬抵敵人欲上來不得如柱卓立水中水
不得掀倒否批云是指南之車越裳使者迷路周公
作指南車與之燭幽之鑑問人爲物欲斲喪頑冥不
靈不能知不能行主敬之功至則無人欲之私以亂

艮齋集　續集　巻三

図4　『艮斎集』続集巻三の書影

れを可す。（b）同年八月十一日、華陽で校進の王命を拝受。（c）権尚夏ほかを呼び、校正に従事。なお権尚夏の華陽到着は八月十九日である。（d）九月六日、校正終了。（e）九月十二日、校本を送付。（f）九月十八日、『心経附注釈疑』および「進心経（附注）釈疑箚」を進献。（g）九月十九日、検討官の宋光淵が同書を印出して講筵の参閲に備えることを請う。上これを可す。

『心経附注釈疑』はまた出版後、数奇な運命を経た。（h）粛宗十五年（一六八九）、己巳換局、南人執権。印行諸本と板子を収聚し、焚尽。（i）粛宗二十年（一六九四）、甲戌換局、西人再執権。筵臣の言によってまた刊行を命ずる。――『心経附注釈疑』は講筵時の参考書として編まれたため、政争の煽りをまともにうけたわけである。

『心経附注釈疑』は党争の煽りをまともにうけたが、それは西人が政治的に李滉門下の『心経附注』注釈書の修正刊行を企画し、それに成功したからである。宋時烈の自序はそれについて朝廷西人の李翊相・金万重・朴世采たちが「先後して力を致した」とのべ、「礼曹正郎金湅伝諭後書啓」は先師の金長生から独自の心経解釈を聞いたことを伝えている。当時、李珥学統は李滉学統と同じく『心経附注』をいたって重視していたのである。

『心経附注釈疑』現伝本（図5）(30)を分析すれば、その退栗合璧――李滉学と李珥学の精華の会集総合的な性格には驚かざるをえない。宋時烈の自序はいう。『心経附注』の注釈書はもと李滉の門より出た。記録者は門下の李徳弘と李咸亨である。李滉はまた二家の記すところを合わせて、「財酌證正」した。原本は「端的無疑」といわねばならない。だが現本はしばしば伝録を経るため、訛舛を重ねることがないことはない、と。宋時烈（の公式見解）によれば、現本の訛舛や疎略はみな伝写に起因するものであって、李滉元本には誤謬などないのである。事実、宋時烈は李徳弘の外孫の金万烋から李滉真本をえて、自説と比較したが、「李滉元本においては、敢えて一字も動かしていない」。自ら妥当な解釈ないし李滉学の精華と考えたところについては、転写を事としたことは図5を図4と比較すれば自ずと明らかであろう。

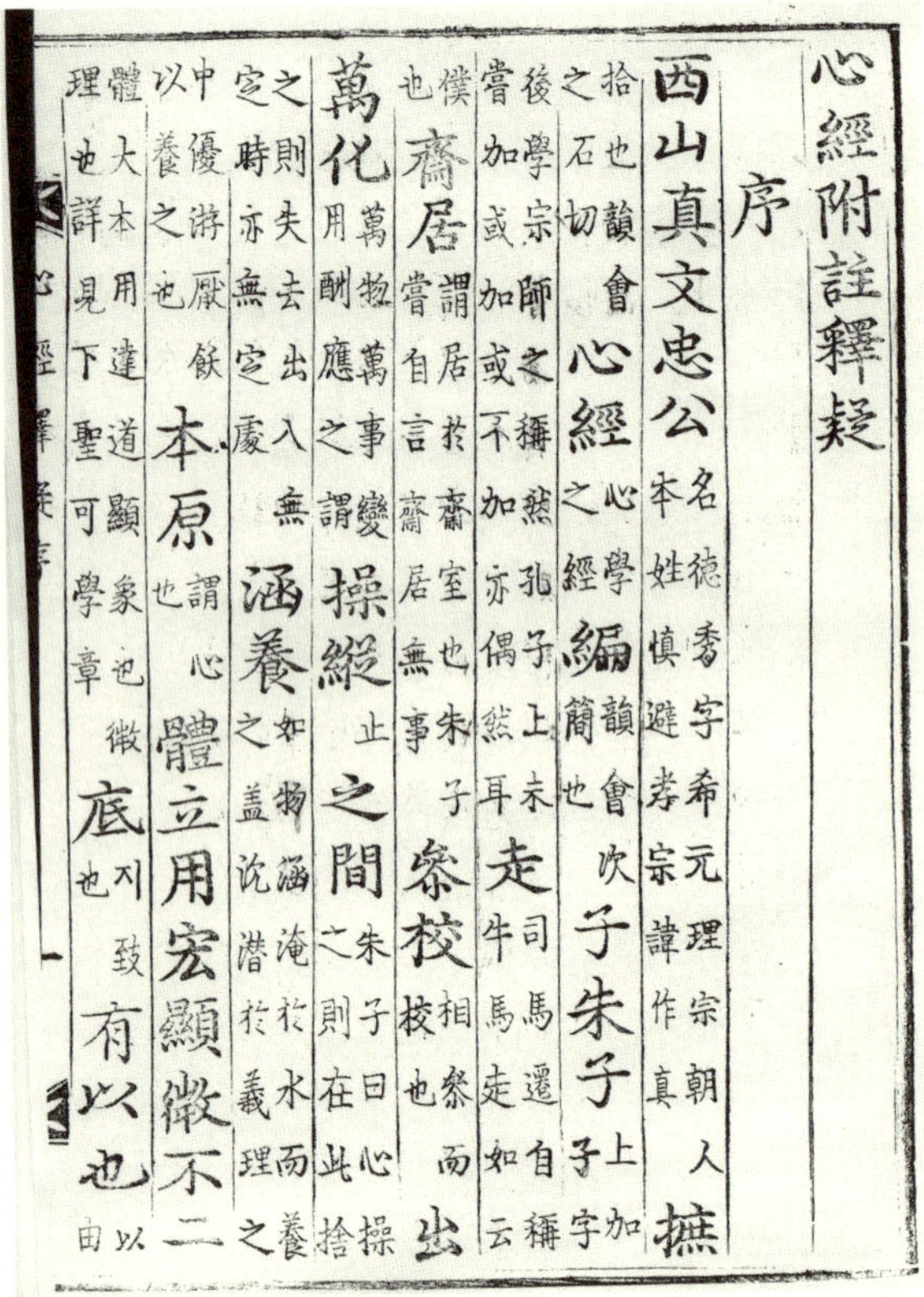

図5 『心経附注釈疑』序の書影

宋時烈は李滉学を継承しただけではない。「疎漏のところがあれば、聖教によってこれを補い（有疎漏処、則依聖教補之）」、「支蔓なところがあれば、聖教によって刪去し（有支蔓処、則依聖教刪去之）」、「改めるべきところがあれば、これを改めた（有可改処、則改之）」（校正凡例）。修正したのは単に語句上の差誤のみではない。ひろく性情理気の説にもおよんでいる。特に顕著な例をあげれば、巻二の孟子人皆有不忍人之心章の「四端」の注釈である。李滉の四端七情理気互発説（原説）にくわえて李珥の四端七情気発理乗一途説、および李珥を拡張した自説を記している。李珥学のみごとな展開とのべることができるであろう。宋時烈の四端説については、次章で詳しく論じる。

⑤論孟或問精義通考

宋時烈は済州流謫中、『論孟或問精義通考』を編修した。これを称して、朝鮮朝が朱子学を完全に自家薬籠中の物としたことを示す象徴的な事件といってよいであろう。

[**論孟精義と朝鮮**]　その学術史上の意味を明らかにするには、『論孟精義』と『論孟集注』『論孟或問』の関係から論述をはじめなければならない。周知のごとく、南宋孝宗の乾道八年（一一七二）、朱子は『論語』『孟子』に関する二程・張載・范祖禹など十一家の説をとって、『論語精義』二十巻『孟子精義』十四巻を編次した（論孟精義はその合称）。同じく淳熙四年（一一七七）、朱子は『論語精義』『孟子精義』の精粋を約し、諸家の説を融会して『論語集注』十巻『孟子集注』七巻を撰成した（論孟集注はその合称）。またその去取した理由を明らかにすべく、問答態でもって『論語或問』二十巻『孟子或問』十四巻を編纂した（論孟或問はその合称）。

だが『論孟精義』は集注と或問の完成後、資料集の地位に堕ち、無用の糟粕として棄てられたかのごとき感がないわけではない。また『論孟集注』は臨終にいたるまでしばしば朱子自身によって修改されたが、『論孟或問』は重編を経なかったため、或問の説は時として集注や語類のそれと矛盾することもある。

宋時烈「論孟或問精義通考序」によれば、『論孟或問』は朝鮮朝が書をえて刊行することすでに久しいけれども、『論孟精義』は我朝に伝わっていない。わたしはほとんど四十年近く『論孟精義』を渇求したが、いまだ入手していない。清都燕京の諸市に問いあわせても、舌人はつねに遍求するも得ずをもって解となすのみである、という。朝鮮後期になっても、朱子書は完全には朝鮮に伝わっていなかったのである。

[**論孟或問精義通考**]　『論孟或問精義通考』三十四巻は、宋時烈の立綱分目編次による『論孟或問』と『論孟精義』の重編本である。

簡単に編纂出版の経緯を記せば、次のごとくまとめることができる。[31] すなわち、（a）粛宗十一年（一六八五）十一月、弟子の李選が冬至使兼謝恩副使として清に出使し、燕京の書肆で『朱子遺書』を購入。（b）翌年、[32] 宋時烈は『朱子遺書』中に『論孟精義』を発見。喜躍に勝えず、ほとんど寝食を忘る。『中庸或問』が逐条の下にそれぞれ『中庸輯略』の該当個所を附すことにならって、『論孟或問』逐句の下に『論孟精義』を附入することを企画。（c）粛宗十五年（一六八九）閏三月、『論孟或問精義通考』を編修。また権尚夏に手紙を出して勘正を依頼。（d）粛宗四十六年（一七二〇）、外孫の権以鎭が安東府使となって、同書を印行。ただ洛中の編書者が原書中、緊要の語の漏れるのを惜しみ、原章中に添録した結果、印本には宋時烈の立綱分目編次と異なるところがあるという（権尚夏・跋）。

宋時烈の編修作業は『論孟精義』説を考拠し、手ずから標識をくわえ、『論孟或問』逐条の下に編附したものであって、編修目的は『論孟或問』の欠略を補い、『論孟精義』と通考することによって読者に朱子取捨の権衡を知らしめるところにあるという（尤庵年譜）。宋時烈はただ『論孟或問』があって『論孟精義』がないのは、まさに訟案に供辞がなくただ判辞のみがあるのに似ているとのべる（答李択之）[33]が、その比喩はまさに肯綮にあたっている。事実、現伝本は『論孟或問』の逐条ごとに『論孟精義』の当該個所を添えており、或問によって集注各章の問題の所在を定め、精義と読み進む構造になっている。宋時烈のみるところ、論語孟子の学は訟案が供辞と判辞からなるごとく、精義と或問・集注からなるべきであって、その一を欠くことはできないのである。宋時烈が自序において、通考すれば『論孟或問』にいわゆる某説の是なるゆえん、某説の疑うべき理由は掌をさすがごとしと自賛するのは、あるいは当然のことかもしれない。

朝鮮朱子学史に思いを馳せたとき、中国書の輸入や朝鮮書の重刊と、学術の飛躍的な発展の相互連関に喫驚した経験の持ち主はかならずや多いにちがいない。わかりやすい例をあげれば、（1）高麗末期、『四書集注』ほかをえて朱子学がはじめて興起し、（2）中宗期、『朱子大全』『朱子語類』を重刊して、李滉学などが新たな高みに達したことが一番であろう。いずれも学術史上画期的な事件に数えてよく、それをもって時代を区分することも不可能でない。個人的な見解ではあるが、『朱子遺書』の輸入と宋時烈学の確立も、前二者と同じような意味をもっていると思えてならない。宋時烈のばあい、確かに『朱子遺書』の存在がその研究を一気に飛躍させたわけでないが、それは朱子学を完全に自家薬籠中の物としたことをみごとに示している。宋時烈の朱子学研究の網羅的集大成的な性格を象徴する事件ということができるにちがいない。

⑥朱子言論同異考と退渓書箚疑

宋時烈学術の性格について考えるとき、未刊の書の分析も軽んじてならない。『朱子言論同異考』『退渓書箚疑』などがそれである。

［朱子言論同異考］　『宋子大全』巻一三〇に「朱子言論同異考」がある。「朱子言論同異考」は書名どおり、朱子の言

論の同異矛盾について分析考察したものである。わずか十三葉にも満たない小編であるが、着想に優れ、後世の学術発展の方向を定めた傑作に数えることができるであろう。まさに虎は死して皮を残すである。

宋時烈はその自序（一六八九）において、著書の目的を次のように記している。すなわち、『朱子大全』と『朱子語類』には、（「一得一失、両存すべからざる者」も含めて）言論の異同はもとより多い。だが異同はただそれのみではない。二書それぞれの中にも、異同は厳然として存在する。けだし『朱子大全』は著作時期に初晩の分があり、『朱子語類』は記録者が一人でないからである。わたしは二書を読むにあたって、気のつくところがあれば書きうつし、もって考論の参考に備えた、と。宋時烈言外の意を忖度すれば、朱子の理論は完全無欠かつ絶対無謬でなければならない。だが実際には記録によって異同がある。朱子学者は当然、その理論上の不整合を調整しなければならない――おそらくこうであろう。内容の詳細は後述する。

宋時烈はまた、同書の完成を未来の同行の士に、「苟も同志の士の続して業を卒えることあれば、則ち学者窮格の事において、或いは補う所なくんばあらず（苟有同志之士、続而卒業、則於学者窮格之事、或不無所補）」と嘱した。実際、景宗四年（一七二四）、再伝弟子の韓元震（一六八二～一七五一）が宋時烈の志を続成した。[34]『朱子言論同異考（別名、朱書同異考）』六巻である。このばあい「続成」とは宋時烈の原文をそのまま転写し、自らの考証を添付することを意味している。宋時烈書は筆記ノートであるが、韓元震書は項目にわけて朱子説の同異を逐一分析する。巻一の理気・理・陰陽・五行・天地・日月・鬼神・人物之性・心、巻二の性・仁義礼智信・情・心性情・仁敬・誠忠・才徳・人倫・学・大学、巻三の論語・中庸、巻四の孟子・易・書、巻五の詩・春秋・礼・周子書・程子書・張子書・治道、巻六の科挙・聖賢・異端・論人・史伝・文字類・先生出処・先生語黙・（附）論孟或論輯註がそれである。宋時烈の宿願は死後、権尚夏↓韓元震と再伝して達成されたのである。

最も注目すべきは、「朱子言論同異考」が理論解析において朱子自身の学説主張の整合性を問題にしたことである。換言すれば、宋時烈は朱子学の第一義的特性をその無謬性におきながら、朱子書における言論の異同すなわち理論的齟齬の存在を是認したわけであるが、同書のばあいそれは理論上の整合性を証明し、絶対性を保持する方法を模索したことと同義ということができるにちがいない。

【退渓書箚疑】　一方、『退渓書箚疑』について知りうることは少ない。（1）「尤庵年譜」によれば、粛宗十五年（一六八九）二月、宋時烈は権尚夏に後事を託したとき、「退渓書」について「劄疑」を作りはじめた、現在わずか一巻を書いたにすぎないといい、書跡を授けその完成を委嘱した。（2）尹鳳九「南塘韓公元震行状」によれば、韓元震の著作に『朱書同異考（朱子言論同異考）』『退渓書疏釈（退渓書劄疑）』がある。いずれも「宋時烈がそれを始めるもいまだ卒らず、権尚夏がかつて続成を命じたところである（尤庵始之未卒而先師之所嘗命者也）」と説明。（3）韓元震『南塘集拾遺』巻四には実際に「退渓書劄疑」が収められている。だが著書の経緯については何の説明もない。

上記説明を総合すれば、『南塘集拾遺』の「退渓書劄疑」がまさに宋時烈本の続成本の可能性が高いが、そう断定することもできない。証拠があまりに少ないからである。ただ書の形式については、宋時烈のそれをいくぶん維持しているとみてもよいであろう。韓元震書の形式と酷似する宋時烈の劄疑書「退渓四書質疑疑義」（一六七七）が実際に残っているからである。

韓元震書の内容や形式からいって、『退渓書劄疑』とは李滉書簡（退渓書）の諸見解中、疑問のあるところを引き、自説を展開したものととらえるべきであろう。だが執筆の目的が「退渓四書質疑疑義」や韓元震書と同じく李滉謬説の是正にあれば、李滉説の誤謬を逐一指摘しそれを厳しく批判したものであろうし、『朱子大全劄疑』や「宋子大全随劄」と同じく語句の精確な注釈にあれば、李滉説を一部顕彰したものかもしれない。[35]証拠がない以上、最終的な判断を控えたい。ただ宋時烈が理論解析の矛先を李滉の書簡まで伸ばしたことは、朝鮮朱子学史上きわめて重要であろう。李滉のばあい、学説が最も顕著にあらわれるのは書簡が一番だからである。

三、朝鮮朝前中期学術の集大成

以下、個別例の分析を総じて、宋時烈による朱子学基本書の編纂の基本的な特徴、ひいてはその朱子学研究の学説史上の地位について考えてみたい。宋時烈は多数の有用な朱子学基本書を完成したが、その基本書の特徴、具体的には帰納演繹の特徴からして、宋時烈の朱子学研究や朱子学書編纂を称して、朝鮮朝前中期学術の集大成ということができるであろう。

①朱子学基本書編纂の特徴

［朱子一尊の学］　権尚夏は「尤庵先生墓表」のなかで、宋時烈の朱子一尊主義に言及し、宋時烈の「朱子の後、義理は大いに備わり、余蘊はない。後学はただまさに朱子を尊信し、

極意講明しなければならない。聖たるも賢たるも、それ以外にない。書を著し後に垂れんと欲するのは、妄であり贅である（朱子之後、義理大備、靡有余蘊。後学只当尊信朱子、極意講明。為聖為賢、不外於是。必欲著書垂後者、妄也贅也）」を引いて、その多数の著作の目的がみな程朱の旨の闡発にあったことを明らかにしている。

権尚夏の指摘は、宋時烈の研究の特徴をみごとにいいあわしている。宋時烈は二程朱子の学に心酔しそれを絶対化し、孜々として有用な朱子学基本書を編み、程朱書に精密な注釈をくわえる。論理的整合性を追求し、理論内部における些細な矛盾も許さない。だが朱子の言論は実際には、矛盾し破綻するところが多い。宋時烈はその事実を正確に認識している（「朱子言論同異考」を想起せよ）にもかかわらず、朱子学の厳格かつ排他的なフレイムワークからわずかでも飛びだそうとはしない。尹鑴と比較すればその性格は明白であろう。[36]

［広範な朱子学研究］　宋時烈「沙渓金先生行状」によれば、金長生は門下生に教育を施すにあたって、厳格に『小学』『朱子家礼』↓『心経』『近思録』↓四書五経の階梯をとって、学ぶべき書を授けたという。門下の宋時烈は恩師の階梯を完遂すべく、あらゆる階梯にわたって研究書を作成した。

金長生の階梯に即応する朱子学研究書は、先に分析した『小学諺解』『心経附注釈疑』『論孟或問精義通考』のみではない。礼学書には『経礼問答』『尤庵先生礼説』などがある。二書は『朱子家礼』を含む礼学関連の書簡を抜粋編纂したものであり、内容は『宋子大全』所収のそれと同じである。『近思録』には金長生の学友、鄭曄（一五六三～一六二三）の『近思録釈疑』を校訂し、問題点を修潤損益した。宋時烈の後序（一六六一）がある。易学には『尤庵易説』があり、『韓国経学資料集成』（成均館大学校大東文化研究院、一九八八～一九九八年）に収録されている。

李滉の開拓した朱子の文集・語類に関する研究についても、宋時烈は真摯に実行した。『朱子大全箚疑』『朱子語類小分』『朱文抄選』『節酌通編』などがその代表的な成果である。そのほか『文公先生記譜通編』『程書分類』『朱子言論同異考』ものこっている。宋時烈の研究は李滉・李珥・金長生など先賢たちにくらべて広い領域をカバーしているといわねばならない。

［強烈な政治的動機］　宋時烈の朱子学基本書のうち、『朱子大全箚疑』『程書分類』は長鬐流謫、『朱子語類小分』は巨済流謫、『論孟或問精義通考』は済州流謫中の作品である。粛宗代、党争敗北期に粗成された編纂書がその大多数を占めている。

宋時烈による朱子学基本書の編纂は先に分析したごとく、倭乱胡乱後を特徴づける朱子学の相対化、権威喪失に対処したものとのべるべきであろう。宋時烈は学術研究上、朱子学の正統性の証明と普及、「天理を明らめ人心を正し、異端を闢け正学を扶けること」を自己の責務として追究したが、その最終的な目標は道学政治、すなわち思想統制↓朱子学一尊による社会的な危機克服にある。徹底した学術研究の根幹には春秋大義、強烈な異端排斥の政治意識が存在するといわねばならない。まさに党争期の思想家の政学一致の典型である。

[先行研究の総合折衷]　宋時烈は朱子学を絶対化し、その規範をこえて自由に思考することを許さない。自ら主体的に哲学・思想を追求せず、真理の闡明者朱子の深意を探ること、厳密な哲学史・思想史風の研究に終始した。追究するのは朱子学内部の論理的整合性である。

宋時烈の研究レベルが高いのは、帰納と演繹の質と量を確保する——厖大な資料を解析して一般法則を発見し、法則間の論理的整合性を考察し、一般法則から結論を推論し、結論の客観性を獲得するためである。宋時烈は帰納演繹の至難の作業を完遂するのに、膨大な資料を解析した良質の先行研究を実にうまく折衷総合する。わかりやすい例をあげれば、『文公先生記譜通編』は『朱子年譜』と『朱子実紀』の合璧本であり、『論孟或問精義通考』は『論孟或問』と『論孟精義』の合璧本である。所定の目的を達成するのにすべて自力によらず、優れた先行書を校訂編修して論理的整合性を確保している。また『節酌通編』は『朱子書節要』と『朱文酌海』の合帙本であり、『朱子大全劄疑』は『朱子書節要記疑』の補完本、『心経附注釈疑』は『心経質疑』の補完本である。宋時烈の朱子学研究書には、先行研究を利用しないものがほとんどないということができるであろう。

[李滉学の補完]　宋時烈は先行研究を折衷総合して自己の朱子学基本書を編纂したが、編纂中、顕著にあらわれるのは李滉学の重視、具体的には李滉訓詁への全面的な依存である。これは李珥訓詁が表面上さほどみえないのとよき対照をなしている。

事実、『節酌通編』は『朱子書節要』と『朱文酌海』の合帙本、『朱文抄選』は『朱子書節要』と『朱文酌海』の節略本、『朱子大全劄疑』は『朱子書節要記疑』の補完本、『心経附注釈疑』は『心経質疑』の補完本と説明することができ、宋時烈が依拠したのはいずれも李滉学の重要な研究成果にほかならない。また『心経附注釈疑』をのぞいては、李珥説を強く主張してはいない。

②学説史上の地位

本章を終えるにあたって、宋時烈の朱子学基本書編纂における先行研究の重視、特に李珥以上の李滉尊重について朝鮮朱子学史上どう解釈すべきか、考えてみたい。

［**朝鮮朱子学史**］　そもそも李滉は朝鮮朝前期の朱子学を集成して、前代とは異質の学術レベルに到達した。それゆえ、李滉の前後をもって朝鮮朱子学史を画期することができる。この点については朝鮮思想研究者の見解はほぼ一致している。(37)一方、宋時烈は李滉以来の学的成果を徹底的に吸収補完して、前代を凌駕する基礎研究を広範に展開し、学術訓詁の確実性を一挙に飛躍させた。これが前節の分析結果である。このことからいえば、宋時烈による朱子学基本書編纂とはすなわち朝鮮朝前中期学術の集大成を意味するとのべてもよいであろう。

［**道統と李滉尊重**］　顕宗粛宗期の熾烈な党争や宋時烈の強烈な政治的動機を前提にすれば、李滉尊重の命題、ひいては朝鮮朝前中期学術の集大成説はそれと相容れず、論理的に正しいといえないかのごとくである。

だが宋時烈は「看書雑録」（宋子大全・巻一三一）において「退渓の学は最も無弊となす」と称賛するだけではない。同じく「沙渓金先生行状」では、金長生が朝鮮の道統（東方道学の統）について、

> 鄭夢周は高麗末に絶学を宣揚し、金宏弼は朝鮮初にその墜緒を継承したが、結果的には微言は著明にならず、至道は暢達しなかった。趙光祖は誠明の学をもって君民の責に任じ、立朝施設は盛大になり、観るべきところも多い。遺風余韻は、よく百世を聳動するであろう。その後、時として一二の優れた儒賢もあらわれたが、いまだ卓然として道を伝える者はない。李滉は群賢斬伐の余をうけ、よく斯文を興起することをもって己の任とした。経伝に沈潜し、義理を講明し、一己の謙徳を守り、後学を未来へ導いた。その功は大といわねばならない（論東方道学之統、以鄭圃隠夢周、倡絶学於麗季、金寒暄宏弼、継墜緒於我朝、而微言未著、至道未暢。静菴趙先生光祖、以誠明之学、任君民之責。立朝施設、蔚有可観。其遺風余韻、足以聳動百世矣。自是厥後、間有一二儒賢、挺生名世、而未見有卓然伝道者。退渓先生、承群賢斬伐之余、能以興起斯文為己任。沈潜経伝、講明義理、守一己之謙徳、牖後学於来世。其功可謂大矣）。

と断じ、また李滉学の称賛につづいて、だが「明白純粋、洞徹無滓、真知実践、聖門宗旨をえたこと」などにいたっては、李珥に勝る者はない(38)と明言したことを伝えている。金長生ひいては宋時烈も朝鮮道学の淵源と先哲の本末をもって、鄭

夢周・金宏弼→趙光祖→李滉→李珥と一直線にとらえるのである。(39)

金長生の道統観を前提とすれば、宋時烈はただ李珥→金長生の嫡伝のみならず、あわせて李滉の三伝弟子でもある。李珥(一五三六〜一五八四)は長寿ではなく、訓詁学的研究が絶対的に不足するからには、不足を補うため、嫡伝以外の朝鮮諸賢の研究まで参照範囲を広げねばならないのは理の当然であろう。自らも学統を継ぐ朝鮮諸賢の先行研究、特に李滉訓詁学の学習継承(あるいは研究吸収)の必要性がそこにはある。朱子学基本書編纂における朝鮮朝前中期学術の集大成の性格は、結局のところその道統観に由来するとのべることができるにちがいない。

三、理気論の研究

宋時烈の学術著作を分析した結果、顕著に李滉学重視、朝鮮朝前中期学術の集大成的な性格がみられたが、現在の分析結果は宋時烈思想を特徴づける理気論にもそのままあてはまるであろうか。特に李滉の理気論と李珥の理気論は周知のごとく、真っ向から対立しまったく相容れない。宋時烈が李珥→金長生の嫡伝として李珥学を顕彰する傾向が強いことからいえば、李滉の尊重や理気論の集成など、ありえないかのようである。宋時烈のばあい、訓詁と哲学は相互に矛盾すると判ずべきであろうか。以下、この点について考察したい。(40)

一、李滉と李珥の理気論

宋時烈の理気論を明らかにするためには、あらかじめ李滉と李珥の理気論の概要とその相違点を知らなければならない。(41)

①李滉の理気論

[四端七情理気互発説] 四端七情の定義をのべれば、「四端」とは、人のもつ道徳感情のこと。『孟子』公孫丑上篇にみえる「仁の端」の「惻隠の心」と「義の端」の「羞悪の心」と「礼の端」の「辞譲の心」と「智の端」の「是非の心」をいう。一方、「七情」とは、『礼記』礼運篇にみえる「喜」「怒」「哀」「懼」「愛」「悪」「欲」のこと。七情の特徴は誰もが「学ばずして能くす」るところにある。

李滉の四端七情論は、朱熹の理気論のフレイムワークのもと、人間の道徳感情とは何か、道徳感情は何に由来するかを解明しようとしたものということができる。だが退渓による心性論展開の経緯をみれば、李滉一人の創作というよりは、高峰奇大升(一五二七〜一五七二)との八年にわたる議論を通じて深化されており、高峰との共同成果というほうがより実情に近い。

李滉は明宗十四年(一五五九)、「四端は理の発、七情は気の発（四端理之発、七情気之発）」と互発説を主張した（答高峰論四端七情第一書）。『朱子語類』巻五十三に輔広の記録がみえ、朱熹自身が「四端是理之発、七情是気之発」と断じるからである。

李滉はいう。理と気は事物の中、相須って体をなし、相待って用をなす。もとより無理の気もなく、無気の理もない。だが理と気は存在の次元を異にし、相雑ることはない。理と気からなる情にあっても、同中に異があり、さしていうところがそれぞれあって、四七の別がそこにないことはない（二情論）。だが「情に四七の分があるのは、なお性に本然の性と気質の性の異があるようなものである（情之有四端七情之分、猶性之有本性気稟之異也）」。性に理と気の区別が認められる以上、情を理と気に分属して四端理発、七情気発とのべうることは疑いをいれない。

四端は仁義礼智の性に発した（内出の）ものであり、理気の合ではあっても、感情の実質を主導しているのは理であり、その機能主体をさしては、理を主とする（主理）ということができる。一方、七情は外物が身体に接触して心中の感動をひきおこし、心の外郭から発出した（外感の）ものである。理もそこに存在しないわけではないが、外物と接触する際、感じやすく最初に動くのは、形気であり、気に勝るものはない。七情の実質的な機能は気が担当している（主気）とのべうるゆえんである。それゆえ四端は、心中にあって純理であり、発しても気と雑らない（理発の）ため、性の本善を保全することができ、みな善である。七情はそれに反して、外部の形気に感じて発し、理の本体が発するものではない（気発の）ため、善悪はいまだ定まらない。四端七情は従りて来るところが違うのである。

李滉は約一年後、奇大升の批判をいれて前テーゼをいくぶん修正した（答高峰第二書）。「四端は理が発して気がこれに随い、七情は気が発して理がこれに乗る（四端理発而気随之、七情気発而理乗之）」がそれである。だが李滉が自説を修正したことは事実ではあるけれども、それはしょせん表面的な修正にすぎず、理気互発を堅持することは依然としてすこしも変わらない。

李滉の四端七情論で注意すべきは、理気互発と表現することができると主張しただけであって、この時期にはいまだ、理は有為とか、実際に理発があるとは断じていないことである。李滉が思考を一歩進めて「理に動静あり（理有動静）」と主張するには、十年後を待たねばならない。

［理到説］　李滉は宣祖三年（一五七〇）、死の二ヶ月前（十月）、『大学』経一章の「物格」について、奇大升の意見をい

れて幡然と旧説を改めた。理に能動を認めるいわゆる理到説がそれである。

『退渓集』巻十八、答奇明彦別紙は理到説をこう記している。すなわち、

だが朱子は「理には必ず用がある。何ぞ必ずまた（『大学或問』「其用之微妙」について）心の用と説く必要があろう」ともいう（大学或問・小注または語類・巻十八）。しからばすなわち、「理の用は人心の外にあるわけではない」が、理用の微妙たるゆえんは、まことに理（物理）の発現であって、人心の至るところに随い、到らざるところはなく、尽くさざるところはない。ただ自分自身の格物に至らないところがありはしないかと恐れるのみであって、理が自ら到ることができないなどと憂う必要はない。とすれば、「格物（物にいたる）」とは、もとより己が窮めて物理の極処に至ることをいうであろう。また「物格（物、いたる）」とは、物理の極処が己の窮めるところに随って到らざるところがないこと、と説明することができるであろう。すなわち、情意がなく造作がないのは、この理の本然の体であり、その寄寓することによって発現し、到らないところのないのは、この理の至神の用である。以前はただ本体の無為のみをみて、理の妙用の顕行を知らなかったので、理をほぼ死物のように認定していたが、これではその道を去ること、また遠甚ではなかろうか（然而又曰理必有用、何必又説是心之用乎、則其用雖不外乎人心、而其所以為用之妙、実是理之発見者、随人心所至、而無所不到、無所不尽。但恐吾之格物有未至、不患理不能自到也。然則方其言格物也、則固是言我窮至物理之極處。及其言物格也、則豈不可謂物理之極處、随吾所窮而無不到乎。是知無情意造作者、此理本然之体也。其随寓発見而無不到者、此理至神之用也。向也但有見於本体之無為、而不知妙用之能顕行、殆若認理為死物。其去道不亦遠甚矣乎）。

李滉によれば、「物格」とは、物理が人の格るところに随って自ら発顕し、到らざるところのないことを意味している。李滉にとって、理は死物でなく、運動因を備えた活物にほかならない。運動の能力をもち、能く自ら到るのである。

李滉の心学は、人間感情のもつ道徳性の解明を第一義におき、体認拡充省察克治を重んじ、倫理的な傾向が強いが、理発や理到を説いて性（理）の意義を強調するのは、まさにその倫理性を特に重んじるところに原因があるということができるにちがいない。

②李珥の理気論

［理無形無為説］　李滉は人間の善性の証明を目的として、

理気互発説をつくりあげたが、李珥の心性論はそれに反して、同じ朱熹の理気論にのっとりながら倫理的な解明よりも、むしろ本体論的ないし主知主義的な性格が強い。李珥の立論の目的は、本体論と心性論の合一にあるということができるであろう。

李珥の理気論は、基本的には朱子学のそれと同じである。李珥は「理気の妙」について、(a)「一而二、二而一」と説く(答成浩原論理気第二書、以下、第二書と略称)。理(形相)と気(質料)は渾然として間なく、気は理を離れず、理は気を離れず、さして二物とすることはできないが、また渾然の中にあっても、相互に雑ることなく、さして一物とすることもできないからである。

李珥によれば、理気が不相雑と不相離の性格をもつのは、(b)理が「形而上者」で「無形無為」であり、気が「形而下者」で「有形有為」だからである(第四書・第六書)。だが理気が形而上下の関係にあれば、必然的に、(c)両者には「離合なく先後なく」、また気の「動静に端なく、陰陽に始なし」。気には不動不静の時などありえず、理の存在のもと、かならず「一動一静」「一陰一陽」の状態にある。「太極は未だ陰陽の前に立たず」「陰陽は無始無終」の命題が成立するゆえんである。

李珥はまた(d)「理通気局」という。「理、通ず」とは、天地万物が理(本然の妙、自然法則)を同じくし、人の理が物の理と等しいことであり、「気、局す」とは、天地万物がそれぞれ気を異にし、人の性と物の性が違うことである(第六書)。だが、(e)「本然者理之一、流行者分之殊」。本然の理は、理の体として純善である(理一)が、理の用にあたる流行の理(万殊の理)は、本然の理の乗ずるところの気の不斉(清濁全偏など)に応じて、善悪が生じる。これが理の万殊(分殊)である(第三書)。

[四端七情気発理乗一途説] 李珥の四端七情論は基本的には奇大升のそれと変わらない。李珥はいう。四端は七情の善一辺をさし、七情は四端の総会者である。四端はもっぱら道心に対応し、七情は人心道心を合わせたものと一致する、と(第二書)。

李滉の四端の理発、七情の気発については、李珥は「これを発する者は気なり、発する所以の者は理なり。気に非んば則ち発する能わず、理に非んば則ち発する所なし。(理気に)先後なく離合なければ、互発と謂うべからざるなり(発之者気也、所以発者理也。非気則不能発、非理則無所発。無先後無離合、不可謂互発也)」と断じる。天人合一を理気論の根幹におく李珥にとって、「天地の化」はただちに「吾心の発」であり、したがって「性、発して情をなし、心、発して意をなす」については、「気発理乗」以外の解釈はありえない。

すなわち、気の発動（気発）は、気に内在する働き（機）がしからしめたものであって、それを命じた何者かがあるわけではない。気の動は、理が動かしたのではなく、理が動の機に乗ったにすぎない（理乗）。発するのは気であるのに対して、理は発するゆえん、気の機に乗ずるもの自体を意味している。「理無為而気有為」であれば、天地の化であれ吾心の発であれ、すべて例外なく「気発理乗」とならざるをえないのである。

二、論理的整合性の飽くなき追求

宋時烈は李珥→金長生の嫡伝としてその学術・理論を継承した。したがってその本体論的な思想フレイムワークにのっとって李滉説を批判するところも少なくない。だがそれのみではない。論理上の問題点や誤謬を発見すれば、如何に些細であろうとも、李珥であれ金長生であれ容赦なく批判した。そのことは自らが崇める朱子説についても同様である。

①李滉説の批判

宋時烈は李滉学を「最も無弊となす」と貴び、学的遺産を利用して多数の朱子学基本書を著したが、一方で徹底的にその誤謬を批判した。著作としては「退渓四書質疑疑義」（一六七七）などがその典型である。李滉門下の四書解釈を引き、逐一それに批判をくわえている。だが最も鋭い批判といえば、以下の理到説批判と互発説批判であろう。

［理到説批判］　李滉は理を体、気を用としながら、また理を体と用にわけ、理の体は「無情意造作」であるが、理の用は運動因をもち、能く自ら到るとした。李滉独自の二体二用説である。

宋時烈の批判は単純明快であるが、李滉説の肯綮をえぐってやまない（宋子大全・巻一二二・答或人）。すなわち、「理の体はすでに、情意造作がないのであれば、理の用はどうして独り情意造作あるをえて、能く自ら到ることができるのか（理之体既無情意造作、則其用安得独有情意造作而能自到乎）」と。

宋時烈はまた、朱子の命題「理は物に在るといえども、用は実に心に在る（理雖在物、而用実在心）」や「理の体は物に在り、理の用は心に在る（理之体在物、而其用在心）」を解釈して、朱子の意は「物理の用はもと一心の中に在る（物理之用、元在一心之中）」あるいは「物を処する所以の道は心に在る（所以処物之道在心）」ことであるが、李滉はそれを「理は必ず人の格るを待ちて、然る後に来到する（必待人格之然後来到）」あるいは「物理を体と用にわけて、体は彼におき用は此におく（物理分体用、体在於彼而用在於此）」と誤解するという。

［互発説批判］　宋時烈は「朱子言論同異考」（宋子大全・巻一三〇）の中で、李珥説を引いて李滉の四端七情理気互発説を批判した。以下の論理は、宋時烈によればいずれも李珥にもとづくものである。

宋時烈はいう。李滉立説の根拠は、朱子の語録「四端是理之発、七情是気之発」にあるが、朱子の意は、四端が純善で気を雑えないため、理発といい、七情が不善を雑えることがあるため、気発というのであろう。だが実際のところ、（1）七情のうち、舜の喜や文王の怒などは、明らかに純善の情である。（2）『礼記』『中庸』は七情を統言するが、そのばあい、七情はみな性すなわち理より出たもの（理発）にほかならない。（3）孟子は七情中より純善のそれを摭出して、四端と命名した。以上三則は、朱子語録の主張と明らかに矛盾している。朱子の語録は、記者の誤記の可能性が高い。

またいう。李滉「理が発して気がこれに随う」の一句は、誤謬もはなはだしい。そもそも理は本質的に情意運用造作がないものである。理は気中にあるゆえ、気が能く運用作為して、理がまたそれに賦す（天賦として乗る）――「気が発して理がこれに乗る」にすぎない。『中庸』首章の朱子章句「天は陰陽五行をもって万物を化生す。気はもって形を成し、理もまたこれに賦す（天以陰陽五行、化生万物。気以成形、而理亦賦焉）」をみれば、そのことは自明であろう。

またいう。李滉理発気随の誤謬は、太極説からすれば、尤も暁然であろう。太極は陰陽に乗って流行するとはいうが、陰陽が太極に乗って行くとはいわないからである。事実、朱子は「太極は本然の妙、動静は乗る所の機であって、動静がすなわち陰陽である（太極者本然之妙也、動静者所乗之機也。動静即陰陽也）」とのべている（太極図説解）。

②李珥説の批判

宋時烈は李珥の嫡伝であるが、謬説が李珥にあれば断乎としてそれを主張し、一切容赦しない。真理以外は奉じないかのごとくである。

［四端純善説批判］　宋時烈による李珥の四端純善説批判は『心経附注釈疑』巻二や「朱子言論同異考」「退渓四書質疑疑義」などにみえるが、「退渓四書質疑疑義」が最も詳しい。

宋時烈は「退渓四書質疑疑義二」孟子公孫丑四端においていう。李珥の四端七情論は弁論がはなはだ詳しいけれども、七情中、節に中る（中節）ものを四端ととらえるところは論理的に正しくない。朱子は「惻隠羞悪にも中節と不中節がある（惻隠羞悪、也有中節不中節）」と明言し（語類巻五十三）、四端にも不中節者があると主張しているからである。

　宋時烈はつづけていう。『中庸』『孟子』をあわせみれば、七情四端はみな性から出たものにほかならない。朱子は「仁は自ずからこれ性である。だが愛の理でもあって、発出すればまさに惻隠がある（仁自是性。却是愛之理、発出来方有惻隠）」という（語類巻五十三）が、これは四端七情合一の意を示している。李珥はその発出のとき、理が気に乗って発するとし、四端は気に掩われないため理の発といい、七情はあるいは気に掩われて直遂できないため気の発という。だが実際には、四端の不中節者もまた気の発であって、七情の中節者も理の発である。論理が画一ではない。

　またいう。李珥説の非は『中庸』のみによっても明らかである。『中庸』は（1）第一章首句に「天命の性」をいい、（2）序文に「道心は性命に原づく」といい、（3）第一章に「喜怒哀楽の未発、これを中（性）という」という。いずれの性（性命）も、意味するところは同じである。とすれば、道心が性より出るだけでなく、喜怒哀楽も性より出る（理発）と理解しなければならない。だがその性より発する喜怒哀楽については序文に明言があり、「人心は形気に生ず（気発）」という。相互に矛盾している。

　宋時烈の結論はこうである。すなわち、四端七情はみな性より出るが、どちらにも中節と不中節がある。その中節者は道心の公であって、その不中節者は人心の危である。四端の中節者を拡充すれば四海を保ち、七情の中節者を推致すれば万物を育てることができる。子思孟子のかつて授受するところは、その揆が一である。

　「朱子言論同異考」においては、宋時烈は同じ命題をこう説明している。すなわち、四端にも不善がある。その理由は、四端もまた気が発して理がそれに乗るためである。感情が発動するとき、その気が清明であれば理もまた純善であるが、その気が紛雑すれば理もまたその揜うところとなって不善に堕ちる、と。この説明は、宋時烈の四端有善不善説が李珥の修正説であることをみごとに示している。

③金長生説の批判

　宋時烈は謬説があれば恩師の金長生でもすこしも容赦しない。公平に是々非々を持することは、その論述上の特色の一つに数えることができるであろう。

［形而上下説批判］　「朱子言論同異考」と「退渓四書質疑疑義」をあわせ考えれば、宋時烈が金長生による「形而上、形而下」解釈の疑うべき点を正確に指摘し、論理上の欠陥を克服し、金長生説を完璧にした、経緯を知ることができる。

　李滉と金長生の「形而上、形而下」解釈が相異なることが、宋時烈がこの問題について考察しはじめた発端のよう

である。『論語』子張篇は子游の言として、「子夏之門人小子、当洒掃応対進退、則可矣。抑末也。本之則無……」とのべるが、その朱子集注は「程子曰」として「洒掃応対、便是形而上者、理無大小故也……」を引いている。李滉はその「形而上」、くわえて「形而下」に対して、「形인上、形인下」ないし「形令上、形令下」と解釈する。すなわち、「形而上」とは"形である上"ということであり、「形而下」とは"形である下"ということである。一方、金長生は「形乊上、形令下」と解釈する。「形而上」とは"形より上"を意味し、「形而下」とは"形である下"を意味している。二先生の形而下の解釈は一致するが、形而上はその解釈を異にしている。

宋時烈は形而上下についてこう考える。すなわち、『易』繋辞上伝に「形而上者謂之道、形而下者謂之器」という。形而上なる者が道であり、形而下なる者が器である。また道はすなわち理であり、器はすなわち気である。万物の形は、その理気（あるいは道器）が妙合して凝結したところに生じるものにほかならない。宋時烈の理気論の特徴は、理気（道器）が形を化生することから、気と形（器と形）をもって次元を異にした概念と分析するところにある。これを形理気為三件物事説（形道器為三件物事説）という。

宋時烈は形と理と気をそれぞれ異質の概念と分析する。宋時烈のみるところ、これこそまさに朱子が『中庸』首章註に「天は陰陽五行を以て万物を化生す。気は以て形を成し、理もまたこれに賦す」と論じ、また『朱子語類』巻五に「形而上者はまったく天理であるが、形而下者はその査滓（残りかす）にすぎない。形にいたっては、またその査滓の至濁なる者である（形而上者全是天理、形而下者只是那査滓。至於形、又是査滓至濁者也）」というゆえんである。朱子の命題はみなその理・気→形のシステムを示したものであり、理・気・形三者をもって分別してこれをのべるところに特徴がある。

宋時烈によれば、形理気は三件物事である。それゆえ二先生の形而上下解釈は正しくない。二先生は「形と道を二としながら、形と器を一とする（以形与道為二、而以形与器為一）」あるいは「道に於いては形に分別し、気に於いては形に混合する（於道則分別於形、於気則混合於形）」からである。すなわち、「理」は形而上の道、「気」は形而下の器、「形」は形而上下の形である以上、「形而上」を"形乊上（形より上）"、「形而下」を"形乊下（形より下）"と解さなければならないにもかかわらず、二先生は"形令下（形である下）"などと主張し、そう解釈していない。宋時烈のみるところ、聖人の言は二先生の解釈のごとく「偏陂」で「臬兀」（不安定）のはずはないのである。

④朱子説の批判

宋時烈は朱子学を衷心から信奉しているにもかかわらず、朱子説にも誤謬があることを認め、「学者窮格の事」のため、その誤謬を解消しようと試みる。「朱子言論同異考」がまさにそれである。

宋時烈の誤謬解消ないし誤謬回避の方法は、実に単純明快である。「看書雑録」によれば、「朱子説にはすこぶる初晩の異があり、また語類と大全の不同もある。一を執って、此れを是とし彼れを非とすることはできない。おもむろに義理の安んずるところをみればよいであろう（朱子説頗有初晩之異、亦有語類大全之不同。不可執一、是此而非彼。徐観義理之所安可也）」という。宋時烈は論理的整合性をただただ追究すべしと主張するのである。その誤謬解消法は単純であるが、効果を期待しうる確実な方法ということができるにちがいない。

［**五常不可分説批判**］　「朱子言論同異考」は朱子説にみえる数多くの論理矛盾を指摘しているが、『朱子語類』巻六仁義礼智等名義に引く五常不可分説のばあい、「恐らくは記者の誤りなり」と断じて止まない。すなわち、

『朱子語類』甘節の記すところによれば、或者が仁義礼智信について「すでに一理でありながら、また五常ともいう」ことを問うたところ、朱子は答えて「一理といってもよく、五理といってもよい。一をもって包めば一であるが、分ければ五である」という。或者はまた、分けて五となる順序を問うたところ、先生は答えて「渾然として分けることはできない」という。

宋時烈は朱子と或者の問答に対して、（1）或者は「五者先後の序」を問うたにもかかわらず、朱子の答えるところは「分」にあること、（2）朱子が「分ければ五である」といいながらまた「分けることはできない」と矛盾することをのべていることからいって、記者甘節の誤記と断じる。また「先生平日の意をもってこれをいえば」と前置きして、生成次第は仁↓礼↓義↓智（↓信）とならねばならないと説明している。

［**意情説批判**］　宋時烈はまた、『朱子語類』巻十六大学に引く意情説について、その意と情の説明が朱子の定義と矛盾することを指摘している。すなわち、

『朱子語類』巻十六の伝七章釈正心修身によれば、朱子は『大学』正心章（伝七章）を論じて、「この事をなさんと欲するのが意であり、能くこの事をなすのが情である（欲為這事是意、能為這事是情）」とのべたという。記者は林子蒙である。

宋時烈は上の朱子の言説について、「これは先生前後議論とまったく同じでない（此与先生前後議論全然不同）」と批判

する。朱子の定義によれば、（1）喜怒哀楽が闃然として発出するものが「情」である。情は最初に性によりて発する。（2）「意」は喜怒哀楽が発出した後において、因りてもって計較商量するもののことである。こう解さなければならないからである。

宋時烈は以上の論をうけて、総じて『朱子語類』にはかくのごときところがはなはだ多い。「審問して明弁せざるべからず（不可不審問而明弁之也）」と結んでいる。最後の一文は、論理的整合性の追求に血道をあげる宋時烈の面貌を彷彿とさせる言説ということができるであろう。

三、朝鮮朝中期理気論の折衷総合

宋時烈は李珥の気発理乗一途説を是として、李滉以来の理気互発説を論理的に排斥する一方で、李珥・金長生ひいては朱子の理気論の理論上の不備を容赦なく批判した。李滉以来の朝鮮朝理気論の継承者でありながら、同時にその批判者、完成者でもある。

①韓元震の宋時烈会通説と金正黙の批判

韓元震は「寒水斎権先生行状」（南塘集・巻三十四）において朝鮮性理学の流れを論じ、李珥の理気本体論および宋時烈の理気会通説の要旨をのべ、李珥↓宋時烈↓権尚夏の道統を提示している。

［李珥の本体論］　韓元震はいう。朱子以後、学者は朱子説によってますますその精をもとめ、剖析は精甚をきわめた。だが学説は繁になるにしたがって道体の全を傷つけた。

李珥はそのとき出て、諸家の説を一掃し、「無形無為にして有形有為の主となる者は理であり、有形有為にして無形無為の器となる者は気である。理は無形で気は有形、ゆえに理は通じ気は局する。気は有為で理は無為、ゆえに気は発し理は乗ずる（無形無為而為有形有為之主者理也、有形有為而為無形無為之器者気也。理無形而気有形、故理通而気局。気有為而理無為、故気発而理乗）」と断じ、また「これを発するのは気であり、発するゆえんは理である。気がなければ発することはできず、理がなければ発するところはない。先後もなく離合もない（発之者気也、所以発者理也。非気不能発、非理無所発。無先後無離合）」と断じた。李珥の言が一出して、二岐の論は廃れ、道体の全はまた尋究された。

［宋時烈の会通説］　韓元震は李珥につづいて宋時烈に言及する。すなわち、理気の説は濂洛関閩が最も詳しいけれども、「理有動静」「理無動静」といい、「理気有先後」「理気無先後」といい、主張は一でなく相牴背する。諸説は紛々として会通しがたい。

宋時烈はそのとき出て、総じてこれを断じ、「理気はただ一にして二、二にして一なる者である。理気の説には、理（理が気を主ること）によっていうものがあり、気（気が理を運ぶこと）によっていうものがあり、源頭（形而上下の関係）によっていうものがあり、流行（理気の流行）によっていうものがある（理気只是一而二、二而一者也。有従理而言者、有従気而言者、有従源頭而言者、有従流行而言者）」と命題化した（宋子大全・巻一〇五・答沈明仲）。宋時烈の言が一出して、衆説の不斉が整い、窮理の士は始めてその路径をえた。これが二先生の斯道に大功のあるゆえんである。

韓元震は宋時烈の発言の趣旨についても、詳しくその意味するところを解説している。すなわち、理気は混融無間である（不相離）が、理は自ずから理であり気は自ずから気であって、またいまだかつて夾雑しない（不相雑）。それゆえ、理が気を主ることにもとづけば「理有動静」といってよく、気が理を運ぶことにもとづけば「理無動静」といってよい。同様に「理気有先後」とは理気の源頭（形而上下の関係）による命題であり、「理気無先後」とは理気の流行による命題である、と。[42]

韓元震の解釈は、同様な趣旨の発言が「答沈明仲」や「金幹録」（宋子大全・附録・巻十五・語録）などにみえることからいって、宋時烈の意図をよく明らかにしていることは間違いない。また宋時烈を朝鮮朝中期理気論の会通者ないし折衷総合者に祭りあげてその独創性を強調し、李珥→宋時烈→権尚夏の道統に自らを位置づけていることも確かである。

【金正黙の批判】　だが金長生の後孫の金正黙（一七三九〜一七九九）は「寒水斎先生行状弁」（過斎遺稿・巻六）を著して、韓元震「寒水斎権先生行状」が後世に伝えるに足らないのみならず、権尚夏を累わすことのはなはだ大きいことを弁じて止まない。

金正黙が特に批判するのは、宋時烈会通説における独創性の薄弱さである。すなわち、（1）その「理気只是一而二、二而一者也」は朱子の雅言であり、また李珥の推説としても名高い。（2）「有従理而言者」「有従気而言者」もまた李珥の説であって、最も成渾答書中に詳しい。（3）「有従源頭而言者」「有従流行而言者」もまた、朱子の説および李滉・金長生の論がある。したがって（4）前言の誦伝であって、宋時烈の独創とすることはできない。

金正黙は具体的に李滉などの原文を引いて論拠を提示しており、韓元震の引用文が完全には宋時烈の独創でない可能性はいたって高い。だが金正黙は同時に「宋時烈は大源を洞見しなかったわけではない。前賢の詳説があるため、別に論説を著すことをしなかったにすぎない（尤庵非不洞見大源、以有前賢之詳説、不為別著論説)」ともいい、宋時烈による大源の洞見については朝鮮性理学史上の紛れもない事実として認定している。むろん金正黙のいう「大源の洞見」とは韓元震の解釈と等しく、「理気論の会通」のことである。結局のところ、金正黙も韓元震と同様に宋時烈を朝鮮理気論の折衷総合者と理解していたのである。

②朝鮮朝中期理気論の折衷総合

朝鮮朝理気論は李滉が一挙に理論レベルを高め、李珥が本体論的整備を行い、宋時烈がそれを完遂した。金長生の道統説は、こと理気論においても真なる命題として成立することは疑えないであろう。宋時烈は大きく(1)演繹と(2)会通の方法を併用して、朱子学体系をより精密にしその論理的整合性を追求したようである。以下、この点について分析したい。

[演繹法] 宋時烈は李珥→金長生の嫡伝として、朱子および朝鮮道統に連なる碩学の学説を顕彰した。宋時烈による朱子学の研究・信奉は、時として原理主義的な性格を帯びるが、総じてはきわめて理知的である。特に李珥の方法論にしたがって、本体論的命題を第一原理とし、演繹によって諸命題を導きだす。また同じ方法論をもって、朱子・李滉・李珥・金長生など先行学説の論理上の整合を徹底して追究し、少しの瑕疵も許さない。多数の批判の存在がそのよき証拠を提供している。先の三節二の記述がまさにそれである。先行研究の批判修正はとりもなおさず朱子学の体系化の徹底を意味している。

ただ先行学説の批判において注意すべきは、批判の形式である。朱子・李滉への批判は多岐にわたり非常に多いが、直に朱子・李滉を批判するのではなく、記者の誤記をもってそれを主張している。[43] 一方、李珥・金長生への批判は少ないが、直接に恩師を名指して批判している。確実な証拠はないが、道統における嫡伝と非嫡伝の相違が批判の論理にあらわれ、その形式を定めたのかもしれない。

[会通法] だが第一原理を違えれば、異なった論理的結論を奉じるにいたることは理の当然であろう。演繹法の欠点がこれである。李滉と李珥の理論体系が融和せず相互に対立するゆえんも同じところにある。

宋時烈は朱子学内の相矛盾する全称命題を会通法によって整合する。すなわち、既存の相容れない全称命題を条件によって区分し、複数の特称命題に変え、整合性を確保する。たとえば「理気有先後」と「理気無先後」は全称命題としては矛盾し両立不能であるが、前者を理気の源頭(形而上下の関係)による命題、後者を理気の流行による命題とすれば、朱子学体系は矛盾がなくなり整合性を保つことができる。思想史上（1）朱子自身が実際に「理気有先後」と主張し「理気無先後」と主張したこと、（2）「理気有先後」が李滉互発説の理論的根拠、「理気無先後」が李珥一途説の理論的根拠であることを考えるとき、宋時烈の会通の意義は明らかであろう。朱子学体系の理論的整合性を保証し、李滉説と李珥説の理論的対立を融和解消しているからである。

小結

朝鮮朝の宣祖二十五年、豊臣秀吉は大軍を擁して朝鮮を侵略した。倭乱という。また仁祖期には、後金（清）軍が二度にわたって侵入した。胡乱である。倭乱胡乱の戦禍は未曾有であり、朝鮮社会は大きく変容した。国土は荒れはて、国の財政も逼迫した。

宋時烈は、その倭乱胡乱後を代表する政治家兼朱子学者にほかならない。朝鮮朝後期の未曾有の国家的な危機に直面して、道学政治すなわち思想統制→朱子学一尊による危機克服を志向した。政学一致の理想をもとめて、朱子学研究に邁進した学者ということができる。

宋時烈の朱子学研究は大きく（1）訓詁と（2）哲学（理気論）にわかれるが、その訓詁学を特徴づけるのは李滉重視の姿勢である。『節酌通編』は『朱子書節要』と『朱文酌海』の合帙本、『朱子大全劄疑』は『朱子書節要記疑』の補完本、『心経附注釈疑』は『心経質疑』の補完本とのべることができ、李滉訓詁への依存をよく示している。他方、理気論については、宋時烈は李珥の学術を李滉以上とし、李珥を強く顕彰するが、同時に会通法をもって、全称命題としては相容れない李滉説との理論的対立を融和解消し、朱子学体系の理論的整合性を保証している。

総じていえば、宋時烈は鄭夢周・金宏弼→趙光祖→李滉→李珥の学統を想定し、李滉系も李珥系もふくむ過去すべての学術研究を総合折衷して朝鮮学術を集大成しようとしたということができる。嶺南学派は李滉→李珥の学統を絶対に認めないであろうが、すくなくとも宋時烈が南人に先んじて学術の集大成を試みたことは否定すべくもあるまい。朝鮮思想史における十七世紀の重要性は好むと好まざるにかかわらず、宋時烈の学術の高みからいって認めざるをえないにちがいない。

注

（1）そもそも社会変動に起因する深刻な社会危機にあたっては、政治思想上の対処方法は大きく二つある。一つは伝統的価値を肯定し歴史的文脈を重んじる、保守主義的な統治原理の再編強化であり、他の一つは理性に絶対的な信頼をおく、革新主義的な統治原理の変革である。朝鮮後期のばあい、宋時烈は朱子学の理念を重視しその広範な普及と厳格な適用を追究し、それによって倭乱胡乱後の朝鮮の社会的危機を克服しようとした。

　朝鮮朝時と現在の評価の相違は、結局のところ、宋時烈の強烈な朱子学保守主義をどう理解するかにかかっていると思う。すなわち、社会的危機を一定程度克服したことを根拠としてプラス評価するか、あるいは教条化した保守主義がもたらした社会的停滞（近代化の阻害）を根拠としてマイナス評価するかが、両論のわかれるところであろう。だがどちらの評価にも一理があり、一概に一方を是とすることはできないと思う。

(2)　宋時烈の伝記は、おおむね『宋子大全』所収「(尤庵)年譜」、権尚夏「尤庵先生墓表」、金平黙『尤庵宋先生事実記』、이종호『우암 송시열』（일지사、二〇〇〇年）などを参照。

(3)　宋時烈のいう春秋の法とは、まさにこのような徹底的な異端の排除を意味するであろう。確かな証拠はないが、宋時烈が尹鑴の処刑に関与したとの疑いを拭いさることはできない。

(4)　分析に使用したのは、『宋子別集叢刊』（忠北大学校 尤庵研究所 尤庵資料集成및 定本化事業팀　恩津宋氏宋子事業会共編、二〇〇八年）に収める高麗大学校本の影印であるが、同書は宋時烈の自序を佚している。

(5)　『朱子大全』附録巻四の「年譜原本」には小注があり、「従記譜通編所載本」という。

(6)　本テーマについては、三浦国雄「『朱子大全劄疑』をめぐって——朝鮮朱子学の一側面」（『森三樹三郎博士頌寿記念東洋学論集』一九七九年）、藤本幸夫「朝鮮における『朱子語類』——それは如何に扱われたか」（『朝鮮学報』七十八輯、一九七六年）、藤本幸夫『日本現存朝鮮本研究（集部）』（京都大学学術出版会、二〇〇六年）、李相夏「(朱子書節要記疑・朱子書節要講録)解題」（『奎章閣資料叢書儒学篇：朱子書節要記疑・朱子書節要講録』서울大学校奎章閣、二〇〇四年）などを参照。

(7)　『朱子書節要』のばあい、節要注が新たに附せられたことも重要である。

(8)　図1は奎章閣本『朱子書節要』巻七の書影である。『朱子書節要記疑』巻十の注釈であり、『朱子大全』巻四十四に対応している。『奎章閣資料叢書儒学篇、朱子書節要記疑・朱子書節要講録』（서울大学校奎章閣、二〇〇四年）から引用。

(9)　『愚伏集』附録「(愚伏)年譜」によれば、「壬戌天啓二年（一六二二）九月、編次朱文酌海」とある。

(10)　鄭経世は政治的には南人に属するが、西人の宋浚吉に娘を嫁がせている。当時の西南の党争について必要以上に深刻に考えてはならないであろう。

(11)　本テーマについては、三浦国雄「『朱子大全劄疑』をめぐって——朝鮮朱子学の一側面」（『森三樹三郎博士頌寿記念東洋学論集』一九七九年）などを参照。

(12)　分析には『宋子別集叢刊』（忠北大学校 尤庵研究所 尤庵資料集成및 定本化事業팀　恩津宋氏宋子事業会共編、二〇〇八年）に収める保景文化社本の影印を使用した。

(13)　図2は『宋子別集叢刊』（忠北大学校 尤庵研究所 尤庵資料集成및 定本化事業팀　恩津宋氏宋子事業会共編、二〇〇八年）に収める保景文化社本の書影である。

(14)　引用記疑には、ハングル表記を漢文表記に改めたところがある。

(15)　三浦国雄は『朱子大全劄疑』が李珥説をほとんど引かず、引くのはわずか一ヶ所にすぎないことを指摘し、注釈の客観性・脱党派性を強調している（前掲注6論文、七三一頁）。

（16）詳しくは、『朱子大全劄疑輯補』「序」「書目」などを参照されたい。なお今回分析には、韓国学資料院による延世大学校蔵『朱子大全劄疑輯補』の影印本（아름出版社、一九八五年）を使用した。

（17）本テーマについては、姜文植「（節酌通編）解題」（『奎章閣資料叢書儒学篇、節酌通編』서울大学校奎章閣、二〇〇八年）を参照。また分析には、奎章閣本と国立中央図書館本（宋子別集叢刊、二〇〇八年）を使用した。

（18）出版経緯からすれば、従来、『節酌通編』の編者をもって宋時烈とした理由がわからなくもない。

（19）インターネット上に公開されている国立中央図書館蔵『朱子節酌通編』である。書影は冒頭の巻一「与延平李先生書」であるが、『朱子大全劄疑』の注釈が添えられている。

（20）以上の論説は概略、姜文植前掲注17解題による。

（21）分析に使用したのは、『宋子別集叢刊』（忠北大学校 尤庵研究所 尤庵資料集成및定本化事業팀　恩津宋氏宋子事業会共編、二〇〇八年）に収める国立中央図書館本の影印である。

（22）主に「尤庵年譜」と権尚夏「程書分類跋」による。

（23）分析に使用したのは、『宋子別集叢刊』（忠北大学校 尤庵研究所 尤庵資料集成및定本化事業팀　恩津宋氏宋子事業会共編、二〇〇八年）に収める国立中央図書館本の影印である。

（24）このことは中国の上海辞書出版社が二〇〇六年、同書の点校本を出版したことによってもうかがうことができる。その書誌情報を記せば、[中国] 程顥程頤著　朱熹編・[朝鮮] 宋時烈分類重編・[韓国] 徐大源校勘標点『程書分類』（上海辞書出版社、二〇〇六年）である。

（25）分析に使用したのは、『宋子別集叢刊』（忠北大学校 尤庵研究所 尤庵資料集成및定本化事業팀　恩津宋氏宋子事業会共編、二〇〇八年）に収める文忠祠本の影印である。

（26）成百暁訳注『心経附注』（伝統文化研究会、二〇〇二年）の解題を参照。

（27）高橋亨「李退渓」二学説（『高橋亨朝鮮儒学論集』二〇一一年）などを参照。

（28）高橋亨「李退渓」七退渓の門人（『高橋亨朝鮮儒学論集』二〇一一年）を参照。

（29）『韓国文集叢刊』五十一（民族文化推進会、一九九〇年）所収本から引用。

（30）分析に使用したのは、東京大学文学部漢籍コーナー小倉文庫本（活字本）である。

（31）主に『宋子大全』の「尤庵年譜」・巻七十二「答李択之（丙寅五月三日）」、『論孟或問精義通考』の宋時烈序・権尚夏跋などによる。

（32）宋時烈の論孟或問精義通考序は『論孟精義』の発見を丁卯（一六八七）におくが、正しくは李選宛の書簡「答李択之（丙寅五月三日）」にしたがって丙寅（一六八六）としなければならない。

（33）分析には影印本『論孟或問精義通考』（驪江出版社、一九八六年）を使用した。

（34）韓元震の自序は一七四一年に書かれている。

（35）看書雑録には「退渓之学、最為無弊、而其作処与朱子不同。豈余所見之妄耶。今世士友多読其文集、然亦難看。故余嘗欲為註釈、始功而未果焉。或有継而成之者則善矣」という。

（36）この点については、三浦国雄「十七世紀朝鮮における正統と異端」（『朝鮮学報』第一〇二輯、一九八二年）を参照されたい。

（37）画期については、高橋亨「李退渓」序言（『高橋亨朝鮮儒学論集』二〇一一年)を参照。

(38) 原文「至如明白純粋、洞徹無滓、真知実践、得聖人之宗旨、考之言行而無瑕尤、措之事業而合時宜、出処以正、進退以義、任継開之丕責、寿道脈於無窮者、惟吾栗谷先生一人而已」。

(39) 宋時烈自身も「自(鄭夢周)後道学漸明、以至晦退栗牛則道学大明於世矣」とのべている(雑録)。なお金長生の道統観は、畿湖学派の共通認識に発展したらしい。田愚(一八四一~一九二二)は『五賢粋言』を編集したが、「五賢」とは趙光祖→李滉→李珥→金長生→宋時烈のことである。

(40) 斯文学会編『尤庵思想研究論叢』(太學社、一九九二年)などを参照。特に李楠永「尤庵의 哲學思想」(『宋子学論叢』忠南大學校、一九九四年)に啓発されたところが多い。

(41) 李滉と李珥の理気論研究は、朝鮮思想研究者にとって永遠のテーマであり、見解が異なることも多い。論述にあたっては、拙稿「星湖心学——朝鮮王朝の四端七情理気の弁とアリストテレスの心論」(『日本中国学会報』第五十六集、二〇〇四年)一退渓と栗谷の四端七情理気論を参照利用した。

(42) 原文「蓋謂理気混融無間、而理自理気自気、又未嘗夾雑。故其言理有動静者、従理之主気而言也。其言理無動静者、従気之運理而言也。其言有先後者、従理気源頭而言也。其言無先後者。」

(43) 宋時烈はあるいは実際に記者の誤記を信じていたのかもしれない。

附記 本稿は『韓国朝鮮文化研究』(第十二号、二〇一三年)所収の同名論文にもとづいている。再掲載に際して誤植や表現を修正したところがあるが、大きな変更はない。

慎後聃のカトリック教理書批判

――『遯窩西学辨』に見るその思想的争点

金　光来

きむ・ぐぁんね――東京大学大学院人文社会系研究科助教。専門は朝鮮性理学史・西学史。主な著書・論文に『高橋亨朝鮮儒学論集』（高橋亨著、共編、知泉書館、二〇一一年）、「星湖心学における「聖賢之七情」の解釈とその意義」（『中国哲学研究』第二六号、二〇一二年）などがある。

朝鮮朝後期の学者である慎後聃（一七〇二～一七六一）のカトリック教理批判書『遯窩西学辨』からは、天主の存在や霊魂の不滅など人知を超えた宗教的な言説に対する拒否と、普遍的な知識としての霊魂の理性能力に対する関心を読み取ることができる。これは朝鮮朱子学の最大の特徴である人間の心の解明という課題が投影された結果であろう。

はじめに

十六世紀後半、反宗教改革運動の中心団体、イエズス会（Societas Jesu、耶蘇会）は、東アジアに対する宣教を積極的に開始した。中国におけるイエズス会の宣教活動は、利瑪竇という中国名でも知られるマテオ・リッチ（Matteo Ricci, 1552～1610）によって本格的に始まるが、リッチは西洋の優位を印象づけるために、西洋の自然科学の知識を積極的に紹介する一方で、カトリック教理書の作成においては、中国人に天主の存在や霊魂の不滅などを理解させるために、儒教の経典を巧みに引用しつつ、カトリックと儒教の共存可能性を強くアピールした。『天主実義』の中に提示されたカトリックの「天主」と儒教の「上帝」は同じであるという主張は、その代表的な例である。こうした中国伝統の文化や慣習に適応しようとする補儒論的な教理解釈は、中国の知識人の間に大きな反響を呼び、共鳴する者も現れた。

十七世紀初め、西学[1]は朝鮮にも伝わり、十八世紀に入ると「星湖学派」と呼ばれる学者群を中心に活発な研究と議論が行われることになる。特に『天主実義』や『霊言蠡勺』の中に説かれている「霊魂」に関する言説は、西欧伝来の心論として注目され、議論の的となった。一般に朝鮮の西学は、一七八四年の李承薫（一七五六〜一八〇一）の受洗を境に、初期の学問的研究の段階から後期の宗教的信仰の段階へと性格を大きく変えたといわれるが、西学流入の初期に限っていえば、その特徴は、宣教師を介さず、純粋に書物だけを通した理解であった。なおその理解は、濃厚な朱子学的な環境のもとでなされたものである。そうした意味においては、朝鮮は当時の東アジア諸国の中で、カトリックと朱子学の本質が真正面から向き合うことのできる、もっとも最適な場所であったかもしれない。

本稿執筆の目的は、朝鮮の西学研究初期における代表的なカトリック教理批判書、慎後聃の『遯窩西学辨』[2]を取り上げ、その内容構成の特徴に留意しながら分析を行い、そこで浮き彫りになった思想的争点は何であったのか、またそれがもつ意味は何であるかを明らかにすることである。思想分析にあたっては対象を限定し、『遯窩西学辨』所収の「霊言蠡勺辨」と「天主実義辨」を中心にしたが、それは慎後聃によるカトリック教理批判の矛先は、主に『天主実義』と『霊言蠡勺』に盛り込まれた中世キリスト教神学で説く霊魂論に向けられているからである。

一、慎後聃の生涯と学問

慎後聃（一七〇二〜一七六一、字は耳老、号は河濱・遯窩、本貫は居昌）は、十八世紀の近畿南人の大学者星湖李瀷（一六八一〜一七六三、字は子新、星湖は号）の門人として知られており、若い頃に立身出世を断念し、性理学に志して以来、読書と著述で一生を終えた朝鮮朝後期の在野の学者である。彼の家門は、成宗・燕山君時の朝廷の実力者、慎承善（一四三六〜一五〇二）・守勤（一四五〇〜一五〇六）父子の顕達によって繁栄を極めたが、慎守勤が中宗反正に反対して処刑されて以降、急激に凋落の一途をたどった。慎後聃の学統は、父の慎亀重（一六八二〜一七四四）が張顕光→許穆といった南人の系譜につながっていることや[3]、彼自身の李瀷との師弟関係、そして同門の尹東奎（一六九五〜一七七三）との姻戚関係などからして、近畿南人の系列に属するといってよいであろう。慎後聃の科挙放棄と性理学への傾倒は、当時の南人がおかれていた厳しい政治的状況を考えるとき、やむを得ない選択であったかもしれない[4]。

慎後聃の生涯と学問については、庶子の慎信が作成した「年譜」に詳しい。まずその「年譜」を頼りに、慎後聃の青年期における学問上の主な出来事を整理しておきたい。

一七〇六年（五歳）文字を学び始める。

一七一三年（十二歳）各種の兵書を求め攻守の法を研究する。

一七一四年（十三歳）黄白之術の「金華外篇」「続列仙伝」、方外文字の「太平遺記」「龍王記」「奇門図説」等を著す。

一七一五年（十四歳）四書三経を終える。老荘説に耽溺し、「続道家」「玉華経」を著す。

一七一六年（十五歳）『周易』を読み始める。

一七一八年（十七歳）父の勧めで『大学』を読む。『性理大全』を読み、道学を目指す。

一七一九年（十八歳）「自警説」を作り、程子・朱子に尊崇の念を表し、道学への奮発を誓う。

一七二三年（二十二歳）進士に合格するも大科をあきらめ、性理学に専念することを決心する。

一七二四年（二十三歳）李瀷を訪れ、『近思録』・『大学』・『中庸』、四端七情説について議論する。また西学について聞き、その研究に取り組み、『遯窩西学辨』を撰する。

以上の記録で注目されることといえば、慎後聃が幼い頃の家学の段階では老荘説をはじめ兵書や小説・稗史など、さまざまな分野に興味をもっていたことや、十七・十八歳のとき、『性理大全』を読み、性理学へと思想的転換を遂げたこと、そして二十三歳のとき、初めて李瀷のもとを訪れ、師弟の縁を結び、また西学に接したこと、などを挙げることができる。特に李瀷との出会いは、それ以降の慎後聃の学者としての生涯に大きな影響を及ぼしたと思われる。慎後聃は李瀷の教えに従い、経書の研究に一層邁進し、膨大な量の著作を残した。李瀷との深い学問的交流は、李瀷の文集に伝わる多数の書簡がそれを証明している。(5) 以下、「年譜」にもとづいて慎後聃の主要著作を整理すれば次のとおりである。(6)

『小学箚疑』（二十四歳）、『心経箚疑』・『易図外篇』（三十二歳）、『周易象辞新編』（三十三歳）、『孟子箚疑』（三十五歳）『四七同異辨』（四十歳）、『中庸解』（四十一歳）、『大学後説』・『中庸後説』（四十二歳）、『大学解』（四十四歳）、『周易通義』（四十六歳）、『書経集解』（四十八歳）、『春秋経伝摠按』・『春秋雑識』・『詩経通義』（四十九歳）

慎後聃の学問は、虚学化した当時の学風に対する批判や、朱熹説にとらわれない経書解釈など、星湖学派の学問傾向を共有する面があることも事実であるが、李瀷をはじめ他の門人が博学的な研究態度を取ったのとは対照的に、経学・性理学への傾倒が目立つ。彼が著した代表的な著作を見渡す限り、慎後聃の一生を通しての学問的関心は、主に経学・性理学にあったということができる。

二、西学の流入と星湖学派

慎後聃が生きた十八世紀の朝鮮社会は、壬辰倭乱・丙子胡乱以降、階層の分化をはじめ社会経済的な変化が急激に進んでいた。こうした旧秩序の変動・解体という危機的な状況を受けて、執権の老論勢力は朱子学理念の強化の道を選んだ。しかしその反動として、思辨化した当時の学風に疑問を呈し、現実社会が抱えるさまざまな問題に関心を寄せ、その解決策を模索する新思潮が擡頭するようになった。学問思想の方面においては、依然として朱子性理学がその中心を占めていたが、新思潮の登場以降、経学をはじめ歴史・地理・制度に至るまで、諸分野において実証的な研究が行われることになる。

こうした新しい思潮の発生には、西学や清の考証学など外来思想による刺戟が大きな影響を及ぼしたとされるが、とりわけ西学という異質の学術との出会いは、近世朝鮮の思想史において極めて重要な出来事であった。西学に対する理解と批判の過程は、同時に儒教あるいは朱子学に対する見直しの過程でもあったからである。

朝鮮王朝における西学の受容は、(7)十七世紀の初頭から始まるとされるが、それは中国の北京に往来する使臣一行が将来した漢訳西学書によるものであった。十七世紀に入ると早くも西学に対する朝鮮知識人の反応が見えはじめる。使臣の経験をもつ李睟光（一五六三〜一六二八）や柳夢寅（一五五九〜一六二三）は、イエズス会士のマテオ・リッチが著述した『天主実義』に対して論評を残しており、(8)一六三一年には、陳奏使の鄭斗源が『治暦縁起』・『天問略』などの天文暦算書と、千里鏡・火砲などの西洋機器を持ち帰ったという記録も伝えられる。(9)十八世紀頃、西学書が世に広く広まっていたことを示す記録は多数散見される。(10)

だが、十七世紀初めに西学が朝鮮に紹介されてから約一〇〇年の間、時憲暦が政治的な目的で導入されたことを除けば、他の西学一般に対する研究は単なる好奇心による断片的な紹介にすぎなかった。朝鮮の西学研究が本格的なレベルに達したのは、李瀷（一六八一〜一七六三）の積極的な学術研究を経て以降のことである。李瀷の学統は、退渓李滉の流れを汲む近畿南人の系列に属し、学問の根幹は、性理学を含む朱子経学にある。しかし李瀷は、学問の目標を修己と治人の両方面における実用におき、(11)社会の現実問題にも多大な関心を寄せ、土地・身分・科挙・商工業など、多方面にわたってその改革案を提示した。[12] 李瀷のこのような学問的成果は、彼の博学的研究態度によるものと考えられるが、やがて彼の探究心は西学にも及び、それ以降の学問・思想に無視できぬ影響を与えることとなる。李瀷の膨大な著述の中で論及されている漢訳西学書は、その分野が天文・暦算・地理・科学・宗教・倫理など多岐にわたっており、当時の文人の中では群を抜いている。特に李瀷の独創的な心性論には西欧霊魂論の影響が強く見られる。[13]

大学者として名声を博していた李瀷のもとには、南人系の学人が各地から集まりはじめ、一七二〇年代半ばには学派としての形をなしていたと見られる。[14] その星湖学派は自由豁達な学風で知られるが、それは「致疑・自得」の学習法を重んじ、[15] 既成の価値観や権威にとらわれない李瀷の学問姿勢によるものであろう。李瀷の西学研究はその門人の関心を触発し、まもなく西学は学派の重要な研究対象となった。とりわけ門人の間では『七克』・『交友論』・『天主実義』・『霊言蠡勺』など、倫理書やカトリック教理書がもっとも読まれ、議論の中心を占めていたといわれる。[16] 李瀷死後、学派の未来を託されていた若い門人の一部は、次第にカトリック教理書の学習に傾倒し、ついに信仰の道に入ることになった。学派の存亡の危機を感じた長老の安鼎福（一七一二～一七九一）による必死の説得も虚しく、西教の拡散に不安を覚えた政府の弾圧も本格化して、結局多数の新進気鋭が命を落とす悲惨な結末を迎えた。

三、『遯窩西学辨』の著述経緯

先に少し触れたが、慎後聃は一七二四年、李瀷と行った問答をきっかけに『遯窩西学辨』を著した。[17] 李瀷との問答については、幸いその詳細な記録が『遯窩西学辨』の書頭に「紀聞編」という篇名で残っている。本章の狙いは「紀聞編」の分析を通じて、慎後聃が『遯窩西学辨』の著述に至る経緯を明らかにすることであるが、その分析に先立って、李・慎二人の問答の中でもっとも重要な話題となっており、また『遯窩西学辨』の主な批判対象である西学書『天主実義』と『霊言蠡勺』の内容や特色について、簡略ながら触れておきたい。

一、『天主実義』・『霊言蠡勺』解題[18]

『天主実義』は、イエズス会士のマテオ・リッチ（Matteo Ricci, 1552～1610　中国名は利瑪竇）の手になる、霊魂論を含めたカトリック教理一般について論じた漢訳西学書である（一五九六年頃稿本完成・一六〇三年初刻）。著者のマテオ・リッチは、著述を通した福音の伝播という学術宣教の方針を打ち立て、[19] イエズス会の初期中国宣教において輝かしい成果をあげた人物である。

『天主実義』は、上下二巻、全八篇からなる。上巻の四篇では、主に万物の根源としての天主と人間の本質としての霊魂が論じられ、下巻の四篇では、天主と人間の関係、来世に関する事柄が語られている。

だが、『天主実義』の教理書としての特徴をもっともよく表しているのは、第二篇に提示された「吾が天主は、すなわち古経書に称するところの上帝なり」という命題であろう。リッチはキリスト教と儒教との共存をはかるべく、中国の儒教の経典から中国人が至尊の存在として崇敬する「上帝」を見出して、その上で「天主＝上帝」と主張し、儒教をキリスト教に引きつけて解釈しようとした。すなわち、リッチは『天主実義』の中で、まず天主が天地万物の創造主宰者であり、最根源者であることを説き（首篇）、つづいてキリスト教の観点から道仏二教の「空・無」と宋学の太極理気説を批判したのち、四書五経等に見える「上帝」は最高の神格者である天主への尊崇を意味するとし（第二篇）、さらには霊魂の不滅や鬼神に関する信仰は古代儒教においても認められたことであり、結局上帝・鬼神を奉ずる儒教と、天主を信仰するキリスト教は帰を一にする（第三・四篇）と主張した。『天主実義』は出版後まもなく朝鮮に伝わるが、十八世紀に入り星湖学派を中心に活発な研究と議論が行われたことは前章で述べたとおりである。

一方『霊言蠡勺』は、イエズス会士のフランシスコ・サンビアーシ（Francesco Sambiasi, 1582～1649 中国名は畢方済）の手になる、人間のアニマ（霊魂）について論じた漢訳西学書である（徐光啓筆録・一六二四年刻）。

霊魂についてはリッチが『天主実義』の第三・四篇で、魂三品や霊魂不滅などを紹介しているが、中世キリスト教の神学で説く霊魂の概念について本格的に扱ったのは、この『霊言蠡勺』が初めてである。リッチの紹介によって中国知識人の間に霊魂に対する関心が高まり、それがサンビアーシをして『霊言蠡勺』を書かしめたことは十分想像できることであろう。

『霊言蠡勺』は上下二巻、およそ五篇からなり、五篇の名称はそれぞれ「アニマの実体を論ずる（論亜尼瑪之体）」「アニマの生命能力と感覚能力を論ずる（論亜尼瑪之生能覚能）」「アニマの理性能力を論ずる（論亜尼瑪之霊能）」「アニマの尊厳が天主に似ていることを論ずる（論亜尼瑪之尊与天主相似）」「アニマが志向する最高善の本質を論ずる（論亜尼瑪所向至美好之情）」である。ここでいうアニマ（亜尼瑪）は、人間のアニマ、すなわち霊魂である。上巻の第一・二・三篇は、主に哲学的議論である霊魂の実体と能力について論じている。一方で、下巻の第四・五篇は、天主と霊魂の関係や、霊魂の最終目的である天主に至る過程について論じており、神学的内容が中心を占める。

とりわけ、上巻でなされている霊魂の実体と能力に関する議論は、トマス・アクィナス（Thomas Aquinas）によって中世キリスト教神学に吸収、潤色された、アリストテレス（Aristotelēs）の生物学的魂論が中心をなしているという。(20)

二、西学問答

慎後聃は一七二四年から一七二六年まで、四回にわたって李瀷を訪ね、当時李瀷が没頭していた西学を話題に問答を行った。慎後聃は一七二四年三月の初訪問で、『天主実義』の著者であるマテオ・リッチと彼の学問の宗旨について質問した。これに対して李瀷は次のように答えた。

今彼が著した文字として『天主実義』・『天学正宗』(21)のような書物を見れば、その道が我が儒教に必ず合致するかはまだ知らないけれども、その道に就き、その至るところを論ずれば、また聖人ということができる。(22)その書物にいうに、「頭は生命を授かる根本である。頭には脳嚢というものがあり、記憶の主体となる」とし、また「草木には生魂があり、禽獣には覚魂があり、人間には霊魂がある」とする。これらがその学問において論じている大体の要点である。これはたとえ我が儒教の心性の説と同じでないとしても、またどうして全く異なるといえるであろうか。(23)

すなわち李瀷は、マテオ・リッチの書物には儒教にはない言説も含まれているが、その議論の緻密さや完成度からすれば、リッチは「聖人」と呼んで良いとし、カトリック教理書『天主実義』の宗旨については、「三魂説」と「脳嚢説」をその「大要」としている。ここで注目されるのは、李瀷がリッチの学問の宗旨について語るとき、天主の存在や霊魂の不滅など宗教的言説には一切言及しないことである。しかも李瀷は、西欧の霊魂論と儒教の心性説の共存可能性を模索しているかのような発言をしている。西学の本質は霊魂不滅や天堂地獄など、来世をうたう宗教的言説にあり、結局仏教と変わらない邪説にすぎないと考えていた慎後聃にとって、李瀷の返答は衝撃的なものであった。

その後続く問答においても、慎後聃は李瀷に対して、西学は「仏教を踏襲しており、邪学であることは間違いない。それを取る理由がわからない」、西洋の天文暦法についてはその正確性を認めるが、「『天主実義』・『霊言蠡勺』の説は完全に仏教を踏襲しており、取るものがない」、「太極を排斥する説は陸象山・王陽明の説を踏襲している」などと不満を漏らす。これに対して李瀷は、西学の「天堂地獄説は仏教に染められていることを免れない」としながらも、天主の説は「経伝にある上帝鬼神の説をもって見れば、その説もまたしずかに符合するところがある」とし、太極を否定するリッチの主張に対してすら「陸・王の説と偶然合致するところがあるけれども、その説もまたそれなりの見解がある」といって西学に対して友好的な態度で終始した。李瀷の発言からは、四書五経などを引用しつつ儒教への接近をはかったイエズス会の補儒論的な教理解釈が肯定的にとらえられていることがわかる。

だが、カトリック教理書に対する李瀷の考えをもっとも正確かつ簡潔に示しているのは次の発言であろう。慎後聃は李瀷の近況を聞く近畿南人の元老李栻(一六五九~一七二九)に対して、次のように答えたことがあった。

安山先生(李瀷)は、……「今、亜尼瑪の文字を見るに、脳天の後ろには脳嚢というものがあり、記憶の主体となる(『霊言蠡勺』巻上・論亜尼瑪之霊能)、などとしている。これらの説は、我が儒教の経典にはない見解であるけれども、またよく会得したものがあって、自ら一般道理となることを妨げない」と言われた。(24)

すなわち李瀷は、カトリックの教理書が説く霊魂論から、哲学的議論である霊魂の理性能力に関する内容に目をつけ、その説を儒教の心性説と同じ道理であると断言しているのである。こうした李瀷の見解が、慎後聃を含めその門人の西学研究を触発し、相互議論の主要なテーマになったであろうことは想像に難くない。

次の四・五章では、以上のような経緯で書かれた慎後聃の「天主実義辨」と「霊言蠡勺辨」を分析し、それのもつ思想史的な意味について考えてみたい。

四、宗教的言説に対する拒否

先に述べたように、そもそもマテオ・リッチは『天主実義』の中で、中国人にカトリック教理の基本概念である天主の存在や霊魂の不滅などを理解させるために、『詩経』・『書経』など、儒教の古経書から中国人が至尊の存在として崇敬する人格神的存在「上帝」を見つけ、天主=上帝と主張し、ひいては朱子学の無神論的な太極理気説を論破しようとした。天主や霊魂のような事柄は、思想体系あるいは信念体系の本質にかかわるものであり、存在論的伝統を異にするカトリックと朱子学の対立は避けられないものであったといえよう。

両者の間で最初に問題となったのは最根源者としての天主

の存在であった。『天主実義』はその「首篇」において、天主は天地万物を創造し、主宰・安養する唯一の存在であると宣言したのち、天主による万物創造について次のように補足した。

およそ物は自分で自分に成ることはできない。必ず外につくるものがいて、できあがるのである。楼臺や屋敷は自分で自分をつくることはできない。つねに大工の手によってできあがるものである。このことがわかれば、天地が自分でできあがることはなく、必ずつくるものが存在するということがわかる。(25)

これに対して慎後聃は、主宰・安養については程子と朱子の語に似た言及があるとして認めるが、万物創造に対しては、自然に属する開闢を大工と屋敷の関係にたとえて説明することに強い不快感を示し、次のように反論した。

天地というのは太極の真にもとづき、陰陽の実からなるにすぎない。所謂上帝もまた、天地が形を成した後にその間で主宰し、道と器を合わせて名づけたものである。(26)

しかし、まるでこうした反論を予想していたかのように、『天主実義』はさらに踏み込んで、朱子学では万物の根源とされる太極を次のように攻撃した。

もし、太極というものが理で説明されるだけであれば、天地万物の根源になることはできない。そもそも理というものは、やはり他のものに依存して存在する類いのものので、それ自体で存在することはできないのであるから、どうして他のものを存在させることができようか。(27)

朱子学では、天地万物は理と気の合からなり、この理というのは万物の根源である太極の内在であると説明するが、『天主実義』は具体事物における理の属性的な性格を見抜いて、太極は理である以上、他のものに依存して存在する属性的なものにすぎず、天地万物の根源になることはできないと主張したのである。

これに対して慎後聃は、太極すなわち理は決して物の属性でないことを次のように主張した。

この理があればこの物があり、この物があればこの理がある。理と物はそもそもはっきりと相離れ二つのものになることはない。したがって、理は物の外に存在するのではないとすれば間違いではないが、もし物が存在する前に、この物の(根源である)理が存在しないとすれば、所謂物はどこから出てくるのであろうか。(28)

慎後聃にとって、理は物から離れることはないけれども、決して物に従属しているものではない。理は物の存在の根拠であり、完全なる自立体であった。慎後聃は上帝を太極の下に配当するなど、説明に窮しているが、あくまで朱子学的存在論に立って、天主の万物創造を断乎として拒否しているのである。

次は、霊魂をめぐる両者の攻防であるが、『霊言蠡勺』は、霊魂は天主によって無物（無、ex nihilo）から創造されたものとしたうえで、その特性について次のように説明した。

> 魂には生魂（植物のアニマ、anima vegetabilis）・覚魂（動物のアニマ、anima animalis）・霊魂（人間のアニマ、anima rationalis）の三種がある。……人間のアニマは、生魂・覚魂・霊魂の能力をすべてもっている。……霊魂は人間に存在するが、質（質料、materia）から出たものでないため、その形体に依存しない。人間は死んでも霊魂は不滅であり、それゆえ、もともとそれ自体で存在するもの（本自在、ens per se）という。(29)

これに対する慎後聃の反論は、極めて簡単かつ明瞭なものであった。

> 人間は生まれるとき、先に形体があり、然る後に陽気が来附して魂となる。……魂は形体に依存しており、形体が亡びれば、消散して無となる。(30)人間の一身にはただ一つの魂があるのみである。ただ万物の中で人間だけが天地の秀気を稟受する。それゆえ、その魂が他の物に比して霊妙である。(31)

すなわち慎後聃は、朱子学の理気説をもって霊魂の自立と不滅をあっさりと否定していることがわかる。また慎後聃にとっては、魂に三種類があり、霊魂は生魂と覚魂の能力を併せ持つという主張も妄説にすぎなかった。慎後聃の考えるところ、植物と動物と人間の魂は決して異質なものではない。天地の気を受けてできあがるのは三者が全く同じであるが、そこに優劣の差が生ずるのは、ただ稟受した気の質に差があるからである。(32)

天主の万物創造や霊魂の不滅を主張する西学書の目的が、結局朱子学の根本を否定し、死後の天堂地獄の存在を信じさせることであると判断した慎後聃は、西学書の説く宗教的言説に対して強い不信感をあらわにする。以下では、額辣済亜（Gratia　ガラシア、聖寵）と至美好（最高善、bonum ultimum）という二つの宗教的な認識対象を取り上げ、それらの言説に対する慎後聃の批判を分析し、彼の批判を背後から支えているものは何であるかを明らかにしたい。

まず額辣済亜であるが、『霊言蠡勺』によれば、人間のアニマ、すなわち霊魂は、人間に存在しながら他のところに向かうことがなく、ただ聖寵に頼って、全身全霊をささげ天主につかえることによって、天上の真の幸福を享受するようになるという。『霊言蠡勺』はこのように、霊魂がその目的である天上の真の幸福を得る過程を述べたのち、その中で聖寵すなわち額辣済亜に言及した理由について次のように説明した。

額辣済亜に言及した理由は、天上の真の幸福は人間の意志で得られるものではなく、天主の普遍的たすけによって得られることを明らかにするためである。また必ず額辣済亜の特別なたすけがあってこそ義者になることができ、それで天主の愛を受けることになれば、天上の真の幸福を享受するようになる。(33)

これに対して慎後聃は次のように反論した。

(真の幸福が)人間の意志で得られるものではなく、必ず天主の特別なたすけに頼らなければならないとすれば、……善行に留意する必要はなくなる。……善行があっても、……人間の意志によるものでないとすれば、いかなる功があって天堂の福を享受できようか。(34)

慎後聃からすれば、人間の意志が来世の幸福にいかなる影響も及ぼすことができず、天主によってすべてが決定されるということは、到底受け入れがたいことであり、それはむしろ、天主が「天下の人々をあまねく愛せず」、「偏僻で公平ではない」ことを証明することであった。

つづいて『霊言蠡勺』は、霊魂を生んだ原因であり、霊魂が窮極的に志向すべき目的として至美好(最高善・絶対善)という宗教的な認識対象について紹介している。全知全能で超越的な存在である至美好は、現世では自然の光で認識することができるが、来世では、超自然の光に頼らなければ見ることができないという。ここでいう自然の光と超自然の光は、各々人間のもつ知性と天主から与えられた聖寵にあたる。『霊言蠡勺』ではこの二つの光の特性を次のように述べる。

人間には二つの光がある。一つは自然の本光である。理を推し量り知を致すように、人間の力で及ぶことのできるのがそれである。もう一つは超自然の真光である。理の上に位置し、天主から与えられたもので、人間の知見では及ぶことのできないのがそれである。(35)

これに対して慎後聃は次のように批判した。

真光というのが、すでに理の上にあるとすれば、これは理をもって推量できるものではない。理で推量できないものを、どのようにしてその有無を検証できるか、まだわからない。(36)

人間の知性を超越する言説はすでに慎後聃の関心の対象ではなかった。慎後聃にとってもっとも耐えられないのは、至美好は「目で見ることができず、耳で聞くことができず」、「言葉で形容することができず」、「人間の思惟擬議でも認識することができない」対象という点であったに違いない。慎後聃が次のように、高らかに朱子学の人間論・学問論への確信を口にするのがその証拠であろう。

我が儒学はそれと違って、実然の心で実然の理を探究し、知に必ず精密を期し、見に必ず明確を期する。これこそ『大学』に格物致知の説があるゆえんであり、『中庸』に明誠の説があるゆえんである。(37)

五、霊魂論への関心と理解の限界

以上のような宗教的言説に対する慎後聃の強い拒絶反応は、彼の関心を、朱子学から見ても普遍性をもつと認められる事柄へと移動させたと推測することができるが、それは『遯窩西学辨』の内容構成における特徴を見れば明らかである。すなわち、イエズス会の東アジア宣教において、『天主実義』はもっとも影響力のあった教理書であるが、『遯窩西学辨』の中ではその存在感を失い、前章で紹介した天主の存在を説く箇所を除けば、わずかな論評だけで終わっている。

これに比べて慎後聃は、霊魂論の専門書である『霊言蠡勺』の批判に力を入れており、なかでも第三篇「アニマの理性能力を論ずる（論亜尼瑪之霊能）」に対する批判が、「霊言蠡勺辨」全体の半分以上を占めている。すなわち、慎後聃の主な関心事は、彼自身西欧伝来の心論と看做していた「霊魂の理性能力」であったということができる。こうした推定は、第三章で述べた李瀷のカトリック教理書に対する関心の構図と一致するものであり、李瀷と慎後聃両者にとって「霊魂の理性能力」がもっとも重要な議論の対象であったことを裏付ける証拠になりうるであろう。

以下では、理解の便宜を考え、まず『霊言蠡勺』の説く霊魂論の全体像を概観し、それに続いて「霊魂の理性能力」に対する慎後聃の考えを、記含、明悟、愛欲の順に分析していきたい。『霊言蠡勺』によれば、魂（アニマ）には、生魂（植物のアニマ）、覚魂（動物のアニマ）、霊魂（人間のアニマ）の三種があり、霊魂は、生魂と覚魂の能力を併せ持つ。すなわち人間は、霊魂固有の能力（理性能力）である記含（記憶、memoria）・明悟（理性、intellectus）・愛欲（欲求、appetitus）以外にも、生魂の能力に属する育養之能（養育能力、potentia nutritiva）・長大之能（成長能力、potentia accrescitiva）・伝生之能（繁殖能力、potentia generativa）と、覚魂の能力に属する動能（運動能力）・覚能（感覚能力）をもっている。なお、この覚能はさらに外覚（外感、sensus exteriores）の五司（五官）と、内覚（内感、sensus interiores）の公司（共通感覚、sensus communis）・思司（表象力、imaginatio）に細分されるという。

また『霊言蠡勺』は人間の認識プロセスについても詳述しているが、それによれば人間の認識は、五司（五官）↓公司（共通感覚）↓思司（表象力）↓明悟（理性）と、段階を踏んで成されるものであり、記含（記憶）は、思司（表象力）と明悟（理性）の間に位置して、必要に応じてその都度出されるという。

さて、人間のアニマ、霊魂の理性能力として最初に紹介されているのは記含（記憶）である。『霊言蠡勺』は記含（記憶）について次のように説明している（以下に提示する『霊言蠡勺』の内容は、慎後聃が抜き書きしている原典の当該箇所を、双方の論点に合わせて筆者が整理・翻訳したものである[38]。

> 五司（五官）が収めた物は、みな形（形相）・質（質料）を有するため、内司（内部器官）に入ることができない。そういうわけで、その像だけを取り、公司（共通感覚）に入るが、その像はまだ非常に粗い状態である。さらに思司（表象力）を通じて分別し、細密を取る過程を経て、記含（記憶）の器官に入る。記含（記憶）は二つに分かれる。司記含（感覚的記憶）は有形の物を記憶し、宿る場所は頂骨の後ろの脳嚢である。霊記含（理性的記憶）は無形の物を記憶し、像自体がないため外覚（外感）の過程は要らず、直ちに内覚（内感）に入る。宿る場所は霊魂である（『霊言蠡勺』巻上・論亜尼瑪之霊能・論記含者）。

この見慣れない西洋の「心説」に対して、慎後聃は次のように批判した。

> 心というのは、光明発動する神明の舎である。それゆえ、虚霊知覚、一身の主宰となる。およそ記蔵・思惟・酬酢・云為する所以のものは、何れも心の所為でないものはない[39]。心霊は不測であり、思は万微の妙を徹することを知らず、……道器は一致し、顕微にすきがなく、有形と無形は二物でないことを知らない[40]。

以上の批判からは、『霊言蠡勺』が人間の精神活動を段階的に分割して理解し、さらに記憶を感覚の領域と理性の領域に分けて説明することに対して、慎後聃自身が非常に違和感を感じていることが窺える。それは、心の作用は理と気が合わさって成されるものであり、また心は人間の精神活動全体を統合していると考える朱子学者にとって、当然の反応であったといえよう。

つづいて『霊言蠡勺』は、明悟（理性）について次のように解説する。

> 思司（表象力）によって分別され、細密になった外物の像は、その後、明悟（理性）の作用によって認識として成立する。明悟には、作明悟（能動理性、intellectus

activus）と受明悟（受動理性、intellectus passivus）がある。作明悟は万像（理性的原像、species intelligibilis）を作って受明悟の作用を助け、受明悟はそれに光明を加え、万物の道理をさとる（『霊言蠡勺』巻上・論亜尼瑪之霊能・論明悟者）。

まず慎後耼は、作明悟について次のように批判する。

> そもそも陰陽の二気が交運し、五行が順布して、森羅万象はその間に生ずる。これは天理の自然であり、人間の明悟が助けてそれを作るのではない。[41]

この発言で興味深いことは、認識論的伝統の相違を論ずる以前に、訳語による誤解が生じている点であろう。すなわち慎後耼は、認識のために明悟（理性）によって作られた、外物のイメージといえる理性的原像の訳語「万像」を、理気陰陽説をもって解釈しているのである。

さらに慎後耼は、受明悟については次のように批判した。

> 人間に身体があれば必ず心があり、この心が神明升降の舎となって、そこから知覚が出てくる。……外から受け入れるものではない。[42] 物の理を明悟することは、その物に因ってその理を明らかにすることにすぎない。どうして人為で光を加えることなどあろうか。[43]

慎後耼からすれば、『霊言蠡勺』の間違った主張は、「心がもっている霊妙さを察することができず、ただ事物を認識する面だけを見た」ためであり、「物の理の本質は人間の知力で添減できるものではないことを知らない」ためであった。

霊魂の理性能力として『霊言蠡勺』が最後に挙げているのは、愛欲（欲求・意志）である。

> 愛欲（欲求、appetitus）は霊魂の能力であり、諸物を愛悪するのがその役目である。愛欲は三つに分かれる。性欲（本性的欲求、appetitus naturalis）・司欲（感覚的欲求、appetitus sensitivus）・霊欲（理性的欲求、appetitus intellectivus）がそれである。その中の霊欲は至美好（最高善）を志向する精神的な欲求である。司欲（感覚的欲求）と霊欲（理性的欲求）の違いはいろいろある。霊欲（理性的欲求）は理義に随うが、司欲（感覚的欲求）は思司（表象力）に随う。思司（表象力）に随うとは、義・不義を問わず、もっぱら形楽に従うことを意味する。司欲（感覚的欲求）が行うことは、性（本能）に随うのみであり、義には随わない（『霊言蠡勺』巻上・論亜尼瑪之霊能・論愛欲者）。

これに対して慎後耼は、次のように批判した。

> もっぱら形楽（感覚）に偏したものを〝思〟（にしたがう）といってはならない。心は神明不測であるのに、〝思〟したところのものが形気の私（感覚）だけに止まるとい

うことができるであろうか。[44] 心は一身の主宰にして思慮するものである。……心思の上にまた一物があって、心思を引っ張るのではない。[45]

ここでもやはり訳語に起因する誤解が生じていることがわかる。慎後聃は自ら司欲と霊欲の区分を朱熹の人心道心説（人心は形気の私に生じ、道心は性命の正に原づく）に似ているといっており、[46] もっとも対話の余地のあるテーマであったが、結局彼は〝思司（imaginatio、表象力）〟の意味を理解することができなかった。さらに慎後聃は、『霊言蠡勺』のいう「司欲（感覚的欲求）は、性（本能）に随うのみであり、義には随わない」の〝性〟を〝本能〟の意味で理解することができず、「性は即ち理」という朱子学のテーゼに従って「理義が性の中に具わっていることを知らず、性と義を分けて両物とし、性に随うのは非であるとする。大本を知らないことが、よくわかる」と強く批判している。

おわりに

慎後聃（一七〇二～一七六一）は、十八世紀の朝鮮朝後期を生きた在野の学者である。近畿南人の大学者、李瀷（一六八一～一七六三）の門人として知られており、学問の根幹は、経学と性理学にある。十七世紀初め、中国を介して朝鮮に伝来したイエズス会士らによる漢訳西学書は、朝鮮の知識人の間でも反響を呼んだ。特に『天主実義』や『霊言蠡勺』といったカトリックの教理書は、その中に説かれている霊魂に関する言説が、西欧の心論として注目され、議論の的となった。

師の李瀷を通じて初めて西学に接した慎後聃は、その研究に取り組み、一七二四年、西学に対する自身の感想をまとめた『遯窩西学辨』を著述した。慎後聃は『遯窩西学辨』所収の「霊言蠡勺辨」と「天主実義辨」を通して、カトリックの教理を強く批判しているが、これらの両著作からは次のようなことを読み取ることができる。

まず慎後聃は、カトリックの天主と儒教の上帝は同じであるというイエズス会の補儒論的な教理解釈には戸惑いを感じながらも、あくまで朱子学的合理主義に徹し、天主の万物創造や霊魂の不滅や天堂地獄など、人知を超えた宗教的な言説を一笑に付している。その結果、慎後聃の関心と批判は主に霊魂に関する専門書である『霊言蠡勺』に集中し、なかでも慎後聃自身が西欧伝来の心論と看做していた霊魂の理性能力（記憶・理性・欲求）に対する批判がその中心をなす。結局霊魂をめぐる東西の対話は、認識論的伝統の相違や言語の壁によって遮られたものの、慎後聃自身が学術的批評の対象としているのは普遍性をもつと認められる事柄であり、それはまた朝鮮朱子学の最大の特徴である人間の心の解明という課題が投影された結果であるということができよう。

注

（1）西学とは、広義には宗教を含めた西洋の学術全体を指す用語であるが、狭義には、キリスト旧教（カトリック教）を意味する「西教」に対して、西洋の自然科学を含めた学術を意味する用語である。本稿で用いている用語の「西学」は、広義の西学である。

（2）慎後聃の著作は写本の状態のまま各所に散在していたが、二〇〇六年、蒐集・整理され、影印本の『河濱先生全集』（全九巻九冊）として亜細亜文化社より刊行された。『遯窩西学辨』（韓国国立中央図書館蔵：古三六四九―五八）もその際、巻七に収録された。

（3）慎亀重は祖父の庶弟である慎懋（一六二九～一七〇三）に師事したが、慎懋は許穆の兄の許厚（一五八八～一六六一）の門人であり、許厚は張顕光に学んだ（『河濱先生全集』巻九・「年譜」）。

（4）南人は甲戌換局（一六九四）によって政治の場から完全に排除され、再起不能の状況に陥っていた。

（5）李瀷の文集には、二十一通もの慎後聃宛の書簡が収録されているが、その中では、四端七情論や礼論などを含めた多様なテーマについて活発な議論が交わされている（『星湖全集』巻二十二・二十三）。

（6）慎後聃は膨大な量の著述を遺したが、庶子の慎信が年譜を作成する時点（一八一一年）では、すでに相当の量が忘失していた（『河濱先生全集』巻九・「年譜」）。

（7）朝鮮の西学受容については、李能和『朝鮮基督教及外交史』（朝鮮基督教彰文社、一九二八年）、李元淳『朝鮮西学史研究』（一志社、一九八六年）、姜在彦『西洋と朝鮮』（文藝春秋、一九九四年）を参照。

（8）李睟光の記録は『芝峯類説』巻二・諸国部・外国。柳夢寅の記録は『於于野譚』巻二・西教。

（9）『国朝宝鑑』巻三十五・仁祖九年七月条。

（10）例えば、李瀷の門人、安鼎福は次のような記録を残している。「西洋書が宣祖（在位一五六七～一六〇八）末年に朝鮮に伝来して以来、名卿碩儒で見ない人がいないほどで、これを視ること諸子、道、仏の類いの如くであり、書室の玩として備えている（西洋書自宣廟末年已来于東、名卿碩儒無人不見、視之如諸子道仏之属、以備書室之玩）」（『順庵集』巻十七・天学考）。

（11）『星湖僿説』巻十六・六経時務、『星湖僿説』巻二十・誦詩。

（12）李瀷の経世論あるいは制度改革論は『藿憂録』にまとめられている。

（13）関連研究に、川原秀城「星湖心学――朝鮮王朝の四端七情理気の辨とアリストテレスの心論」（『日本中国学会報』五十六、二〇〇四年）、安泳翔「東西文化의 融合衝突過程에 나타난 星湖学派의 哲学的 特徴의 一断面――人体観에 나타난 pneuma와 心気論을 중심으로」（『民族文化研究』四十一、二〇〇四年）、拙稿「中世キリスト教霊魂論の朝鮮朱子学的変容――イエズス会の適応主義と星湖の心性論」（『死生学研究』十三、二〇一〇年）がある。

（14）元在麟『朝鮮後期 星湖学派의 学風研究』（慧眼、二〇〇三年）四二―四三頁。

（15）『星湖全集』巻二十四・答安百順、『星湖全集』巻五十四・

中庸疾書後説など。

(16) 白敏禎「儒教와 西学의 만남」(『韓国儒学思想大系』十、韓国国学振興院、二〇一〇年)五五四頁。

(17) 『遯窩西学辨』に関する研究には、洪以燮「実学의 理念的一貌――河濱慎後聃의「西学辨」의 紹介」(『人文科学』一、一九五七年)、朴鍾鴻「西欧思想의 導入批判과 摂取」(『亜細亜研究』十二、一九六九年)、崔東熙「慎後聃의 西学辨에 관한 研究」(『亜細亜研究』十五、一九七二年)、Donald Baker「実学의 歴史性과 天主教」(『朝鮮後期 儒教와 天主教의 対立』一潮閣、一九九七年)などがある。

(18) 両書の解題の作成に際しては、徐宗沢編著『明清間耶蘇会士訳著提要』(台湾中華書局、一九五八年)、方豪『中国天主教史人物伝』(台中光啓出版社、一九七〇年)、後藤基巳『天主実義』(明徳出版社、一九七一年)、柴田篤訳注『天主実義』(平凡社東洋文庫、二〇〇四年)、金喆凡・申昌錫訳『霊言蠡勺』(一潮閣、二〇〇七年)などを参照。

(19) イエズス会の中国布教方針については、矢沢利彦『中国とキリスト教』(近藤出版社、一九七二年)、ウィリアム・バンガード『イエズス会の歴史』(原書房、二〇〇四年)、平川祐弘『マッテオ・リッチ伝』一・二・三(平凡社東洋文庫、一九六九・一九九七年)などを参照。

(20) 金喆凡・申昌錫訳『霊言蠡勺』(一潮閣、二〇〇七年)を参照。

(21) 『天学正宗』は、引用文の中ではリッチの著としているが、書名はまったく知られていない。ただ、慎後聃がそれに言及して(「紀聞編」・丙午冬見李星湖紀聞)、第三篇の冒頭で儒教の「誠」と「有」を語っているというが、同内容は、『天主実義』第二篇にも見える。

(22) 『河濱先生全集』巻七・遯窩西学辨・紀聞編・甲辰春見李星湖紀聞「今以其所著文字如天主実義天学正宗等諸書観之、雖未知其道之必合於吾儒、而就其道而論其所至、則亦可謂聖人矣」

(23) 『河濱先生全集』巻七・遯窩西学辨・紀聞編・甲辰春見李星湖紀聞「其言云、頭者受生之本也、頭有脳嚢、為記含之主。又云、草木有生魂、禽獣有覚魂、人有霊魂、此其論学之大要也。此雖与吾儒心性之説不同而亦安知其必不然也」

(24) 『河濱先生全集』巻七・遯窩西学辨・紀聞編・戊申春見李翊衛紀聞「今見亜尼瑪文字、謂有脳嚢顱囟之際、為記含之主云云。其説雖不経見、亦頗有会、自不害為一般道理」

(25) 『天主実義』巻上・首篇「凡物不能自成、必須外為者以成之。楼臺房屋不能自起、恒成於工匠之手。知此、則識天地不能自成、定有所為製作者」

(26) 『河濱先生全集』巻七・遯窩西学辨・天主実義辨・首篇「天地者、不過原於太極之真、成於両儀之実而已。而所謂上帝則蓋亦天地成形之後主宰乎其間、合道器而為之名」

(27) 『天主実義』巻上・第二篇「若太極者止解之以所謂理、則不能為天地万物之原矣。蓋理亦依頼之類、自不能立、曷立他物哉」

(28) 『河濱先生全集』巻七・遯窩西学辨・天主実義辨・第二篇「才有此理、即有此物。才有此物、即有此理。理与物、初未嘗判然離絶而為両事。今若以此而謂理之不外於物、則固無不可。而若謂無此物之先未有為此物之理、則所謂物者何自而出乎」

(29) 『霊言蠡勺』巻上・論亜尼瑪之体「魂有三、生魂覚魂霊魂。……人之魂、有生有覚有霊。……霊魂在人、非出於質、非頼其体而有。雖人死而不滅、故為本自在也」

(30) 『河濱先生全集』巻七・遯窩西学辨・霊言蠡勺辨・論亜尼

瑪之体「人之生也、先有形体然後方有陽気来附而為魂。……魂者乃是依於形体而為有形体既亡則消散而帰於無」

(31)『河濱先生全集』巻七・遯窩西学辨・霊言蠡勺辨・論亜尼瑪之体「人之一身、只有一魂。……但万物之中、人稟天地之秀気、故其魂比物為霊」

(32)「魂」をめぐるこうした対立は、非物質性を特質とするキリスト教の「アニマ」の訳語として、朱子学では気と捉える「魂」が採用されたことに直接的な原因があるが、それ以前に、そもそも人間のたましいを物質的なものとして考える東アジアの文化伝統からすれば、霊魂不滅説は受け入れがたいものであったということができよう。

(33)『霊言蠡勺』巻上・論亜尼瑪之体「曰額辣済亜者、以明天上真福、非人之志力、与天主公祐、所能得之。必有額辣済亜之特祐、然後能為義者、為天主所愛、而当受真福也」

(34)『河濱先生全集』巻七・遯窩西学辨・霊言蠡勺辨・論亜尼瑪之体「夫非人志力之所能得、而必頼天主之特祐而得之、……而不必留意於為善。……如此而設能為善、……而非其志力之所与、此有何功之可賞而得享天堂之福乎」

(35)『霊言蠡勺』巻上・論亜尼瑪所向至美好之情「人有二光。其一自然之本光。推理致知、人力可及者是。其一超於自然者之真光。在理之上、惟天主賜与、非人知見所及者是」

(36)『河濱先生全集』巻七・遯窩西学辨・霊言蠡勺辨・論亜尼瑪所向至美好之情「至如真光、既曰在理之上、則此非以理而可推者也。理所不能推之物、未知於何而験其有無乎」

(37)『河濱先生全集』巻七・遯窩西学辨・霊言蠡勺辨・論亜尼瑪所向至美好之情「吾儒之為学也則不然、以実然之心而窮実然之理。知之必期於精、見之必期於明、此大学所以有格致之訓、中庸所以有明誠之説也」

(38)『霊言蠡勺』の翻訳に際して、金喆凡・申昌錫訳『霊言蠡勺』(一潮閣、二〇〇七年)を参照した。

(39)『河濱先生全集』巻七・遯窩西学辨・霊言蠡勺辨・論亜尼瑪之能「心之為物光明発動而神明升降於是乎舎焉。故虚霊知覚以為一身之主宰。凡所以記蔵思惟酬酢云為者、莫非此心之所為」

(40)『河濱先生全集』巻七・遯窩西学辨・霊言蠡勺辨・論亜尼瑪之能「不察乎心霊不測、思徹万微之妙。……又不念乎道器一致、顕微無間、有形無形之不可為二物」

(41)『河濱先生全集』巻七・遯窩西学辨・霊言蠡勺辨・論亜尼瑪之能「夫二気交運、五行順布而林林之属得必能生於其間。此莫非天理之自然而非為助人之明悟而作之也」

(42)『河濱先生全集』巻七・遯窩西学辨・霊言蠡勺辨・論亜尼瑪之能「人有是身必有是心、為神明升降之舎、而知覚出焉。……非自外而受之也」

(43)『河濱先生全集』巻七・遯窩西学辨・霊言蠡勺辨・論亜尼瑪之能「且所謂明悟物理者、亦不過因其物而明其理而已。豈以人為而加之光哉」

(44)『河濱先生全集』巻七・遯窩西学辨・霊言蠡勺辨・論亜尼瑪之能「若専以其偏於形楽者而謂之思、則曾謂此心之神明不測、而所思者止於形気之私乎」

(45)『河濱先生全集』巻七・遯窩西学辨・霊言蠡勺辨・論亜尼瑪之能「心為一身之主而思慮焉。……非心思之上更有一物、為心思之所引也」

(46)『河濱先生全集』巻七・遯窩西学辨・霊言蠡勺辨・論亜尼瑪之能「其論司欲霊欲之説、以司欲為随思司所引而偏於形楽之美好、霊欲為随理義所引而向於義美好者、近於吾儒人心道心之説」

樗村沈錥における華夷観念と小中華思想

中　純夫

なか・すみお——京都府立大学文学部教授。専門は中国近世思想史、朝鮮近世思想史。主な著書・論文に『朝鮮の陽明学——初期江華学派の研究』（汲古書院、二〇一三年）、「王棟の致良知否定論——致良知説の尖鋭化」（『中国思想史研究』三四号、二〇一三年）、『『朱子語類』訳注 巻十四』（共訳）（汲古書院、二〇一三年）などがある。

清朝支配下の当代中国を夷狄視し、朝鮮こそが中華の伝統を保持しているとする沈錥の華夷観念・小中華思想は、実地の中国体験（赴燕）を経た後も、全く変わることがなかった。それは少なからず観念的でステレオタイプなものであったが、その朱子学尊崇・陽明学批判の思想とともに、当時の一般的な朝鮮知識人の立場を典型的に示すものでもあった。

はじめに

沈錥《しんいく》（一六八五～一七五三）字は和甫、号は知守斎、樗村《ちょそん》、本貫は慶尚道青松である。沈錥は鄭斉斗《ていせいと》（一六四九～一七三六、号霞谷《かこく》）の門人であり、鄭斉斗に始まる江華学派の有力メンバーの一人である。鄭斉斗は朝鮮朝において最初に陽明学を本格的かつ体系的に受容した人物として著名である。

沈錥と鄭斉斗との関わり、沈錥の思想的立場等に関する筆者の見解は、既に拙稿において示しておいた（以下、旧稿と略称）[1]。旧稿における考察を通して、沈錥は（1）鄭斉斗から陽明学に関する薫陶を受けた形跡が皆無であること、（2）陽明学に対しては一貫して批判的立場を採っていたこと、（3）朱熹の文集を生涯を通して熟読し続け、朱熹に対する尊崇の念を随所に披瀝していること、（4）沈錥は尹拯《いんじょう》の門人でもあり、沈錥における朱子学信奉は尹拯との師承関係からも検討されるべきであること、等の諸点を明らかにした。このように、現存する沈錥の著作を通して見る限り、沈錥は純然たる朱子学者としての面目を今日に伝えているわけである。このことは、初期江華学派のあり方、朝鮮朝における陽明学受容や霞谷学受容のあり方を展望していく上で、極めて示唆的であると考える。

朱子学的価値観が一元的に社会を支配したとされる朝鮮朝にあっては、自己内面における陽明学に対する尊崇敬仰の念を韜晦し、純粋な朱子学者としての面貌を装った可能性（所謂「陽朱陰王」）、あるいは原著が門中等に伝承される過程で、不都合と思われる部分（あからさまな朱子学批判や陽明学尊信の言辞等）が刪去された可能性も、考慮に入れる必要は有るだろう。(2)

加えて沈錥没の二年後に当たる英祖三十一年乙亥（一七五五）には、「羅州掛書事件」（乙亥獄）が起こり、この事件で沈鑵《しんかく》（沈錥次弟）は処刑、沈鉍《しんぴつ》（沈錥末弟）、李匡師（李令翊《りれいよく》の父）、李匡顕（李忠翊《りちゅうよく》の実父）、李匡明（李忠翊の養父）が辺境地に貶謫される等、江華学派の多くの人士が連累して弾圧された。(3)現行の『樗村遺稿』には、父沈寿賢、母李氏（李萬謙女）の為に執筆されたはずの沈錥撰の「行状」「祭文」「墓誌銘」の類は一切収録されていない。また通常ならば文集編纂時に附録として収録されることの多い沈錥本人の「行状」「祭文」「墓誌銘」の類も、やはり一切収録されていない。『樗村遺稿』の編纂に携わった人々（門中もしくは門人）にとって、沈鑵や沈鉍の名は厳に禁忌すべき存在であり、彼らと沈錥の関わりを示す伝記資料類は、文集編纂の過程でその一切が刪去抹殺されたのであろう。そのような「検閲」が沈錥の思想内容に関わる記述に対しても施された可能性は、確かに否定できないのである。

しかしながら、新資料が発掘発見されでもしない限り、まずは残された現存資料からその人物像を再構成することを以て基礎作業とせねばならないことは、これまた言うまでもあるまい。

本稿では、旧稿において触れ得なかった沈錥の華夷観念・小中華思想について取り上げてみることにしたい。そもそも朝鮮朝において朱子学的価値観が一元的に社会を支配したとされる問題は、朝鮮人士の抱く華夷観念とも密接不可分な結びつきを有するものであった。従って沈錥における華夷観念・小中華思想を考察することは、その朱子学観や陽明学観を検討する上でも、一助となり得るはずである。(4)

なお本稿が使用する沈錥の別集は旧稿同様、『樗村遺稿』全四十七巻（影印標点韓国文集叢刊、二〇七～二〇八冊所収、民族文化推進会、景仁文化社発行、一九九八年）である。

一、沈錆と華夷観念

周知のように、中華思想という思考の枠組みの中にあっては、朝鮮や日本は常に東夷としての位置づけを免れ得ない存在であった。そのことは中国歴代正史の列伝において、朝鮮半島歴代の諸王朝や倭国が一貫して「東夷」の項に立伝されてきた事実に照らしても、明らかであろう。

中華思想は典型的な自民族中心主義（ethnocentrism）、漢民族至上主義であり、民族自尊と異民族蔑視の両面を合わせ持った思想である。従って朝鮮や日本に対しての東夷という呼称や位置づけは、中国（漢民族）サイドからの一方的な規定に過ぎないのであって、朝鮮や日本の人士がこれを甘受する必然性は、本来なかったはずである。現に、例えば日本の江戸時代の知識人達の華夷観念を朝鮮の場合と比較してみれば、相対的に中華思想の呪縛からは自由であったとの印象を受ける。(5) これに対して朝鮮朝の人士にとっては、中華思想及びそれがもたらす自らの東夷としての位置づけは、好むと好まざるとに関わらず、受け入れざるを得ない自明の命題であった。

このように彼我の認識に差異が見られるのは、日本が中国大陸とは海を隔てて対峙し、元寇（一二七四）を唯一の例外として中国からの直接の軍事的脅威にさらされることが皆無に近かったのに比して、朝鮮半島は中国大陸と地続きであり、漢の武帝の楽浪等四郡の経営（前一〇八〜）に始まって、隋による高句麗攻撃（六一二〜六一四）、唐による高句麗攻撃（六四四〜、六五五〜）、元による高麗征服（一二五九）、近くは清による丙子胡乱（一六三六）に至るまで、史上しばしば政治的軍事的圧力に屈してきた、という地理的政治的状況の相違も、大きな原因の一つであろう。いずれにせよ、華夷観念は朝鮮朝の知識人のメンタリティを規定する大きな要因の一つとなり得るものであった。加えて中国における明清の交替、即ち異民族征服王朝が出現したこと（所謂「華夷変態」）は、朝鮮人士の華夷観念にさらに独特の陰影をもたらすことになる。

沈錆の著作中には、華夷観念に関わる発言が多数見出される。朝鮮朝の人士にとって華夷の問題が重大な関心事であったという一般的事情に加えて、沈錆の場合、華夷観念の表出を触発するものとして、少なくとも二つの契機が有った。一つは二十六〜二十七歳（粛宗三十六〜三十七）にかけて平安道義州に滞在したこと、今一つは四十四歳（英祖四年）の時、赴燕使の一員として燕京（北京）に赴いたことである。

平安道義州は鴨緑江を隔てて中国と対峙する位置を占め、

国境防備の最前線であり、赴燕使が陸路を採る場合、その往路及び復路に渡江する際に必ず通過する地点でもあった。(6) 父沈寿賢は粛宗三十六～三十七年当時、義州府尹としてこの地に赴任していた。(7) 沈錥は恐らくは父の赴任に同行し、粛宗三十七年(二十七歳)十月頃までは、義州に滞在していたものと思われる。(8) この義州時代の日記が『樗村遺稿』巻三十九～四十所収の「湾館録」である。「湾館録」とは義州の別称である龍湾に因んだ命名である。義州には赴燕使の一行が滞在する龍湾館(義州館)が有った。(9) なお巻三十九「湾館録」は題下に「庚寅」の小注が付されている(粛宗三十六年庚寅)。因みに『樗村遺稿』巻三「関西録」一(庚寅夏)、巻四「関西録」二も、同じく義州滞在時の作品であろう(いずれも詩)。関西は平安道の異称である。

また沈寿賢は英祖三年十一月、謝恩陳奏正使を拝命し、翌英祖四年(雍正六)一月には副使李明彦・書状官趙鎮禧以下を率いて北京に出立した。帰国は同年六月である。(10) 沈錥はこの一行に随行し、清朝支配下の中国の地を実見してきたのである。(11) この時の見聞は『樗村遺稿』巻六、詩「燕行録」(戊申)として記録されている(英祖四年戊申)。

以下、「湾館録」「燕行録」を中心に、沈錥の華夷観念を具体的に考察したい。

二、義州滞在時代の華夷観念

この節ではまず義州滞在時代(粛宗三十六～三十七、一七一〇～一七一一、二十六～二十七歳)の資料を取り上げる。沈錥は中原における明清交替について、次のように述べている。

夫以天下之事勢言之、明之亡也、雖因其中葉以来、馭天下失其道、主荒于上、臣逸于下、而往往以直言犯諱、誅死者迹相接也。夫人君以言為諱、至殺諫臣以杜人口、如是而不亡者、幾希矣。然而中原有大厄運、天将以羶腥薫穢之気、挙華夏而辱之、則彼寧古一虜、出万死一生之計、跨東韓数千里之地、而敢与中国抗、卒然奪天下而作己物。是亦天已。吁咄奈何。

(そもそも天下の趨勢に鑑みて言うならば、明が亡んだのはその中葉以来、天下を統御する道を失い、上は君主が蒙昧であり、下は臣下が放縦であり、往々にしてその直言は君主の禁忌に触れ、処刑された者は跡を絶たなかった。そもそも人君たる者が諫言を忌み嫌い、諫臣を殺して人の口を塞ぐようでは、それで国を亡ぼさない方が稀であろう。とはいえ、中原に一大災厄が生じ、天は羶腥《なまぐさく》・薫穢《けがらわしい》の気によって華夏の全土を汚してしまったのである。かの寧古塔《ニングタ》の一虜族は、(12) 万死に一生の計に打って出て、我が東国朝鮮数千里の疆域を跨ぎ、(13) 敢えて中国と拮抗し、にわかに天下を奪って我が物とした。これもまた天運ではある。ああ、如何せん。）

（『樗村遺稿』巻三十九「湾館録」十三条、二十六歳）[14]

沈錥は明が亡国の結末を迎えた責任の大半を、中葉以降の明朝君臣の資質の低劣、とりわけ言路を塞いで諫言に耳を傾けようとしなかった君主の政治姿勢に帰している。[15] ただしその沈錥にとっても、清朝による中国支配はやはり「大厄運」と表現されるべき事態であった。それは言うまでもなく、清朝が漢民族ならぬ異民族（女真族）の樹立した王朝であったからである。「羶腥《せんせい》」云々とは、漢民族が異民族に対して侮蔑と嫌悪感を込めて、しばしば用いる語彙であった。[16]

余故曰。明之亡也、不可謂天不厭其徳而然。而至今叢爾一虜雛、公然有海内地、以三代之民、尽沐其醜腥、裂其冠而祝其髪、夾其服而左其衽、自堯舜以来億万年綱常礼法之事、尽帰於弁髦、無一毫遺焉。噫嘻、亦已毒矣。

（それ故に私も、明が亡んだのは天がその徳を見限ったからではない、等と言うわけにはいかない、と述べるのである。しかしながら、今に至るまで烏合の一胡虜が公然と海内の地を領有し、三代の末裔たる民がことごとく醜く腥《なまぐさ》い気を浴び、その冠を捨て去って辮髪を強いられ、袷《あわせ》の衣服を左前に着せられ、堯舜以来億万年にわたって伝承されてきた綱常と礼法はことごとく無用の長物と見なされ、わずかのなごりすらとどめない。ああ、あまりにも酷い話ではないか。）

（同上）

清朝支配下の現在の中国は、衣冠頭髪に至るまで尽く夷狄の風習に染まり、三代以来の綱常礼法はもはや失われてしまった、との認識が示されている。

ところで非漢民族たる朝鮮人士にとって、華夷を峻別することは直ちに我が身に火の粉がふりかかってくる問題でもあったはずだ。満州族も朝鮮族も、胡虜夷狄であるという点において何ら変わりはないからである。にも関わらず沈錥が満人蔑視の立場に立ち得るのは、朝鮮が古来中華文明を摂取し、中華世界の一員となり得ている、との自負に裏打ちされているからに他ならない。いわゆる小中華思想である。

東方素称小中華。厥初之作法制立綱紀、以維持之者、蓋已尽其道。

（わが東方は昔から小中華と称されている。建国のはじめに当たって法制を定め綱紀を立ててこれを維持し、既にその道を尽くしてきた。）

（『樗村遺稿』巻三十九「湾館録」四条、二十六歳）

小中華とは言うまでもなく、大中華の対概念であり、中国に対して朝鮮を小中華として自己規定するものである。大中華たる中国に事《つか》え、その中華文明を敬慕摂取する。小中華思想が体現するメンタリティーは、さしあたり「事大慕華」の四文字で表現することができるだろう。(17)そしてこの小中華とは、中国に対する敬慕畏怖の念とともに、小なりと雖も中華文明を体得している自国に対する、多大なる自負をも込めた語彙であった。

ところで、このように事大慕華思想と直結していた当初の小中華思想は、中国における明清交替により、少なからずその色彩を変化させる。即ち明清交替以降の小中華思想には、大中華たる中国が夷狄の支配下に屈した今や、わが東国こそが唯一、中華文明を保持する国である、という排清と自尊の意識が付加されることになる。

沈錥の清に対する眼差しは、このような認識に根ざしてのものであった。言うならば沈錥は、自らが中華世界の内側に身を置く立場に立ちつつ、清を夷狄視しているのである。沈錥が義州の地を「夷華之交」と表現するのも、その意識の表れに他ならない。(18)鴨緑江を隔てて夷狄と中華が隣接している。彼岸が夷狄であり此岸が中華であることは、言うまでもない。

清を夷狄視する沈錥の態度は、清朝皇帝を「胡皇」と称する次の一文にも顕著である。

夫所謂海浪賊者、称之已久矣。而自昨年始有蠢動之報、敢行剽人奪貨之計。彼国既已略勦其縦横者。胡皇仍以其捷報馳伝報于東国、而且曰。爾国辺海海防等処、用心防守。毋或認以大国人而不敢動手云云。胡皇之軫東方、似若甚勤。而未知果出於誠否也。

(いわゆる海賊については、かねてから風聞は有った。ただ昨年になってはじめて蜂起したとの報があり、いよいよ人貨を掠奪し始めたのである。かの国ではその無法者を既にほぼ掃討したとのこと。胡皇(康熙帝)はさらにその戦勝の報告を我が東国に急ぎ伝えてきた上で、こう言った。「そなたらの国の沿海地域及び海防に関わる地域等にあっては、心して防備に当たれ。賊が大国(=中国)の人であるからといって、手出しを控えるようなことが有ってはならぬ。」云々。胡皇の我が東方に対する憂慮の念は、甚だ懇ろであるかの如くである。ただしそれが本当にまごころに根ざすものであるのかどうかは、知れたものではない。)

(『樗村遺稿』巻三十九「湾館録」三十五条、二十七歳)

これは前年の粛宗三十六年(康熙四十九、一七一〇)九月、「海賊の残党が朝鮮方面に敗走したので留意して防御に当たれ。」との康熙帝の諭旨が、清の礼部を通して朝鮮側に伝えられてきた事態を指す。(19)この報に接した沈錥が漢城から義州の父のもとにはせ参じたことは、すでに触れた(注8)。「胡皇」という呼称の使用にとどまらず、全体に清朝政府に対する猜疑心や警戒心が顕著に表れた論調である。明朝に対しては「天朝」「中朝」「上国」といった表現の用いられることが一般的であったことを想起すれば、「彼国」という表現にも軽侮のニュアンスを読み取ることができるだろう。沈錥は康熙帝のみならず、後には雍正帝に対しても「胡皇」の称呼を用いている。[20]

なお同時期の沈錥の華夷観念を示す資料を今一つ引いておく。「関西録」は既に触れたように義州滞在時代（二十六～二十七歳）の詩を収録する。下記は「有田井一者、従正使赴北、其家世即中朝兵部尚書田応揚之曾孫。丙子、井一父好謙自椵島仍至于東。以中原無主、不可帰、子孫因留不還云。井一今入燕、聞其宗人多住鶏沢県、今行要与一見而帰云爾。」という長文の題名を持つ詩の冒頭の一節である。

送君仍北去　君が北方に赴くのを見送り
挙目涙相看　涙をためた目で見つめ合う
文物非周制　かの地の文物はもはや周の制度ではなく
威儀異漢官　その威儀も漢のそれとは異なるもの
簪纓又零落　かつての縉紳も今や零落し
家世遽単寒　家門もにわかに衰えた
想得田宗会　君が田氏の宗族にあいまみえたならば
悲歓定一般　さだめし悲喜あい半ばすることであろう

（『樗村遺稿』巻四「関西録」二）

右題名中の田応揚は北直隷広平府鶏沢県の人で嘉靖三十七年の挙人、山西大同府広昌県知県、山西太原府忻州知州、山東莱州府同知、湖広行都司襄府長史を歴任した人物として地方志にその名をとどめている。[21] その孫に当たる田好謙は丙子（崇禎九年、一六三六）の年、椵島（平安道鉄山郡）から朝鮮に渡ったままやがて明清の交替を迎え、そのまま朝鮮の地に居住することになった。その子である田井一が、今も鶏沢県に住むという田氏末裔との面会を期して、冬至兼謝恩使（正使鄭載崙、粛宗三十七年四月復命）の一行に随行して北京に旅立つのを見送ったのが、この詩である。[22]「文物非周制、威儀異漢官」とは、清朝の支配下にある今の中国にはもはや華夏の文物制度は失われてしまっている、との謂に他ならない。また題名に云う「中原無主」とは明の滅亡によって中国の地にもはや事えるべき主君は存在しないとの意であり、清朝皇帝を「胡皇」と称する心情に通底するものである。

因みにこの詩によって沈錥に出立を見送られた田井一はその後、実際に北京において、広平府鶏沢県から面会に訪れた田氏一族との対面を果たしている。朝鮮流寓後に故国が明清交替を迎え、図らずも明の遺民として朝鮮の地で没することとなった田好謙の数奇な事蹟は、広く人々の知るところとなった如くであり、多くの朝鮮側資料がこれを伝えている。(23)なおその田好謙は、故国における華夷変態に関して、「中原が滅亡した今、自分が左衽を免れたのは幸いであった」と語っている。(24)

三、中国滞在期の華夷観念

次に「燕行録」（英祖四年、一七二八、四十四歳）に見られる華夷観念、小中華思想を取り上げる。『樗村遺稿』巻六「燕行録」は全五十九首の詩を収めるが、そのうち約五分の二は題名に地名・古跡等を含んでおり、実際の旅程を反映している。今、以下に地名・古跡等を含む題名を列挙する（アラビア数字は「燕行録」における通し番号）。

2「渡江」 4「湯站以往有山皆嫵媚地亦平衍可耕」 8「八渡河次李員外韵」 10「連山館夜坐有思」 11「青石嶺」 12「過青石嶺用李員外成字韵」 15「狼子山宿王姓人家」 18「関帝廟」 19「白塔」 20「遼陽遇風」 25「瀋陽」 29「暁発白旗堡」 32「北鎮廟」 37「次十三山韵」 42「松山」 43「杏山」 45「祖家廟楼有人題詩云云用其韵」 48「過六度河野望用前韵」 53「望長城」 54「望夫石」 55「望海亭」 56「過撫寧県」 57「灤河謁清聖廟」 58「孤竹君廟」

試みに、沈錥より約半世紀の後、正祖四年（乾隆四十五、一七八〇）の燕行録である朴趾源《ぱくしげん》（一七三七～一八〇五）の『熱河日記』に記された旅程を参照し、一般的な赴燕使の旅程上にこれらの地点を位置づけてみれば以下のようになる（太字は地図上に表記のあるもの、アラビア数字は「燕行録」における通し番号）。(25)

義州→渡江（**鴨緑江**2）→九連城→湯站4→**辺門**（柵門）→通遠堡（八渡河8）→**鳳城**→**連山関**10→青石嶺11 12→狼子山15→**遼陽**20（関帝廟18・白塔19）→十里河→**瀋陽**25（**盛京**）→**巨流河**→白旗堡29→**小黒山**→**北鎮廟**32→**閭陽**→十三山37→松山堡42→杏山堡43→**寧遠衛**→祖家廟楼45→六度河橋48→**高嶺駅**→望夫石54→**山海関**53→望海店55→**撫寧**56→**灤河**57（夷斉廟・孤竹君廟58）

因みに『熱河日記』の場合、渡江は六月二十四日、灤河の河畔に到着したのは七月二十六日、そして北京到着は八月一日であった。以上により、沈錥の「燕行録」は往路の一部、渡江から北京到着の少し前までの期間を対象として、ほぼ旅程に沿って、従って時系列順に排列された作品であることがわかる。

以下、いくつかの詩を選んで内容を検討する。

中華事迹已成陳　　中華の事跡はすでに過去のもの
挙目徒然百感新　　それを見るにつけあてどなく種々感

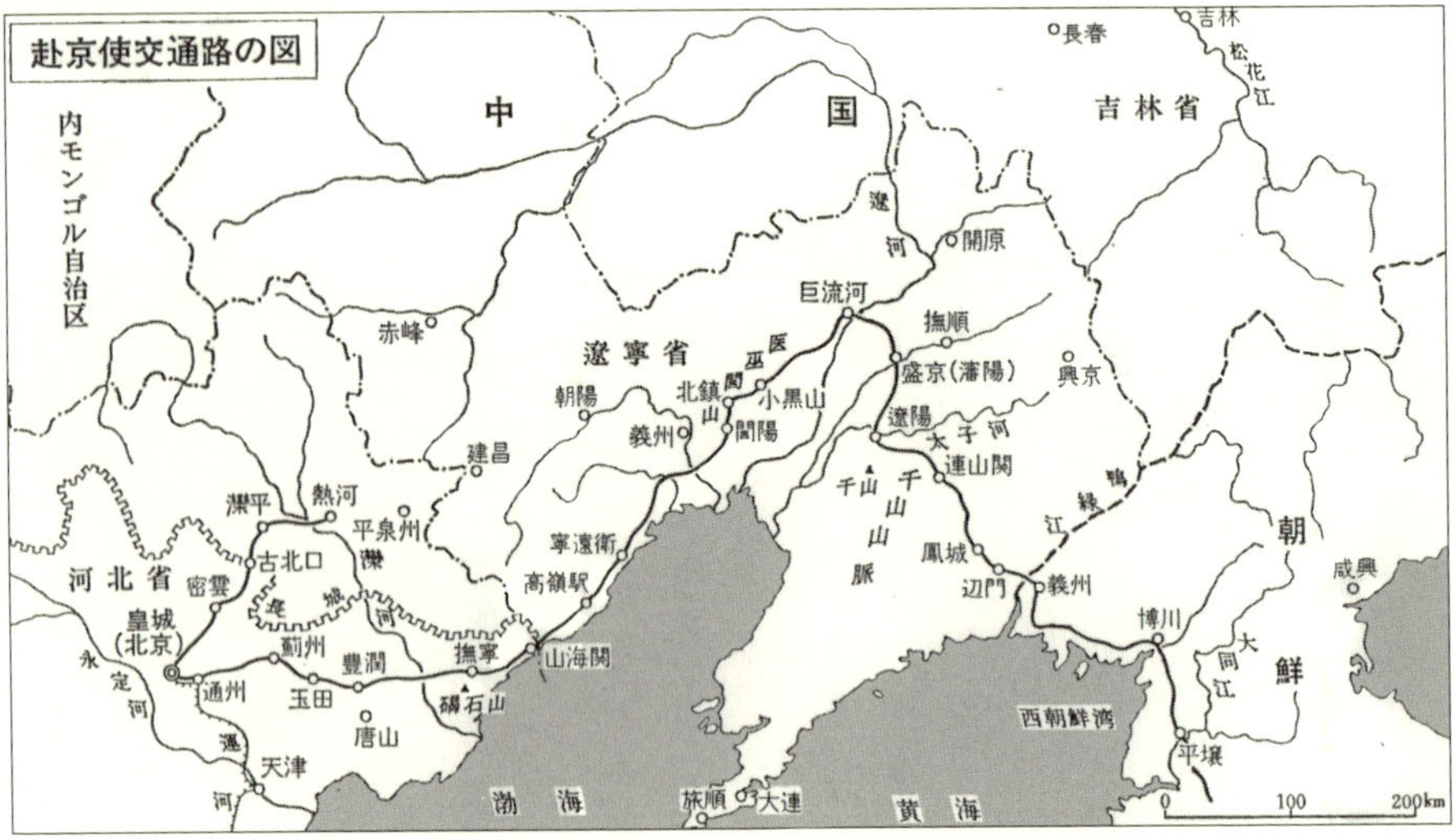

今村与志雄訳注『熱河日記』1（平凡社、東洋文庫、1978年）より転載

概がわく

驢背紫髯殊不雅　驢馬の背に乗る男の紫の頬髭は実に
無粋

店頭紅粉劇無倫　店頭の女の紅おしろいは誠にみだら

……

最是客中愁絶処　旅の途中で憂いも極まり

恒風日日但黄塵　吹き続ける風は日々黄塵を巻き起こ
すばかり

（『樗村遺稿』巻六「燕行録」22「途中所見」）

排列順から推測すれば、遼陽から瀋陽（盛京）までの途上で詠まれた詩である。冒頭の二句は、夷狄支配下の地を今しも歩みつつあるという感懐を述べるものである。

一枝棲息笑鷦鷯　一枝を住みかとする鷦鷯《みそさざい》は笑うべき
もの(26)

身健何妨遠度遼　身体さえ壮健なら遠く遼河を渡るこ
とさえできるのだ

事異延陵観古楽　延陵（季札）が魯に赴いて古楽を聴
いたのとは事情が異なり(27)

時同牧老赴中朝　牧老（李穡）が中朝に赴いた時と情
況は同じだ(28)

啣綸客況甘如薺　王命を奉じての旅は薺《なずな》のように甘いが(29)

索貨人情佞似椒　財貨をせびる輩の風気は椒《はじかみ》のように奸佞だ[30]
文物已非華夏旧　文物は既に華夏の伝統を伝えるものではなく
且従寰宇暫逍遙　我々はただ天地に身を委ねて逍遙するばかり

（『樗村遺稿』巻六「燕行録」44「奉次行台韵」）

行台とは書状官を指すから、趙鎮禧に和した詩であろう。場所は寧遠衛のあたりである。

初句と二句。東方一隅の小邦に住む自らの存在を、一枝を住みかとして自足するという鷦鷯になぞらえた上で、今やその一枝での棲息に甘んずることなく、王命を奉じて遠く遼河を越え、中朝の地を踏んでいることの感慨を述べる。三句と四句。呉の季札が「天子の礼楽」を備えた魯に赴いた旅と、李穡《りしょく》が元朝支配下の中国に赴いた旅とを対照した上で、自らの赴燕を後者に重ね合わせる。五句と六句。王命を奉じての赴燕に伴うはずの高揚感と、現実を目の当たりにして味わう幻滅とが対照される。七句と八句。これから赴こうとする中朝は清朝の支配下にあり、もはや華夏の伝統を喪失している。[31] そのような時代に生まれあわせたことは如何ともし難く、ただ運命のままに我が身を委ねる他はないのである。[32]

ところで「文物已非華夏旧」といった感懐は、具体的にはどのような見聞を通して実感されるに至ったのであろうか。そのことを示す資料は、実は必ずしも多くはない。

送死家家礼俗頽　死者を送る礼俗はどの家でも頽れてしまい
田頭収拾葬寒灰　田で冷たくなった灰を収拾し埋葬している
天理一端消不歇　天理の一端は滅び尽くしてはいないとみえ
白衣攀哭数声悲　白い喪服の人々が号泣する声は悲しげだ

（『樗村遺稿』巻六「燕行録」46「途中有火葬者心傷有作」）

題名が示す通り、田で火葬に付し遺骨を拾っている遺族の様子を実見しての詩である。儒教の礼教観念に照らせば葬礼は当然に土葬によるべきであって、火葬は身体を毀傷する行為に他ならない。中国歴代王朝の法典においても、その禁止が明記されている。[33] ただし貧困、人口過密と埋葬地の不足等の理由により、たびたびの禁令発布にもかかわらず、宋代以降明清に至るまで、火葬が社会問題化するほど中国社会に流布していたことは、既に先行研究の指摘するところである。[34] そのような実情を知ってか知らずか、沈錥は火葬を目の当たりにして礼俗の頽廃を思い、そこにも華夏喪失の一端をかいま見たのであろう。因みに火葬を専ら満州族の習俗と結びつけて理解する認識は、沈錆に先立つ燕行録にもしばしば見出されるものであった。(35)

百年天下運方艱　百年来の天下の命運が艱難に満ちたのも
不閉長城万里関　万里の長城を堅く閉ざし得なかったからだ(36)
三代人民皆薙髪　三代の末裔たる人民がみな辮髪を強いられ
九州皮幣各梯山　貢ぎ物は全国から山を越えて雲集する(37)
彌文旧習無諸夏　礼制や旧習にもはや諸夏の伝統はなく
黷武余威讐八蛮　横暴なる武力の威光に諸蛮は屈服する
莫笑年年来玉帛　毎年玉帛を奉じに来る我々を笑ってはならぬ
箕墟一瓦独衣冠　箕子の末裔たる我々こそ小邦の身で独り衣冠を保っているのだ(38)

（『樗村遺稿』巻六「燕行録」38「次山字」）

第三句は、満州族の習俗である辮髪が支配下の漢民族にまで強要されている事態を指す。そのような「諸夏」に非ざる異民族征服王朝ではあっても、周辺諸国はその武威に屈して朝貢を余儀なくされている。そして朝鮮もその例に漏れないのであって、現に沈錆自身、謝恩使の一行に加わってまさに北京を目指しているのである。そのことに思いを致せば、自嘲的な気分にならざるを得ない。しかしながら、一瓦に比すべき小邦ではあっても、箕子の末裔たる我が朝鮮は中華伝統の衣冠文物を今日に伝え、今や我が国こそが中華文明の孤塁を死守しているのである。

衣冠に関しては「着幅巾」と題する詩の次の一節も参照したい。

不耐風吹帽　風が帽子を吹き飛ばすのに耐えず
頭仍一幅巾　頭に幅巾をかぶる
未妨行古制　古制の実践を何もはばかる必要はない
那足怕今人　今人の耳目など恐れるには足らぬ
…
所嗟方適越　ただ嘆くべきは我々が越に向かっていること
章甫弁誰真　いったい誰が章甫の真贋を見分けられようか

（『樗村遺稿』巻六「燕行録」26「着幅巾」）

「幅巾《ふっきん》」は「幞頭《ぼくとう》」と同義。「幞頭」は四本のリボンを垂らした頭巾の一種で「四脚」「折上巾」とも言い、風などで飛ばないように顎の下で結う。(39) 朝鮮においても高麗時代には既に広く普及していた。(40) 清朝支配下の今の中国には、このような古制は既に払底していたのである。因みに朴趾源『熱河日記』には、前屯衛（六度河橋と高嶺駅の間）の芝居小屋で俳優が身につける衣冠を目にしたところ、朝鮮の風俗と同じであった、清朝支配下の中国にあって、中華の衣冠はなおかろうじて俳優・戯劇の中に存続していたのだ、との感懐を漏らす場面がある。(41) そこで列挙される衣冠の中にも「幞頭」の名が見えている。(42)

章甫とはもと殷人が用いていた冠であり、宋で成人した孔子もまた章甫を着用したため、やがて章甫は儒者の身につける冠となった。(43) 宋とは殷の末裔が封じられた国である。その宋人がある時、越の国へ章甫を売りに出かけたところ、断髪文身という風俗の行われている越では章甫など全く珍重されず商売にならなかった、というエピソードが『荘子』に記されている。(44) 古式ゆかしい幞頭を着用に及んでも、今の中国ではその由緒来歴など知る者は誰もいまい。沈錥は清朝治下の中国を越になぞらえ、衣冠文物の喪失を慨嘆するのである。

中国の地では既に廃れてしまった古制・衣冠を自分たちはなお保持し伝承ている。そのような矜持がいわゆる小中華思想の内実を為すものであったことは言うまでもない。

小中華号不為過　小中華の称号は過分なものではないと
看我衣冠意自多　我々の衣冠を見るにつけその意を強くする
掃地全然無礼楽　（今の中国には）礼楽は地を払って全く見出せず
弥山只是走牛騾　一面の山野を牛や騾馬が走り回るばかり
…

（『樗村遺稿』巻六「燕行録」9「次副使韵」(45)）

四、「用夏変夷」「進於中国」の論理

ところで朝鮮が地理的には東方偏邦であり、民族的には非漢民族であるという事実は、覆すべくもない。華夷を弁別する指標として地理的・民族的要素を絶対視する限り、朝鮮は東夷としての位置づけを永遠に脱却し得ないのである。朝鮮人士が小中華としての矜持を獲得・保持し得るためには、中華文明の体得に努めることに加えて、何らかの形における論理の転換が必要であった。次の一節はそれを示唆するものである。

辛酉閏五月、簇懸輿地図于壁。為便按視、亦欲令児曹概識天下形便也。適又目触而自語曰。天下固大也。以東方个在一隅、不幾乎一葉之汎滄浪。而況余藐然焉托乎其間。

…然而古之為聖為賢者、其居或東夷、或西夷、其身之藐然而小、計亦無異於余也。由是言之、則人之所以自立于天地之中而与之参者、顧不在其居之遠而身之小、而蓋有在也。

(辛酉の歳(景宗元年、一七二一、三十七歳)閏五月、表装した輿地図を壁に掛ける。眺めるのに便利なため、また子供たちに天下の地理形勢の概略を知ってもらうためでもある。たまたまこれを目にして自問してみる。「天下はもとより広大である。(我が朝鮮が)東方の一隅に偏在するさまは、まるで青い波間にただよう一枚の木の葉のようではないか。ましてやこの私は、はかない身をその地に託しているのである。…しかしながら古に聖人賢者となった人たちも、その居住の地は東夷であったり西夷であったりしたし、その身ははかなく小さいものであって、考えてみれば私と異なるところはないのだ。このことから言うならば、人が天地の間に自立して天地人三才の一角を占め得るか否かは、居住地の遠さや身の矮小さとは無関係なのであって、もっと大切な事柄が有るはずだ。」)

(『樗村遺稿』巻四十一、日記「楓嶽録」一三五条)

右に云う「輿地図」とはいわゆる世界地図を指すものと思われる。マテオ＝リッチの『坤輿万国全図』(一六〇二年北京刊)、『両儀玄覧図』(一六〇三年北京刊)は、それぞれ一六〇三年及び一六二〇年までにはつとに朝鮮に伝来したと考えられている。[46] 沈錥は世界地図を前に、まずは自国朝鮮の狭小に思いを致すのである。[47]

東夷や西夷の地が聖賢を輩出したとは、舜は東夷の人、文王は西夷の人、という『孟子』の記述などを踏まえてのものであろう。[48] 地の遠近、即ち天下の中心(「中国」)からの距離の多寡にかかわらず、中華文明を体得し得ているか否かこそが、華夷を弁別する唯一の指標である。――このような論理を用いることによって、朝鮮が東夷としての位置づけから脱却すること(「用夏変夷」「進於中国」)も、可能になるのである。[49]

以上、「湾館録」「燕行録」を中心に沈錥の華夷観念・小中華思想、及びその論理構成について考察してきた。これ以外にも尊明排清の立場を示唆するものとして、崇禎紀元の使用を指摘することができる。[50] 周知のように明朝最期の天子である毅宗(荘烈帝)は崇禎十七年(＝順治元年、一六四四)に自害し、ここに明朝は滅亡する。明朝滅亡以降の時代にあって敢えて崇禎紀元を用い続けるのは、清朝の元号を用いることを潔しとしない自らの意志の表明に他ならない。沈錥は李坪《りへい》(一六四八～一七〇三)、権絿《ごんきゅう》(一六五八～一七三〇)、閔鈺《びんぎょく》(一七〇一～一七四一)の為に執筆した墓碣銘・墓誌銘において、

それぞれの生年を崇禎紀元で記している。(51)

五、沈錥にとっての「中国体験」

『樗村遺稿』に示される華夷観念、小中華思想を通覧してすぐに気づくのは、「湾館録」や「関西録」に見られるものと「燕行録」に見られるものとの間に、質的変化と言うべきものが全く見られないことだ。沈錥は赴燕使の一員として北京に赴き、清朝支配下の中国を実地に踏んできたきた人物である。従ってその当代中国に対する認識は、少なくとも「燕行録」以降に関しては、実見・実体験に裏付けられたものであったはずだ。しかしながらそこに見出される中国認識は、「中国体験」以前のそれと何ら異なるものではなかったのである。してみれば沈錥の「中国体験」とは、白紙の眼差しで中国の現状を見聞観察するというよりも、既に自らの脳裏に形成されている確固たる中国観を「確認」していくことによって満足の度を深めていく、といった底のものだったのではあるまいか。(52)

少なくとも言えることは、以上に見られるような沈錥の華夷観念や小中華思想は、朝鮮朝時代の一知識人のそれとしては極めて一般的であり、ありふれたものであったということだ。その分、典型的と言えば典型的だが、一面では観念的でありステレオタイプなものである。今、沈錥とほぼ同時代の人である韓元震（号南塘、一六八二～一七五一）の華夷観念に一瞥を与えてみよう。韓元震は、その「拙修斎説弁」においてて大略以下のように述べている。(53) 夷狄の人であっても、よく夷狄の行いを棄てて中国の道を慕い、中国の服を着て中国の言葉を話し中国の行いを行うことができれば、それは中国に他ならない。地に内外の区別はなく、人に華夷の区別はないのだ（「地之無内外、人之無華夷」）。我が東方は、太師（箕子）が東来して八条の教えをもたらして以来、民俗は大いに変化し、つとに「少《ママ》中華」の称が有る。我が朝に及んでは、礼楽刑政・衣冠文物は尽く中国の制度を踏襲し、その風俗の美しさや礼楽の実行は、まことに三代以後の中国の及び得ぬものである。そして真儒が輩出して道学は大いに明らかとなり、孔孟程朱以来の伝統を継承し得ている。天地が大いに塞がり、海内が腥膻《せいせん》たる今この時にあって（「当此天地否塞、海内腥膻之時」）、一隅の偏邦の身でただひとり中華の治世を保ち、前聖の伝統を継承しているのだ（以上『南塘集拾遺』巻六）。――箕子による中華文明の伝来、礼楽刑政・衣冠文物における中国の制度の踏襲、大中華が滅亡した今や、我が朝鮮のみが中華の伝統を保っているのだという小中華の矜持、そして華夷の別は地理的な位置や民族の種別によらぬとの論理に至るまで、ここに見られる論調は沈錆のそれとほとんど同工異曲である。というよりも、これが当時の朝鮮人士における典型的華夷観念の一類型であったと言ってよいだろう。

漢民族か非漢民族かが華夷弁別の絶対指標となり得ない以上、朝鮮が東夷の地位に甘んじ続けるいわれがないのと全く同じ理由で、清朝支配下の中国を羶腥薫穢と決めつける必然性もなかったはずだ。その意味で、彼らの用いた「論理」には一貫性を欠く面の有ったことは否めない。

もとよりこのような華夷観念を打破克服しようとする人々も少なからず存在した。主として実学派と称される人々である。例えば『熱河日記』の著者朴趾源《ぼくしげん》は、その「北学議序」の中で大略以下のように述べる。[54] わが朝鮮は、社会の利便をはかり民の生活を豊かにする（「利用厚生」）という面では全くたちおくれている。その現状を打開するためには、他者から謙虚に学ぶ姿勢が不可欠である。学ぶべき相手は、中国を措いてはない。しかるに我国人士の多くは、中国の地を践んだこともなく中国の人に会ったこともないくせに、これを夷狄視して学ぶのを恥とする。――朴趾源は清人を「犬羊」視し、清朝支配下の中国を「腥膻」と断じ、その「薙髪左袵」を声高にあげつらうようなステレオタイプな中国観を、厳しく批判するのである。[55]

「北学議序」は朴斉家《ぼくせいか》（一七五〇〜一八〇四）の『北学議』に寄せられた序文である。『北学議』は朴斉家が赴燕使に随行した体験（正祖二年、一七七八）にもとづき、利用厚生の点で朝鮮に欠けて今の中国に備わっているものが有れば謙虚に学び取るべきであるとの意から、車・船・城・宮室・道路・橋梁・紙・弓・文房之具など多項目にわたり実地の見聞を書き留めた書物である。「北学」には北方の中国に学ぶべし、との意が込められている。彼らが北学派・利用厚生派と称される所以である。[56]

また同じく北学派に属する洪大容《こうだいよう》（号湛軒、一七三一〜一七八三）は、虚子と実翁という架空の人物の問答体である有名な「毉山《いざん》問答」において、（1）月蝕の浸蝕部分の輪郭が円形であることからも、地の球形は明らかである、（2）中国人が中国を天下の中心（「正界」）と考え西洋を辺境（「倒界」）と見なすように、西洋人も西洋を天下の中心と考え中国を辺境と見なすのであると述べ、「正界」と「倒界」がそもそも相対的概念に過ぎないことを指摘している。[57]

このような立場と対照してみても、沈錆らの抱いた華夷観念はいわゆる実学者たちが打破克服の対象とした保守的伝統的な観念、その意味で当時における典型的な華夷観念であったと位置づけることができよう。

なお沈錥と同じく鄭斉斗門下であり、江華学派の一員でもある尹淳《いんじゅん》（一六八〇～一七四一、号白下）は、英祖四年十一月～五年四月（雍正六～七、一七二八～一七二九）にかけて、冬至正使として中国に赴いている。沈錥の帰国から半年たらず後の出立であり、ほぼ同時期の中国体験である。その尹淳は、清朝治下の中国において城郭・塹壕・城壁の建築、瓦・車の製造法から繰り綿・精米の方法に至るまで、当代中国の技術の先進性を目の当たりにし、それらを朝鮮に導入する必要性を痛感する、といった中国体験を書き留めている。[58] 朴斉家（正祖二年、一七七八）、朴趾源（正祖四年、一七八〇）の赴燕に先立つこと約五十年であり、その先見性は注目に値するが、当時にあって尹淳のような中国体験をなし得た人物は、むしろ稀少だったのではあるまいか。[59]

おわりに

沈錥にとっては、中華文明を体得体現することが、東夷としての位置づけから脱却する唯一の方途であった。中華文明の粋は儒教であり、当時の正統儒教は朱子学に他ならなかった。即ち沈錥にあって、朱熹を尊崇してその著作を愛読し朱子学を身につけることは、小中華としての矜持を保持することと一体不可分の営みであったはずだ。韓元震も先の「拙修斎説弁」において朝鮮の小中華たる所以に触れ、「真儒輩出、道学大明、有以接乎孔孟程朱之伝」と述べている。因みに韓元震は宋時烈再伝の弟子であり、師の『朱子言論同異攷』を完成させるなど、篤実な朱子学者として著名な人物であった。

以上のことから、旧稿において考察した沈錥の思想的立場、即ち朱子学尊重と陽明学批判の立場は、本稿において明らかにしたその華夷観念・小中華思想とも、大いに共振共鳴するものであったと、ひとまずは言い得よう。

「体制教学として虚学化し形骸化した朱子学を批判克服し、近代への道を切り拓いた」ものとして実学思想を高く評価するような旧来の実学観は、近年、再考を促されている。[60]「実学者＝反朱子学者」という図式が実態と乖離した予断に過ぎないことも、検証されつつある。[61] 北学派をはじめいわゆる実学派と言われる人々にも慕華の意識が通底していたとするならば、彼らの多くに朱熹尊崇の念が抱かれていたとしても何ら異とするには足らず、むしろ当然ですらある。[62]

尊明排清と結びついた小中華思想と、それを打破克服しようとする立場。華夷観念・対外認識のあり方として両者は対極・対照をなす。前者が朱子学尊崇と結びつきがちであることは見やすい道理だが、後者も決して朱子学尊崇と矛盾するものではない。

本稿の冒頭にも触れたように、沈錥の朱熹尊崇、陽明学批判の立場には、韜晦、陽朱陰王といった可能性の余地も考慮に入れておく必要があろう。沈錥の華夷観念を検証した本稿の作業も、その可能性の吟味という問題に対して直接の手がかりを与え得るものではない。ただ、遺された資料を通して見る限り、その朱子学尊崇といい華夷観念のあり方といい、沈錥は、江華学派に連なるという一点を除けば、朝鮮朝時代の一知識人として、むしろごく標準的なあり方を示す存在であったと言うことはできるだろう。

注

（1）　中純夫『朝鮮の陽明学――初期江華学派の研究』第五章「樗村沈錥」（汲古書院、二〇一三年）。

（2）　中純夫注1前掲書、序章「朝鮮陽明学の特質について」第八節「陽明学信奉の韜晦・隠蔽」を参照。

（3）　羅州掛書事件と江華学派の関わりに関しては、中純夫注1前掲書、第一三章「江華学派と党派党争――沈錥周辺の人物を中心に」を参照。

（4）　朝鮮朝における華夷観念・小中華思想などに関しては、つとに山内弘一氏に一連の優れた研究成果がある。筆者もこれらの研究成果から多大の裨益を蒙ったことを記しておきたい。なお、以下の注において氏の論文に言及する際には、その発行年のみを略記する。

○「李朝初期における対明自尊の意識」（『朝鮮学報』第九十二輯、一九七九年）。

○「朴趾源に於ける北学と小中華」（『上智史学』第三十七号、一九九二年）。

○「洪大容の華夷観について」（『朝鮮学報』第一五九輯、一九九六年）。

○「夷と華の狭間で――韓元震に於ける夷狄と中華」（東京大学東洋文化研究所『東洋文化研究所紀要』第一三二冊、一九九七年）。

○「朴齊家における北学と慕華意識」（『上智史学』第四十三号、一九九八年）。

○「李朝後期知識人の反朱子学批判の一例――清の毛奇齢と日本の古学派批判」（『漢文学解釈与研究』二輯、一九九九年）（A）。

○「京城・貴族の誇り――丁若鏞に於ける貴と華夷」（『上智史学』第四十四号、一九九九年）（B）。

○「朝鮮国人李徳懋と慕華意識」（『朝鮮文化研究』第七号、二〇〇〇年）。

○「小中華を生きる――朝鮮王朝の知識人、両班士族」（伊原弘、小島毅編『知識人の諸相――中国宋代を基点として』勉誠出版社、二〇〇一年）。

○『朝鮮からみた華夷思想』（世界史リブレット六十七、山川出版社、二〇〇三年）。

また河宇鳳「朝鮮後期対外認識の推移」（河宇鳳著、井上厚史訳『朝鮮実学者の見た近世日本』所収、ぺりかん社、二〇〇一年）参照。

（5）　尾藤正英「尊皇攘夷思想」（岩波講座『日本歴史』十三、岩波書店、一九七七年）、塚本学「江戸時代における夷観念について」（『日本歴史』一九七九年四月号、吉川弘文館）、渡辺浩『近世日本社会と宋学』第二章「宋学と近世日本社会」第一節、三「華夷」（東京大学出版会、一九八五年）。

(6) 赴燕使の陸路及び海路の路程に関しては、『通文館志』巻三、事大「中原進貢路程」「航海路程」を参照（奎章閣資料叢書、ソウル大学校奎章閣韓国学研究院）。また松浦章『近世中国朝鮮交渉史の研究』（思文閣出版、二〇一三年）五八頁以下、七四頁以下を参照。

(7)『樗村遺稿』巻四十四「先考領議政府君遺事」第八条に「公赴湾府」云々の一節が有る（湾府＝龍湾＝義州）。また『粛宗実録』粛宗三十六年五月十五日己卯に「義州府尹沈寿賢辞陛、召見勉諭。」同、三十七年七月二十八日乙卯に「義州府尹沈寿賢封啓曰」云々の記述が有る。

(8)『樗村遺稿』巻四十四「先考領議政府君遺事」第十条に「歳庚寅（粛宗三十六年）、清人勅我国、迅守海防、蓋以海寇為慮也。遠近繹騒、幾欲波盪。時錥在都下、了堂弟葬事、着急馳還。其時憂迫之状、可知也。比至、公笑曰。」云々とある。都（漢城）から義州に急行したことを「馳還」と表現していることからも、当時の沈錥は居住の根拠地を義州に置いていた様子が伺われる。また『樗村遺稿』巻四十「湾館録」第二十条、辛卯（粛宗三十七年）十月廿一日に「余将有洛行」、同四九条、十一月四日に「方能入京」とあり、この四十九条を以て「湾館録」は終わっている。

(9)『樗村遺稿』巻六「燕行録」2「渡江」に「回頭便失龍湾館」の詩句が有る。また朴趾源『燕巌集』巻十一「熱河日記「渡江録」の冒頭近くにも「初留龍湾（義州館）十日」の句が有る。『関西邑誌』龍湾誌、巻上、館廨「龍湾館　即客舎、在鎮辺軒東。」（韓国地理叢書、邑誌十四、平安道、第一冊所収、韓国学文献研究所）。

(10)『英祖実録』英祖三年十一月丙寅、四年一月辛酉、六月癸巳。

(11)『樗村遺稿』巻四十三「公州牧判官趙公聖文墓碣銘」に「歳戊申、不佞随家大人赴燕。」との記述がある（戊申は英祖四年）。また『英祖実録』英祖四年一月丙辰五日に「台佐曰。諮議沈錥、随其父赴燕京。自上有出六之命。」同一月丁巳六日に「沈錥為司宰主簿。」とある。台佐は吏曹判書李台佐。出六とは参下（七品以下）から参上（六品以上）に陞進すること。謝恩陳奏正使たる父に随行することになった沈錥は、出立に先だって世子侍講院諮議（正七品）から司宰監主簿（従六品）への陞進を賜ったのである。因みに正使・副使・書状官が出発の挨拶に英祖に謁見したのが一月辛酉十日である。

(12) 清の太祖ヌルハチの曽祖父フマンには六人の子がいた（うち第四子がヌルハチの祖父）。この六人はヘトウアラという地を取り囲むようにしてそれぞれの居城を構え、世に「寧古塔《ニングタ》の貝勒《ベイレ》」（「六祖」）と称さた（『清史稿』巻一「太祖本紀」）。「寧古塔」と「貝勒」はそれぞれ満州語で「六」と「王」を意味する。松浦茂『清の太祖ヌルハチ』（白帝社、一九九五年）六〇―六七頁を参照。

(13)「東韓」は朝鮮の自称。「東韓数千里」は朝鮮の疆域を示す慣用的表現。李廷亀『月沙集』巻四十五「皇明都御史楊公鎬去思碑銘幷序」「是其一戦之功、実我東韓再造之基。」郭鍾錫『俛宇集』巻一三五「節要集覧序」「於是乎朱子之学、煥然大明于我東韓。」権尚夏『寒水斎集』巻二十九「観察使兪公棍墓誌銘幷序」「雖然以公等数人之力、東韓数千里、得免為禽獣之帰。」金平默『重菴集』巻五「代京畿儒生等嶺儒被罪後継疏」「嗚呼、今此東韓数千里之疆土、乃殷太師用夏変夷之旧邦也。」

(14)「湾館録」は日記ではあるが、全ての条に月日の記載を具えているわけではない。巻三十九「湾館録」庚寅は全三十八条、うち第一条は七月二十日、第十三条は臘月二十一日、第十六条は正月十九日、第三十三条は三月一日である。また巻四十は全四十八条、そしてその第四十八条は十一月四日である。従って巻三十九第十三条までは二十六歳、第十六条以下及び巻四十は二十七歳の日記である。以下、煩を避けて年齢のみ記す。

(15) 万暦初年の言官（六科給事中、十三道観察御史）を中心とする首輔（＝主席内閣大学士）張居正批判、万暦中葉以降の東林党と内閣の対立が、いずれも言路の開通を中心課題の一つとして展開された事実を想起されたい。小野和子『明季党社考——東林党と復社』（同朋舎、一九九六年）参照。

(16) 例えば明の太祖朱元璋は、蒙古族による元朝支配を打倒し、漢民族による中国回復の達成を宣言する文脈で、以下のように述べている。『太祖実録』呉元年十月丙寅「檄諭斉魯河洛燕薊秦晋之人曰。自古帝王臨御天下、中国居内以制夷狄、夷狄居外以奉中国。未聞以夷狄居中国治天下者也。…天運循環、中原気盛、億兆之中、当降生聖人、駆逐胡虜、恢復中華、立綱陳紀、救済斯民。…予恐中土久汚羶腥、生民擾擾、故率群雄、奮力廓清。志在逐胡虜除暴乱、使民皆得其所、雪中国之恥爾。」なお『五雑組』巻十一、物部に「東南之人、食水産、西北之人、食六畜。食水産者、螺蚌蟹蛤以為美味、不覚其腥也。食六畜者、狸兎鼠雀以為珍味、而不覚其羶也。…聖人之教民火食、所以別中国於夷狄、殊人類於禽獣也。」とある。東夷南蛮は火食しないという『礼記』「王制」の記述等に依拠し、「腥羶（なまぐさ）」を生食する人種の意でこれらの語彙が用いられるようになったのであろう。

(17) 例えば世宗による訓民正音（諺文）制定に反対の論陣を張った集賢殿副提学崔万理は、漢字の使用も華制遵守の一環であるとの立場に立ち、諺文の制定・使用は祖宗以来の事大慕華の精神に悖る行為である、と述べた。『世宗実録』世宗二十六年二月庚子「集賢殿副提学崔萬理等上疏曰。…一、我朝自祖宗以来、至誠事大、一遵華制。今当同文同軌之時、創作諺文、有駭観聴。…若流中国、或有非議之者、豈不有愧於事大慕華。」平木實「漢字文化圏におけるハングル文化の展開」（『朝鮮社会文化史研究』Ⅱ、阿吽社、二〇〇一年、所収）、山内弘一、二〇〇三年。また漢城の敦義門（西大門）外の西北には、中国皇帝の勅使を迎える「慕華楼」（のち「慕華館」）が有った。『新増東国輿地勝覧』巻三「漢城府」宮室「慕華館。在敦義門外西北、本慕華楼、世宗十二年改為館。」

(18) 『樗村遺稿』巻三十九「湾館録」三条「龍湾、古称多人才。…湾之為邑、処夷華之交。而国之所以壮西門者、独湾也。則此鎮以為控隘咽喉者、亦豈偶然。」同、巻四十「湾館録」一条「統軍亭、在州城北、去衙舎不百歩而近。…而統軍亭為有名焉者、豈不以界夷華之交而得地之宜而然歟。」なお統軍亭は『新増東国輿地勝覧』巻五三、平安道義州「楼亭」の項に記載がある。

(19) 『粛宗実録』粛宗三十六年九月己未「清礼部以其皇旨移咨曰。」云々。

(20) 『樗村遺稿』巻四十四「先考領議政府君遺事」第十五条「胡皇因文字発怒、弱国之臣、勢無奈何。」同、第十八条「蓋自胡皇生怒之後、忍痛含憤、外示惶恐之色。」英祖四年（雍正六）に謝恩陳奏正使として赴燕した沈寿賢は帰国後、奉使辱国の故を以て咎を受けた。右はいずれもこれに関わる遺事であり、文中の胡皇は雍正帝を指す。

(21) 光緒重修『広平府志』巻四十九、列伝、明「田応揚、鶏沢人。…嘉靖三十七年挙人。令広昌。…擢忻州牧。…再遷莱州同知。進襄府長史。」

(22) 『粛宗実録』粛宗三十七年四月四日壬戌「謝恩使鄭載崙・朴権・書状官洪禹寧復命、上命引見。載崙以海賊事、箚録進之。

蓋載崙軍官田井一、即東来明人田好謙子也。」云々。なお「冬至兼謝恩使鄭載崙」に関する言及が『粛宗実録』粛宗三十七年三月五日甲午の条に見えている。

(23) ①『星湖僿説』巻十七、人事門「田好謙」、②李徳懋『青荘館全書』巻四十七、磊磊落落書補編、下「田好謙」、③成海応『経斎全集』巻四十三、皇明遺民伝、七「田好謙」、④成海応『経斎全集外集』巻四十、伝記類「田氏誥命録」、⑤尹行恁『碩斎稿』巻九、海東外史「田好謙」。うち④⑤が田井一の赴燕に触れている。

(24)「今中原陸沈。吾得免左袵、幸也。」前注②③④所引の田好謙語。

(25)『燕巌集』巻十一～十二「熱河日記」。今村与志雄訳注『熱河日記』1（平凡社、東洋文庫、一九七八年）六―二五七頁。なお同2所収の解説にも指摘されているように、清朝政府は燕行使の由るべき交通路をあらかじめ指定していた（三三五頁）。従って旅程はどの回もほぼ同様であったと考えてよい。この点に関しては次の一文をも参照されたい。「しかし、一方で燕行録という一類の史料をまとまった数量で読む者は、そこに見られる固定化した内容やマンネリ化した観念に、うんざりすることになる。ほぼ同じルートを一年のほぼ同じ時期に通過し、同じ北京の宿舎に住み、同じ儀式に参加し、ほぼ同じ北京観光をするのだから、それは当然である。沿途の各地で詠う詩歌も。ほぼ主題が定まってくる。」夫馬進「日本現存朝鮮燕行録解題」（『京都大学文学部研究紀要』四二号、二〇〇三年）一三一頁。

(26)『荘子』内篇「逍遥遊」「鷦鷯巣於深林、不過一枝。偃鼠飲河、不過満腹。」。

(27) 延陵は呉の季札が封じられた地で、ここでは季札を指す。『史記』巻三十一「呉太伯世家」「季札封於延陵、故号曰延陵季子。」『春秋左氏伝』襄公三十年「呉公子札来聘。……請観於周楽。」杜預注「魯以周公故有天子礼楽。」

(28) 牧老は牧隠李穡。『樗村遺稿』巻一、江湖録「牧隠先生」「並時三隠斗山尊、牧老年高始発轅。道学尋流洙泗派、文章接武馬韓門。」（三隠は牧隠李穡、圃隠鄭夢周、治隠吉再を指す）李穡は高麗恭愍王二年癸巳（順帝十三年、一三五三）、恭愍王四年乙未（順帝十五年、一三五五）の二度、書状官として元に赴いている。権近撰「朝鮮牧隠先生李文靖公行状」（『牧隠集』巻首）に拠る。

(29)『詩経』邶風「谷風」「誰謂荼苦、其甘如薺。」王命を奉ずるという意識に関しては次の詩句を参照。「燕行録」3「温井坪露宿」「王事周旋不有躬、丹衷耿耿質蒼穹。」。

(30)『熱河日記』には、義州から燕行使の一行に随行する馬丁たちが、沿道で掠奪をほしいままにする様に言及している（『燕巌集』巻一二「熱河日記」「馹汛随筆」「橋梁」七月十八日甲午条。東洋文庫、1、二〇九頁）。ここに云う「索貨」が現地の人々の行為を指すのか、随行する朝鮮人の行為を指すのか、未詳。

(31)『樗村遺稿』巻六「燕行録」31「行吟」にも「今日漢儀非可覩、旧時周礼亦難求。」の句がある。

(32)『樗村遺稿』巻三十五、雑著、欠題、九条に「身不生於天下之中、而乃在一隅者、命也。不生於前修輩出之時、而在衰末者、亦命也。此固無奈何者。」とある。

(33)『唐律疏議』巻十八、賊盗「残害死屍」、『宋刑統』巻十八、賊盗「残害死屍」、『元典章』巻三十、礼部、礼制「禁約焚屍」、『大明律』巻十二、礼律、儀制「喪葬」、『大清律輯注』巻十二、礼律、儀制「喪葬」。

(34) 宮崎市定「中国火葬考」（『宮崎市定全集』十七巻所収、岩

波書店、一九九三年）、中純夫「火葬をめぐる若干の問題について――明清を中心に」（井上徹・遠藤隆俊編『宋明宗族の研究』汲古書院、二〇〇五年）。

(35) ①金昌業『老稼斎燕行日記』「山川風俗総録」「或云。漢人尚用三年之制、清人用易月之制。清人皆火葬、漢人不火葬。而近来亦頗火葬云。」（粛宗三十八年、康熙五十一年壬辰、一七一二、『燕行録全集』三十二冊、三二五頁）②李宜顕『庚子燕行雑識』下「清人皆火葬、漢人則否。而近来頗有火葬者、盖染胡俗而然也。」（粛宗四十六年、康熙五十九年庚子、一七二〇、『燕行録全集』三十五冊、四六三頁）。

(36) 呉三桂が李自成率いる反乱軍討伐の協力を清に対して要請し、山海関を開いてドルゴン率いる清軍を導き入れたことを指す。『清史稿』巻四「世祖本紀」順治元年四月壬申「睿親王多羅袞師次翁後、明山海関守将呉三桂遣使致書、乞師討賊。」同、「己卯、師至山海関、三桂開関出迎、大軍入関。」なお次の詩も参照。『樗村遺稿』巻六「燕行録」53「望長城」第二首「風濤何処是蓬萊、採薬舟行苦未廻。若使秦皇能不死、長城肯許北人来。」。

(37) 「梯山」は「梯山航海」とも熟し、皇帝の威信が津々浦々にまでいきわたる、あるいは四夷が帰順し朝貢品が遠方から集まってくる描写の文脈などでしばしば用いられる。『陳書』巻六「後主本紀」「史臣曰。後主昔在儲宮、早標令徳。及南面継業、寔允天人之望矣。…且梯山航海、朝貢者往往歳至矣。」『明史』巻六十三「楽志」三「洪武三年定宴饗楽章。…六、奏撫四夷之曲。…奇珍異産、梯山航海、奉表称臣。」」。

(38) 「一瓦」については次の詩句を参照。『樗村遺稿』巻二十二、詩「閲地図」「大地縦横亘古今、青丘一瓦等蹄涔。」青丘は朝鮮の異称、蹄涔は牛馬の足跡にたまった水。

(39) 『夢渓筆談』巻一、故事、十条「幞頭」、『宋史』巻一五三「輿服志」五「幞頭」、王圻『三才図会』衣服、二巻、国朝冠服、群臣冠服「幞頭」。

(40) 『高麗史』巻七十二「輿服志」「高宗三十九年（一二五二）、王許崔沆蒼頭著幞頭。旧例、唯諸王宗室宮宅蒼頭著幞頭、謂之紫門仮著。権勢両班家奴著幞頭、自沆始。」蒼頭は奴僕の意。

(41) 朴趾源に先立つこと二年、正祖二年（一七七八）に赴燕使の一員として中国を訪れた朴斉家も、『北学議』「場戯」の項においてほぼ同様の見聞を書き留めている。山内弘一、一九九八年、一一三頁。

(42) 『燕巌集』巻十二「熱河日記」「馹汎随筆」「橋梁」七月二十二日戊戌条。「前屯衛市中設場戯…演劇者蟒袍・象笏・皮笠…幞頭之属、宛然我国風俗。道袍或有紫色而方領黒縁、此似古唐制也。嗚呼、神州之陸沈百有余年、而衣冠之制猶存、彷彿於俳優戯劇之間、天若有意於斯焉。」東洋文庫、1、二三〇頁。

(43) 『礼記』「郊特牲」「冠而字之、敬其名也。委貌、周道也。章甫、殷道也。毋追、夏后氏之道也。」『礼記』「儒行」「魯哀公問於孔子曰。夫子之服、其儒服與。孔子対曰。丘少居魯、衣逢掖之衣。長居宋、冠章甫之冠。」

(44) 『荘子』内篇「逍遙遊」「宋人資章甫而適諸越。越人断髪文身、無所用之。」。

(45) なお次の詩句も参照。『樗村遺稿』巻六「燕行録」34「又次華字韵」「家在海東称小華、別来消息問如何。」

(46) 姜在彦『朝鮮の西学史』四三頁（姜在彦著作選Ⅳ、鈴木信昭訳、明石書店、一九九六年）。また鈴木信昭「朝鮮に伝来した利瑪竇『両儀玄覧圖』」（『朝鮮学報』二〇一輯、二〇〇六年）参照。

(47) 『樗村遺稿』巻二十二、詩「閲地図」「大地縦横亘古今、青丘一瓦等蹄涔。太倉梯米猶為大、参作三才但此心。」（一部注38に既引）。

(48)『孟子』「離婁」下。

(49) このような論理を提供する素材としては、例えば韓愈の次の発言がある。『韓昌黎文集』巻一「原道」「孔子作春秋也、諸侯用夷礼則夷之、進於中国則中国之。」なお『孟子』「滕文公」上「吾聞用夏変夷者、未聞変於夷者也。」という語が端的に示すように、夷狄は中国文明の感化に浴することによって華夏に包摂され得るという観念は、中華思想にそもそも内在する。

(50) 朝鮮朝における崇禎紀元の使用例については、藤田亮策「朝鮮の年号と紀年」の「崇禎紀年」の項（『朝鮮学論考』藤田先生記念事業会刊、一九六三年）三二七頁以下を参照。

(51)『樗村遺稿』巻四十三「芸谷李河陽墓碣銘」「公以崇禎戊子二月五日生。…卒于官廨、得年五十六。」巻四十六「灘村権公墓誌銘」「公生於崇禎紀元後三十六年戊戌十二月二十八日。…庚戌、以寝疾卒于正寝、十二月初六日也。」同「閔士相墓誌銘」「君生於崇禎紀元後辛巳十月二十八日、卒於辛酉六月十四日。」ただし権絿の生年である一六五八年戊戌は、崇禎元年から起算すれば崇禎三十一年にあたり、崇禎十八年から起算すれば「崇禎紀元後十四年」とでも称すべきである。「三十六年」はあるいは誤記か。

(52) 朝鮮人士が中国帰りの同胞のもたらす中国情報に接する場合にも、清朝支配下の中国を最初から夷狄視し、朝鮮の方が文化的に優越するのだとの先入観にとらわれ、そのような自己の認識を保証する情報は歓迎するが、それに相反する情報は拒絶する、という傾向にあったことが、朴斉家のケースに即して指摘されている。山内弘一、一九九八年。

(53) 山内弘一、一九九七年参照。

(54) 山内弘一、一九九二年参照。

(55)『燕巌集』巻七「北学議序」。

(56)『貞蕤閣文集』巻一「北学議自序」。山内弘一、一九九八年参照。

(57)『湛軒書』内集、補遺「毉山問答」なお小川晴久「洪大容の宇宙無限論」（『東京女子大学附属比較文化研究所紀要』三十八巻、一九七七年）、小川晴久「地転［動］説から宇宙無限論へ——金錫文と洪大容の世界」（東京女子大学紀要『論集』三十巻二号、一九八〇年）、山内弘一、一九九六年参照。

(58)『白下集』巻十二「与金判書（東弼冬至正使）」。

(59) 尹淳の対清観については、中純夫注1前掲書、第六章「白下尹淳」を参照。

(60) 金容沃「朝鮮朱子学と近代」第三節「「実学」という虚構」（アジアから考える7『世界像の形成』所収、東京大学出版会、一九九四年）、山内弘一、一九九九年A。もっとも金容沃氏は「朱子学＝前近代」「実学＝反朱子学＝近代」という図式的理解を批判するにとどまらず、朝鮮思想史における実学の存在そのものを全否定しており、筆者とは見解を異にする。韓国及び北朝鮮における朝鮮実学の研究史については小川晴久「朝鮮実学とその担い手たち」（『日本の科学者』二三三号、日本科学者会議、一九八七年）参照。なお、朝鮮近世の実学思想は、一九二〇〜三〇年代、日本統治時代の朝鮮知識人たちにより、過去の自国の思想中に近代的価値観を見いだそうとする問題意識のもとに「発見」されたものである、との指摘がある。してみれば、現在克服されつつある旧来の実学概念も、それはそれで時代の所産ということになろう。この点については小川晴久『朝鮮実学と日本』（花伝社、一九九四年）参照。

(61) 山内弘一、一九九二年、一九九六年、一九九八年、一九九九年A、二〇〇〇年、参照。

(62) いわゆる利用厚生派の人々が『書経』「大禹謨」「正徳・利用・厚生」のうち敢えて後二者のみを抜き出して標榜するのは、正徳は自国において自足しているとの認識が背後にあったからである。その場合、自国における正徳の内実の中心を為すものが朱子学であったことは想像に難くない。山内弘一、一九九二年参照。

附記 本稿の初出は『京都府立大学学術報告（人文・社会）』第五十五号、二〇〇三年である。今回の掲載に際しては、少なからず補訂を施した。

朝鮮目録学の今日

藤本幸夫

ふじもと・ゆきお——富山大学名誉教授、麗澤大学・京都大学客員教授。専門は朝鮮語学・文献学。主な著書・論文に『韓国語の歴史』（訳、大修館、一九七五年）、『日本現存朝鮮本研究　集部』（京都大学学術出版会、二〇〇六年）、『日韓漢文訓読研究』（編、勉誠出版、二〇一四年）などがある。

朝鮮古書目録に就いて、出版形態と関連づけながら述べた。朝鮮の出版形態は、官版（中央官衙及地方官衙）・寺刹版・書院刊本・家刻本・坊刻本（書肆刊本）・個人刊本にわけられる。官版は出版部数が需要を満たし得ていないので、中宗時に官立書肆の設立建議がなされた。王は好意的であったが、顕官の反対に会って沙汰やみになった。

目録は研究者にとって、資料の海に入るための指南であることは言うまでもないが、同時にその当時における文化・学術水準を示す証言でもある。書写資料を有するところでは、あらゆる所で作成されたに相違ない。東アジアにおいては先進国家中国において、紀元前から資料の蓄積があり、現在知られるもっとも古い体系的目録としては、前漢末劉向『別録』、その男劉歆『七略』がある。日本においては藤原佐世『日本国見在書目録』（八九一年以前）が最も古く、それ以降種々の目録が残されている。

朝鮮は東アジアにおいては中国に継ぐ文化国家であるが、目録の存在はかなり遅れる。それは目録のみならず、朝鮮の文化財一般について言えることである。古代朝鮮に関しては中国資料や日本資料に言及がある。古代朝鮮の三国、即ち高句麗（紀元前三七～六六八）・百済（紀元前十八～六六〇）・新羅（三国新羅（紀元前五十七～六七六）・統一新羅（六七七～九三五））の時期は写本が中心であり、刊本は殆ど行われていなかった。金富軾等編『三国史記』や釈一然『三国遺事』の中に書籍に言及があり、また中国の歴代正史に書籍名が散見され、どのような書籍が使用されていたかが判る。朝鮮で目録として知られているのは高麗時代以降であり、以下に於いて資料利用者の視点からそれらを見てゆこう。

一、高麗時代（九一八～一三九二）

高麗王朝は国初から諸制度を宋朝に倣って整備したが、それは書籍の蒐集・出版・管理についても同様である。名称は時代に従って異なり、また推移もあるが、秘書省・秘書閣・修書院（平壌）・文徳殿・清讌閣・宝文閣・臨川閣・架閣庫・書籍舗・書籍店・書籍院などがあった。これらの多くは宋朝に確認しうるものである。これらに歴代所蔵されてきた書籍は、度重なる内乱・外冦でしばしば失われた。高麗では書籍の喪失を懼れ、それに対して方策を講じている。例えば粛宗六年（一一〇六）には九経・史部及び子部の各一本を台省と枢密院に分置している。また版木の毀損にも配慮して、同年には秘書省に蔵置された版木が積み重なって破損しているため、国子監の中に書籍舗を設けて移置し、そこで印刷せしめている。また宮廷内の書籍亡失を避けるため、「高麗国十四葉辛巳歳御蔵書大宋建中靖国元年大遼乾統元年」という蔵書印を押している。この印の押された書籍としては、『通典』『重広会史』『説文正字』『姓解』が日本に伝わっている。

高麗は朝貢を通じて宋朝と良好な関係を保ち続け、皇帝からしばしば書籍を下賜され、高麗からも下賜を願い出、また使臣に命じて宋から多量の書籍を購入せしめており、その他に商人や使臣たち自身も図書を購入している。その旺盛さに蘇軾（一〇三六～一一〇一）は上奏文を呈して、高麗人の書籍購入の制限を図ろうとしたほどであった。宋帝からは書籍以外に絵画をも賜っているが、書籍には『太平御覧』『文苑英華』『冊府元亀』『北史』などの大部な書籍を含み、また内容も多岐に亙っている。顕宗十八年（一〇二七）には江南の商人が五九七巻を高麗に献上し、忠粛王元年（一三一三）六月には江南から一万八〇〇〇冊を購入し、また同年七月には元帝から滅亡した宋の秘閣にあった書籍一万七〇〇〇巻四三七一冊を賜っている。これらの大部の書籍は殆ど全てが宋版と考えられる。もっとも写本の混在は充分にありえる。

高麗における宋版の豊饒さは宋朝にも聞こえていたようで、宣宗八年（一〇九一）には宋朝から逸書となった書籍を求められている。高麗朝の書庫に所蔵されてきた書籍は朝鮮朝初までは伝存していたが、その後失われてしまった。

これら宋朝伝来の書籍や高麗刊本や写本は膨大な数に上ったに違いないが、それらの把握に有用な目録類が伝わっていない。その一部は鄭麟趾等編『高麗史』（一四五一箋進）に散見され、また刊本が僅かに伝存するに過ぎない。伝存書を見るに、寺刹刊本や官版が中心で、その他に家刻本がある。

高麗は新羅の伝統を引き、仏教が極めて盛んであった。高麗仏教は新羅仏教を継承するが、新たに天台宗が成立し、また新羅末に受容された禅宗は高麗に入って独自な禅風を確立して、朝鮮仏教の特色である禅教両宗の体制が確立した。そして鎮護国家・祈福禳災の性格を帯び、国家や貴族からの手厚い保護を受けた。寺刹には寺領が与えられ、租税は免ぜられて、また自ら商業や高利貸業まで行うに至り、経済的には極めて潤沢であった。したがって寺刹は仏書等を刊行し、場合によっては金属活字を鋳造し、十二世紀末か十三世紀初ごろには活字印刷まで行った。

しかし高麗仏教における盛事は、二度の大蔵経及び続蔵経の刊行である。太祖十一年（九二八）には中国から大蔵経一蔵が伝わり、また成宗八年（九八九）には宋太宗太平興国八年（九八三）に四川で刻成したばかりの所謂開宝勅版大蔵経が宋帝から下賜された。その後宋から幾度もの大蔵経の下賜があり、また文宗十六年（一〇六二）に遼から刊行後間もない契丹大蔵経が伝えられたのを嚆矢に、その後幾蔵も齎された。

高麗における最初の大蔵経、即ち初雕大蔵経は、顕宗二年（一〇一一）の契丹来寇時、その退却を祈念して雕造されたもので、完成は宣宗四年（一〇八七）と見られる。その後高宗十八年（一二三一）に蒙古が襲来し、大邱符印寺に蔵置された初雕大蔵経の板木は焼き払われた。そこで再び仏力による退却を祈念して、同二十三至三十八年（一二三六～一二五一）にかけて第二回目の大蔵経、即ち再雕大蔵経が雕刻された。これは現在海印寺に伝わる。初雕大蔵経の目録は未詳で、また経典の伝存も極一部であるが、開宝勅版大蔵経に準拠しているので、全体像はほぼ把握できる。再雕大蔵経の目録は、その更函に『大蔵目録』三巻が収録されている。また続蔵経は文宗の王子で幼くして出家した大覚国師義天（一〇五五～一一〇一）の発意に出たもので、義天は華厳宗を学びながら、次第に天台宗に傾斜し、宣宗二年（一〇八五）に宋に渡ってそれらを学び、多くの経典を齎した。経典の注釈書の集大成を図り、中国・朝鮮はもとより遥か遼や日本にまでそれらを求めた。この続蔵経の目録が義天『新編諸宗教蔵総録』三巻で、一〇一〇部四七四〇巻ほどが収録されているが、現在その極一部が伝存するに過ぎず、全てが刊行されたか確認できない。またこの目録は日本に古く伝わり、転写された後元禄六年（一六九三）に至って刊行された。釈守其は再雕大蔵経刊行（一二三六～一二五一）に際し、基本的には底本として初雕大蔵経によるものの、必ずしも十全でないため、契丹大蔵経や国内伝来経と校勘を行った。そしてその結果を記録したものが、『高麗国新雕大蔵校正別録』である。これは目録ではないが、高麗大蔵経を理解するために重要な文献である。

以上の如く高麗時代の目録としては、仏書目録二種が存するのみである。

二、朝鮮時代（一三九二〜一九一〇）

朝鮮朝においては、特に後期の目録が多く残っている。目録は当然ながら出版と緊密な関係を持っている。出版が無ければ、当然ながら目録は存在しない。朝鮮朝の出版形態は、ほぼ次のように考えられる。

一　官版（中央官衙及び地方官衙刊本）
二　寺刹版
三　書院刊本
四　家刻本
五　坊刻本（書肆刊本）
六　個人刊本

一、官版

官版は、首都であるソウルに置かれた出版機関の校書館・奎章閣やその他中央官衙、そして地方の諸官衙で刊行されたものである。朝鮮の出版文化においては、官版が圧倒的に重要な地位を占める。官版の中でももっとも中心的な存在であった校書館や奎章閣は、王命や国家的立場から決定された書籍を多く刊行したが、その殆どは金属活字を以って印刷した。ただ図版入りで教化用に多量の刊行部数が必要な『三綱行実』などの場合は、木版印刷を行った。

これら官版は、王命によって臣下や諸官衙に下賜（内賜或いは宣賜という）されるので、精確さに配慮された。最終的段階の校正には科挙に登第した文官が当り、校正が徹底しなかった場合には、その程度によって罰則が加えられた。テキストの正確さには国家の威信が作用すると共に、実用的な意味合いも含まれていた。というのはこれらの刊行書は、朝鮮八道の主要な官衙に送付され、中央で普及されるべしと判断された書には命令が下り、地方官衙では校正の行き届いた活字印刷本を解体した後、版木に貼り付けて刊刻した（覆刻）。この様な手段を用いることによって、金属活字本と内容的に全く同じものが出来上がったのである。もしこのようにせず、地方官衙に或る書の刊行を命じたならば、地方ごとに少しずつ異なるテキストが生じることになるであろう。そのためにも底本となる活字本の正確さが要求されたのである。従って地方官本は底本である活字本と字体・行数・字数、そして本の大きさまで同様になるのである。

朝鮮朝時優秀な知識人の大多数は科挙に応じ、登第者の大部分は官僚となって国政に関与した。この点は中国とも同じで、学者は為政者と重なった。校書館などで刊行された官版は国王・高級官僚・諸官衙に内賜されたが、その刊行部数は活字本であるため印刷技術的な制限があり、せいぜい一〇〇部程度であった。従って知識人の旺盛な知識欲を満たすことができなかった。その解決策の一つが、上記中央官版を底本とする、地方官衙の覆刻刊行である。しかしそれでも知識人の需要を満たすことができなかった。十六世紀中頃の代表的な知識人である眉巌柳希春（一五一三〜一五七七）は、校書館副提調という刊行の実質的責任者という立場にいたが、彼にして刊行書の全てが入手できず、それを慨嘆し、また個人的に下吏に書写せしめている。この問題は国初より朝廷内でも物議を醸していたようで、既に『世宗実録』十七年乙卯（一四三五）四月八日己酉条に

（一）許稠啓曰……又啓曰集成小学切於日用之書　学者病其難得　願依恵民局売薬例　或紙或米豆　量給為本　令一官一匠掌其事　印出万余本鬻之　還本於官　如此則其利無窮　而於学者有益　上曰予嘗読史　有曰頒之大矣　鬻之非矣　然卿言固善　予将行之　即命都承旨辛引孫　曰一如稠啓　非唯小学　凡諸鋳字所在冊版　並宜印之　其議以啓

とある。即ち、「判中枢院事許稠がまた啓して言うに、『標題註疏小学集成』十巻は日常用いる書として切要なものであるが、学者は入手し難いことを不満に思っている。願わくば恵民局が薬を販売している例に倣って、必要資金を量って紙・米・豆を資本として給し、一官衙の一匠人にそのことを掌握せしめて、一万余冊を印刷して販売し、資本を官に返還せしめる。このようにすれば利益は窮まりなく、学者にも有益である。王が言うに、私は嘗て史書を読んだことがあるが、書籍を頒ち与えるのは大事なことであるが、書籍を売るのは間違っているとあった。しかし汝の言うことは誠に善い。私はそのようにしよう。直ちに都承旨の辛引孫に命じて、ひたすら許稠の上啓のようにせよ。ただ『標題註疏小学集成』だけでなく、鋳字所にあるあらゆる版木はすべて印刷せよ。そのことについては商議して上啓せよ。」とある。

ここで王は許稠の提議に従って、官が資本を出して役人に管理させて、今問題となっている『標題註疏小学集成』だけではなく、鋳字所に現存する全ての冊板（版木）を用いて印刷販売することを命じている。そしてその代金で官から借り受けた資本を返還するようにすれば、利益は無窮に生じ、学

者にとっても益があると述べている。しかしこのような形態の書籍販売は実現しなかったようである。以下鄭亨愚「書肆についてのいくつかの問題」(『朝鮮朝書籍文化研究』韓国：九美貿易株式会社出版部、一九九五年)を参考にしつつ、書肆について触れよう。中宗十四年己卯(一五一九)七月三日甲午条に、

(二) 甲午……侍講官李希閔曰 外方郷校儒生 雖欲読書 書冊甚少 請令広布 上曰此言果是 今若設書肆 則雖外方 果可易得 昭格署銅鉄器皿 皆在工曹 以此鋳字何如 耔曰 銅鉄則我国果多有之 校書館所印書冊 類皆刓欠 雖買之不可読 今雖設書肆 若不能多印 則外方之人 不可得矣 鋳字則庶可多印 上曰 書冊広布事不可不措置……

とある。即ち「李希閔が啓して言うに、地方の郷校儒生たちは読書しようとしても、書籍が甚だ少ないのです。どうか広布をお命じください。王が言うに、この言は実に正しい。今もし書肆を設けたならば、地方であっても確かに得やすいであろう。昭格署で用いる銅・鉄製の器皿はみな工曹にある。これで活字を鋳造すればどうか。李耔が言うに、銅や鉄は確かにわが国に多くあります。校書館で印刷する書籍は、殆どみな刓欠しています。これを買っても読むことができません。今書肆を設けても、もし多く印刷することができなければ、地方の人は得ることができません。金属活字は多く印刷できるでしょう。王が言うに、書籍を広布することは、措置せざるを得ない。」とあって、李希閔が地方の儒学生のために書籍の広布を乞うたのに対し、その必要を認め、書肆を設けた上、銅・鉄製の器皿を潰して金属活字を鋳造して印刷することを提議している。それに就いて李耔は、校書館で印刷の書籍は版木が刓欠しているため、殆ど読めない状態である。書肆を設け、金属活字を用いれば多く印刷でき、地方に広布できる旨を述べている。一般的に多部の印刷には木版が向き、活字は不向きと考えられるが、李耔の言はそれに合わない。これは当時の活字印刷に対する認識であろうか。

(一) 例で見たように、世宗十七年(一四三五)四月八日に鋳字所にある版木で印刷して頒布することを命じており、それは或る程度の期間行われたであろうが、(二) 例で見たように、中宗十四年己卯(一五一九)七月三日には同様の議が持ち上がっているので、この時には既に廃止されていたことがわかる。そして七月三日に王は「書籍を広布することは、措置せざるを得ない」と述べているが、以下に見られるように、施行されていなかった。中宗十七年壬午(一五二二)三月四日辛亥条には

（三）辛亥……（掌令魚）得江曰　我国書籍所出　只校書一館耳　雖志於学者　無書籍可購　故志不能就　中朝則有肆　故欲学者　易得而講習之　今於市中　若設書肆　則人皆得以貿買　而資其利矣　上曰　書肆之事　其在己卯年　已磨錬節目　而今不能挙行　当問于該曹……

とある。「掌令魚得江が啓して言うには、わが国で書籍を出版する所は、唯校書館一ヶ所のみである。学問に志しても、購入すべき書籍が無いため、志を遂げることができない。中国では書肆があるので、学問をしようとする者は容易に得て学ぶことができる。今市中にもし書肆を設ければ、人は皆買うことができ、学問をするという利益に役立つ。王が言うに、書肆のことは己卯の年に既に規定書（節目）を作製しているが、今まだ挙行し得ていない。まさに担当官衙に問い合わすべきである。」とある。そしてその二日後の六日癸丑条には、

（四）癸丑……礼曹判書洪淑　以書肆設置己卯年節目啓之伝曰　此事日月已久　予亦忘之　因魚得江之啓　而乃悟也　印冊和売　雖有国法　然不得広布於民間　今後別定久任員　如医薬転売之例　以存其本　其有猥濫之弊　令法司糾之何如　将此数条　更報政府　則必有当議

とあって、礼曹判書洪淑が中宗十四年己卯年に作製した節目について上啓している。これから見ると、（三）例にある「該曹」、即ち担当官衙とは礼曹であることが判る。王は洪淑に対して、「歳月が久しく、この「己卯年節目」については忘れていた。一昨日の魚得江の上啓で思い出した。印刷書の販売は国法にはあるが、民間に広布し得ていない。今後は別途に専任官を定め、医薬転売の例の如くして資本を温存する。もし狼藉の弊があれば、司法に取り締まらせれば、如何であろう。これらの条項を更に議政府に報ずれば、必ずや適切な議論があるであろう。」と述べている。これから見れば、中宗は三年前に上啓され、賛同を示して自らも積極的に推進しようとしていた書肆に関する件を、一昨日の魚得江の上啓があるまで忘却していたという。政務多忙といえども、あまりにも迂闊に過ぎないか。しかし以下にあげる例からすると、魚得江の上啓は宮廷内で歓迎されないばかりでなく、むしろ白眼視されたようである。それが中宗を消極的にしたと考えるほうが、真相に近いのではあるまいか。同王二十四年己丑（一五二九）五月二十五日己未条に

（五）己未……臣（大司諫魚得江）前為掌令時　以書店設立事啓之　人皆以為　非所当啓而啓之　此事不必行於一二朔内也　雖至十年或百年而行之　無妨也　世家大族　或有祖上伝来之書　或有受賜之書　而反為無用之物者　必多有之　若立書店　則欲売者売之　欲買者買之　為儒者

若畢読一冊　則売其冊　而買他冊読之　交相買売　以為悠久之計矣　古人云　借書癡還書癡　世人以売祖上伝来之書為非　而不肯為之　然束之高閣　一不披読　其為蠹虫之食　亦何益哉　外方之儒　雖有志於学　以無書冊不能読書者　亦多有之　其窮乏者　不能弁価買冊　而雖或有弁価者　如中庸大学　亦給常緜布四三匹買之　価重如此　故不能買之　若書店之冊　則量定其価　又設監掌之員　而通行買売　伝於永久　可得無弊矣　古人家貧無冊者　閲書於市肆　而成功者有之　今設書店　出置書冊則有志者雖不買読　終日披閲　猶可記憶矣　至為便益請令該曹　磨錬設立　上曰　此事前亦議之　皆以為不可以他余市肆見之　則此果有益　向学之人　無書冊而未読者　必多有之　予意亦以為　書店可設立也　但立前古所無之事　其挙行与否　未可知也……

とある。即ち「大司諫魚得江が掌令であった七年前に、書店設立のことを上啓した事がある。人は皆啓すべきでないことを啓したと思っている。このことは必ずしも一・二ヶ月の内に行うべきことではない。十年或いは一〇〇年の内に行っても構わない。代々の名家には祖先伝来の書籍、或いは国王よりの内賜本があるが、反って無用のものとなるものが、必ずや多くある。もし書店を設ければ、売りたい者は売り、買いたい者は買う。儒者たる者はもし一冊を読み終われば、その書を売って他書を買って読む。互いに売買して、これを悠久の計と為すのである。古人は、本を借りる愚か者、それを返す愚か者と云っている。世間の人は先祖伝来の書を売ることを非とし、敢えて売ろうとしない。ところが高閣に積んで置いて全く開いて読まない。シミの餌になって、なんの益があろうか。地方の儒者は学問に志があっても、書籍が無い。読書できない者が多く保有している。窮乏している者は書価を工面して、書を買うことができない。書価を工面できる者がいても、『中庸』『大学』のような書は常綿布四疋や三疋を支払わねばならない。このように書価は高いのである。それで書籍を買うことができないのである。書店の書籍の場合は、その価を量って書価を定める。また監掌官を設けて売買を通行せしめ、書籍を永久に伝える。弊害の無いようにできる。古人の家が貧しくて書籍の無い者で、市中の書肆で本を見て、成功した者がいる。今書店を設け、店頭に本を出しておけば、志のある者は購入して読まなくても、終日店頭で立ち読みすれば充分記憶することができる。至って便利で有益である。請うらくは担当官衙（礼曹）に命じて、設立を準備されたい。王が言うに、このことは前にも議したが、みなは不可だと言った。他の（売薬のような）市肆の売買を見ると、やはり有益である。書籍が無くて書を読めない者は必ずや多いに違いない。私の考えも書店は設立すべきと思う。ただ嘗て無かったものを設けるのは、挙行してよいのかどうか、判らない。」と述べている。

魚得江（一四七〇生）は一四九六年に科挙に登第した人物であるが、貧寒の儒学者に対する思い入れは、変らず持ち続けていた様である。書籍が関心の無い人の手元にあって、シミの餌になるより、書店を中心として要らない人から要る人へ、読み終わった人から未読の人への永久の循環を図っているのである。中宗は魚得江の言い分を尤もと認め、同意を示しているが、態度は煮え切らない。その背後には重臣たちの意向が色濃く反映しているものと思われる。というのは、その翌日の五月二十六日庚申条に、

（六）庚申　三公啓曰　書店設立事　名似崇文　果為好矣　但国俗所未曾為之事也　且如寡婦之家　雖或有売書冊者　其私相買売之事　必為之矣　出置於書肆　則恐不為也　書冊比処　不為措置　而徒設書店　則法何由行　大抵可行之法　則立之当矣　不可行之法　則立之非徒無益　反為有害　臣等之意　此事在所不当為也

とあって、三公が反対している。三公とは、領議政・左議政・右議政で、官僚の最高位にある人物である。即ち「書店（書肆）設立のことは、表面的には文を崇めるに似て、なるほど好い。しかし朝鮮ではいまだ無かったことである。寡婦の家の場合は、売り本があれば、こっそり売ることは必ずしているに違いない。しかし書肆に出すことは、恐らくしないであろう。書店設立にふさわしい法が見つからず、単に無益であるのみならず、反って有害である。」と述べている。三公の頑強な反対に阻止されて、中宗の心も折れたのであろう。その後の明宗時にもこの問題は朝議に上っている。明宗六年辛亥（一五五一）五月二十五日癸丑条には、

（七）憲府啓曰　我国百物　皆有布廛　而書籍独無　是以雖有書而不得売焉　以此書冊極貴　文風益衰　請令該曹別立其肆　使書冊　易於買売　答曰書肆事　似乎新立大臣処議之

とある。即ち「司憲府が上啓して言うに、わが国のあらゆるものにはすべて市場がありますが、書籍だけにはありません。そこで書籍があっても売ることができません。そのため書籍が極めて高く、学問の気風が益々衰えています。なにとぞ担当官衙に命じて別に書肆を設け、書籍の売買を容易にさせてください。王が答えて言うに、書肆の件は新たに設けるのと同然であるから、大臣に論議せしめよ。」とある。そしてこの件については、翌日の二十六日甲寅条には

（八）憲府啓曰　書肆之法　臣等非初創而為之也　在中宗朝　已立其法　而廃閣不行　故只欲申明而已　自上春秋鼎盛　学問高明　事之是非　法之便否　已涇渭於宸裏　而数数収議　似為煩涜　書肆申明之事　請勿留難
答曰如啓

とある。即ち「司憲府が上啓して言うに、書肆設立の法律は臣等が始めて作って為すのではありません。中宗朝時に既にその法律を立てていますが、廃して行われていません。そのためただ明らかにしておきたいだけでございます。王様はお年は盛りで、学問は高明でいらっしゃるので、事の是非や法律の至便か否やは、既に御心中で判然としていらっしゃいます。ところが屡々論議して、煩雑のようでございます。書肆について論じることは、どうかこれ以上論難のなきようになさってください。王はそのようにせよと答えた。」と述べる。

ここで司憲府の上啓は、書肆設立を実現しようというのではなく、むしろ王にきっぱりと断念させるように迫っているのである。司憲府の背後に潜むのは、中宗朝時の三公のように、今回も朝廷の高官たちの意思と考えられる。

このように魚得江の上啓から始まった書肆設立の企図は、恐らくは多くの人々の同意を得たであろうと思われるが、高官たちの反対にあって、残念にも挫折してしまった。結局書肆設立はその後も実現しなかったようである。ところで上述の如く校書館などの中央政府における書籍刊行部数は、眉巌柳希春の日記『眉巌日記草』によれば、活字印本は一〇〇部程度であり、国王に数部進献、中央或いは地方官衙に二十部ほど、そしてその都度選ばれた、主として高級官僚に七十～八十部が頒布される。したがって殆どの者が選に漏れて刊行書を入手できない。官衙や個人への下賜本（内賜本或いは宣賜本）は、第一冊の前表紙裏に下賜の旨（内賜記或いは宣賜記）が墨書されているので、内賜本と判る。『眉巌日記草』によれば、刊行書の全てが内賜本であるが、筆者の調査に依れば内賜記のない書が多く見られる。これはその書を必要とする人々のために、内賜本以外にある程度の余部を印刷したものと考えざるを得ないのである。

二、寺刹版

寺刹版は寺刹に於ける刊本で、三国時代や統一新羅時代には僧侶たちの著述は写本で伝えられたが、高麗時代以降になると刊本として多くの寺刹で多量の仏書が刊行された。しかし現在伝存するのは数えるほどである。朝鮮朝時代の寺刹版について、今朴相国編著『全国寺刹所蔵木版集』（文化財管理局、一九八七年）を見るに、殆どが仏書であるが、その他に僧侶の詩文集や『類合』『千字文』『百聯抄解』『龍龕手鑑』

等、文字学に関わる書も刊行されている。

三、書院刊本

書院は先賢を奉祀した機関であるが、同時に教育機関でもあった。十八世紀初葉には朝鮮全国に六〇〇近い書院が存在したという。書院では主として奉祀された人物やその学統に連なる人物、或いはその地方で重きを成す学者の著述を刊行したが、それ以外にも朝鮮儒学の祖師というべき中国晦菴朱熹の著述・遺墨や中国諸朱子学者の著述・地方志、家礼や葬礼関係書、『百聯抄解』『玉篇』『礼部韻略』等の文字学書、初学書『撃蒙要訣』などが多数刊行されている。その出版には書院を中心にその地域の儒学者が集まり、廻状を廻して経費を募り、編集から校正までの全てを図った。

四、家刻本

家刻本は先祖を顕彰するために、子孫が、多くの場合一族で経費を出し合って刊行したものである。その編纂には子孫のみならず、門弟や友人が加わることが多い。出版には多額の費用がかかるため、先祖伝来の田畑を売却することもある。著名な人物の場合には、その地方の儒学者たちが経費を負担し、書院で刊行することもある。

家刻本は高麗時代からあり、朝鮮朝でも多くが出版された。特に十七世紀以降には次第に出版が増加する。刊行には版木が必要で、古い版木を再利用する場合には、経費は少なくてすむが、新たに木を切り出して版木を準備しようとすると経費は嵩む。また版木に文字を刻する刻手も雇わなければならない。更に料紙を買い入れ、刷り手を雇わなければならない。これらの経費を合わせると、多額の経費が刊行者にのしかかってくる。十七世紀、特に十八世紀以降になると、木活字印刷が台頭してくる。その実態は明らかではないが、柳鐸一「嶺南地方現存木活字とその印刷用具」（『奎章閣』三、ソウル大学校図書館、一九七九年）によれば、農民が木活字を所有している場合が多い。農民は農閑期の冬などに活字を始めとする印刷道具一式を携えて、印刷希望者の家を訪れ、住み込みで植字から製本までを行ったという。その木活字には精粗様々があり、印刷書には出版依頼者の経済状態が反映しているのである。

五、坊刻本（書肆刊本）

坊刻本とは、民間の書肆、つまり本屋の営利事業による出版書である。民間書肆については明らかではない。春山（李）仁栄「攷事撮要の冊版目録について—附・冊版目録」（『東洋学報』三十—二、東洋協会学術調査部、一九四三年）や三木栄『朝鮮医書誌』（学術図書刊行会、一九七三年）によれば、宣祖九年（一五七六）重刊『攷事撮要』の巻末に、

（九）万暦四年七月　日水標橋下北辺二第里門入河漢水家
　刻板買者尋来

とある。即ち「ソウル水標橋北辺に住む河漢水が本書を刻したので、買いたい者は尋ね来たれ」とある。河漢水が店舗を設けて売り出していたかどうかは判らないが、売るという行為自体の存在したことは、確認しうる。また『攷事撮要』に「書冊市准」として、「大学　紙三貼三張〇価米一斗」「性理大全　紙一百八貼十七張〇価綿布六疋」のように、書籍の市価が紙・米或いは布で記されている。これは書肆における書価を意味するわけではないが、書籍を得る場合の価を示している。十七世紀半ば以降に民間書肆らしいものが出現し、十九世紀に入るとソウルや全羅道全州などで民間書肆の活動が活発に見られるようになる。刊行書としては、『千字文』『三韻通考』等の文字学書、『童蒙先習』等の初学書、『大学諺解』『詩伝大全』等の儒書、『通鑑節要』『史要聚選』等の史書、『簡牘精要』などの書簡指南書、『古文真宝』等の文学書、『農家集成』等の農書、『方薬合編』等の医書、『明聖経』等の道教書、『四礼便覧』等の冠婚葬祭指南書、『春香伝』『沈清伝』等のハングル小説等々、広い分野に亙って、実用に密接な書籍を網羅している。ハングル小説の出版が多く、また大部な書は節要本にしている。廉価で求めやすいようにしたためだと思われるが、一〜三冊程度が最も多い。

六、個人刊本

これは個人が捐財して、書籍を刊行するものである。家刻本の場合、一門に募金せず、宗孫一人で刊行する場合、それも個人刊本といえるが、この場合は先祖を顕彰する目的を持った刊行行為であるので、個人刊本とはしない。例えば、庚辰済州刊『捷解新語』の場合、済州の軍官朴世英が捐財して刊行している。済州は日本の漂流民が漂着することもあって、日本語通訳官が常駐し、日本語の知識が切実であった。当時の唯一の日本語教科書『捷解新語』が不足しており、また官での出版もその経費が捻出できないため、朴世英が私費で刊行したと思われる。地方官衙の長が私財を擲って書籍を刊行することは、朝鮮朝を通じて屡々見受けられることである。

朝鮮では以上の如き形態で書籍の刊行が行われたが、人々はそれをどのようにして求めたのであろうか。今日のように書肆店頭に書籍が置かれるのは、十九世紀末葉に生じたようであるため、それ以前は先ずどのような書籍が出版され、その版木が何処にあるかを知らねばならなかった。そのような情報は人づてに得ることもあり、それも大きな情報源の一であったことは否定しがたいが、網羅的ではありえない。朝鮮では書肆が殆どないため、冊板、即ち版木の所在を知って、そこに必要な量の料紙と手間賃、或いは書価としての布等を送って印刷してもらうのが、通常であった。その版木の所在を示すのが各種「冊版目録」である。その他に当然ながら、中央・地方の官衙や寺刹、書院、個人宅の蔵書目録があるのは、言うまでもない。

三、諸目録について

冊版目録は、通常ソウルの中央官衙や全国八道の官衙に収蔵されている版木の目録を言う。高麗時代から木版印刷は盛んであったため、中央・地方官衙や寺刹等には多量の版木があったに違いない。高麗時代の版木は海印寺に、大蔵経以外にも、多くはないが、現在も伝存している。朝鮮開国時（一三九二）には高麗時代の版木が、多量に残されていたと考えられる。『世宗実録』によれば、世宗三年（一四二一）二月五日条に、

（十）……又教曰　各官書冊板本主者　不為用心照管　致使散棄　宜令所在官吏　整頓収貯

つまり、「各官衙にある版木の管理者は、保管に留意して失わないようにし、官吏に整頓・収蔵せしめよ」とあり、官衙の版木の保持に留意することを命じている。また寺刹にある版木については、同年四月一日条に次のような興味深い記事がある。

（十一）礼曹啓　日本国王及諸島士主　求仏教板者頗多　今京革去寺社及無僧寺社所蔵金銀字経印写諸経及諸経板子　無識之徒　或偸取或破毀　将来塞請為難　京中則令禅教両宗　外方則令所在官守令考察収頓　移置僧人聚居寺社　其各寺見在諸経及板数　明白置簿伝掌　具録以聞　従之

つまり「礼曹が啓して言うに、日本国王や諸島の領主で仏典の版木を求める者が頗る多い。今ソウルの外に移した寺刹及び住職のいない寺刹に所蔵される金泥・銀泥の写経や印刷仏典・写経及び諸仏典の版木は、知識の無い輩が盗んだり破毀したりしている。将来日本の要請を充たし難くなる。ソウル内の寺刹は禅宗・教宗に、それ以外の寺刹は所在の官吏に考察・整頓せしめ、僧侶を寺刹に居住せしめる。諸寺に現存する諸仏典及び版木の数量を明白に書留めて引継ぎし、具に記録して上奏せしめます。王はそれに従った。」とあり、国内の寺刹に現存する仏典やその版木を僧侶や官吏に管理させ、それを中央に報告させている。従ってソウルの官衙では、全国にある仏典やその版木について把握していたものと考えられる。

さらに官衙にある版木については、同年九月一日条に、

（十一）　九月丁酉朔　吏曹啓　請各道各官所在冊板　守令於新旧交代解由　開写某冊幾板　明白伝掌　其等内破毀遺失板子　依数充補伝掌　以為恒式

つまり「吏曹が啓して乞うに、各道の各官衙にある版木は、新旧官吏の交代時には何書版木何枚と明白に引継ぎし、そのうち破損・喪失した版木は、その数だけ補って引き継ぐことを不変の決まりとしたい」とある。中央では全国の版木の保持に留意していることが判る。また政府では地方で新たに作製する版木が、ある地域に偏らず、全国万遍に行き渡るように、経済的な面をも考慮に入れて図っている。同王十四年（一四三二）八月三日条に、

（十二）　伝旨礼曹　各道監司擅刊書冊　或刊他道已刊之書或刊不緊之書　徒費財力　実為未便　自今必令啓聞刊行

即ち「礼曹に王命が下って言うに、各道の長官（観察使）は恣に書籍を刻版している。他道で既に刊行した書や緊要でない書を刻版し、徒に財力を費やしている。実によろしくない。今後は必ず王に奏上してから刊行せしめよ。」とあり、礼曹に全国官衙の刊行を、近隣での重複刊刻を避け、また不要な書を刊行しないように監督せしめている。このことからすると、礼曹には各地にある版木の所在を記録した資料があったに相違ない。高級官僚たちはそのリストを利用して、各地に印出依頼をしていたと考えられる。また地方の官衙にもその地域の版木のリストがあった。地方誌を見ると、時には「冊版（版木）」の項目があり、現存版木が現存書籍と共に収載されている。

朝鮮では冊版目録が重要な位置を占めるが、以下に冊版目録・現存目録・蔵書目録の主なるものに就いて述べよう。

一、魚叔権撰『攷事撮要』二巻一冊

本書は撰者魚叔権の自序（一五五四）にあるように、士大夫から胥吏に及ぶ人々の日常生活に必要な諸事項を、事大交隣を中心に諸書から収録したものである。その中で書籍に関する事項としては、前述の如く書価を記した「書冊市准」、更にソウルから各邑までの距離とその邑に所蔵される版木を記録した「八道程途」がある。

『攷事撮要』は明宗九年（一五五四）序乙亥活字印本が初刊本であるが、伝存稀である。その後幾種もの刊本があり、収録の版木の種類が異なりを見せる。影印本『攷事撮要』（韓国国図書館学研究会、一九七四年）所収の千恵鳳氏の解題に依れば、この影印本は宣祖十八年（一五八五）刊本で、九八九種の版木が確認されるという。千氏は著録に漏落があろうとされるが、筆者の調査によっても、全羅道の版木にかなり漏落

のあることが確認される。

前述の眉巖柳希春はその日記『眉巖日記草』で、書籍入手について触れている。国から内賜本として受けた書籍以外に、地方の官吏として赴任している知人を通じて贈られたり求めたり、或いは知人と交換したり、紙や布で購入している。また下吏に紙や筆などを手間賃として与え、写本を作らしている。書籍を熱心に求め、細部に亙る記述をしているにもかかわらず、書肆に言及のないことをみれば、ソウルには書肆が存在しなかったであろうと思われる。この当時『攷事撮要』が存在し、その日記にも言及されているが、地方の版木の確認に同書を用いている痕跡が無い。もっとも記録されていないことを以って『攷事撮要』を利用していないとは言えないが、恐らく書籍好きの文人間では常に話題に上っているので、口頭による流伝が大きな役割を果たしていたと思われる。

二、金烋撰『海東文献総録』不分巻一冊

本書は金烋撰で、写本で伝わっている。本書の仁祖十五年（一六三七）自序に依れば、光海君八年（一六一六）大儒旅軒張顕光に拝謁した時、旅軒は『文献通考』「経籍考」を示しながら、これによって古今の文献の盛衰を知ることができるとその重要性を説き、更に豊臣秀吉の朝鮮侵略時（一五九二・一五九七）慶尚道北方の安東地域は侵略を免れたため、書籍が多く保存されているので、それらを聞見・裒集すれば、その功績は古人に劣らないであろうと説いた。そこで彼は名門・大家を余すことなく訪れ、本書を撰した。内容によって分類して解題を付し、更に撰者について説明を加えている。収録書数も多く、現在は既に失われた高麗時代の書についても触れられていて貴重である。写本で伝わる。

三、徐浩修編『奎章総目』四巻三冊

奎章閣は第二十二代王正祖（一七五二〜一八〇〇）が一七七六年に創建した。中国本は皆有窩に、朝鮮本は西庫に所蔵した。本書は正祖五年（一七八一）に正祖が徐浩修に命じて、皆有窩所蔵の中国本について編纂させた解題目録である。

四、奎章閣編『西序書目』一巻一冊

奎章閣の西辺にある書庫、即ち西序には朝鮮本を架蔵していたが、その所蔵目録である。正祖末葉の成立と考えられる。配列は「御製御筆類」「璿牒璿譜類」「御定書類」、次に四部分類が続く。書名・冊数・選者の簡単な記述であるが、誤記や移動については墨書や付箋で註が付されていて、現場で使用している臨場感がある。

五、徐有榘編『鏤板考』七巻三冊

本書は正祖が同王二十年（一七九六）に徐有榘に命じて、朝廷にある全国の蔵版簿によって作らせた、『攷事撮要』同

様の冊板目録である。その構成は冒頭に「御撰」「御定」を置き、次に四部分類をしている。簡単な内容と共に版木の所在と印刷に必要な料紙量を記している。版木の所在所は中央及び地方の官衙・書院・寺刹・私家を含み、写本で伝わる。

六、正祖編『羣書標記』六巻

本書は正祖の「御定」及び「命撰」の書を編纂したものである。正祖は学問好きで、王位に即く以前から撰述に関わっていた。その撰書として『弘斎全書』一八四巻一〇〇冊があり、純祖十四年（一八一四）に刊行されたが、本書はその巻一七九～一八四に収録されている。一五一部を収録し、各書について内容や編纂経緯など、かなり詳細な解題がある。

七、洪奭周撰『洪氏読書録』一巻一冊

本書は洪奭周の撰書で、純祖十年（一八一〇）洪奭周自序に依れば、弟洪吉周は潁敏で何書でも容易に会得してしまうので、兄の奭周は弟が慢心して進歩の止まるのを恐れ、嘗て自分が見た書籍や希望しながらも見ることができなかった諸書について内容を述べ、弟の懈怠を戒め、更なる邁進を期したものである。配列は四部分類に倣い、対象は中国書及び朝鮮書である。本書はプライベートな性格をおびているが、当時の知識人がどのような書籍を読み、どのように評価していたかがわかる興味深い書である。

八、高宗命編『増補文献備考』二百五十巻附一巻五十一冊

本書は中国の『文献通考』に倣って、朝鮮の古代から高宗に至る文物及び諸制度を纂修したものである。英祖四十六年（一七七〇）に『東国文献備考』が刊行され、さらに正祖朝にその不備を補って同王十四年（一七九〇）に完成したが、刊行されなかった。その後諸制度の変革などがあったため、更に改変増補を加えて隆熙二年（一九〇八）に本書が完成した。本書二十考のうちに「芸文考」が九巻に亙ってあり、書籍に関する事柄が記録されている。

以上朝鮮王朝時の主な冊版目録・蔵書目録を紹介したが、その他に宮廷内の書庫目録、例えば『隆文楼書目』『宝文閣冊目録』や、各地方の官衙所蔵の冊版目録、例えば『慶尚道冊版』『完営冊版目録』『各道冊版目録』等、多数あるが、殆どが十八世紀以降のものである。

以上の目録は張伯偉編『朝鮮時代書目叢刊』八冊付索引一冊（中国：中華書局、二〇〇四年）に納められている。また鄭亨愚・尹炳泰編『韓国冊板目録総覧』（韓国：精神文化研究院、一九七九年）や鄭亨愚・尹炳泰編『韓国の冊板目録』（韓国：保景文化社、一九九五年）がある。

朝鮮王朝滅亡（一九一〇）後の日本植民地時代（一九一〇～一九四五）に刮目すべき目録として、前間恭作撰『古鮮冊譜』

と李仁栄撰『清芬室書目』がある。以下にこれらについて述べよう。

九、前間恭作撰『古鮮冊譜』三冊（東洋文庫、一九四四・一九五六・一九五七年）

本書は前間氏が生涯をかけて蒐集された朝鮮本を中心になされた、解題目録である。日本の各所にある朝鮮本を訪書されたのでないが、既存の目録などには配慮が行き届いている。自己の所蔵書を丹念に読み、その中から書誌資料を渉猟し、各書について版の同異にも気を配りながら、詳細な記述をしておられるが、その結論は慎重であり、膨大な知識がそれを支えている。必要な事項には原文の引用があり、これは実にありがたい。配列はアイウエオ順で、日本人以外には利用しづらいのが難点ではあるが、内容はそれを補って余りある。本書は昭和三年（一九二八）に完成した由であるが、本文の校正や戦争がその間にあったことなどで、世に出たのは遥かに後のこととなった。前間氏の旧蔵書は東洋文庫に寄贈されて、広く活用されている。

十、李仁栄撰『清芬室書目』九巻一冊（韓国：宝蓮閣、一九六八年）

本書は李仁栄氏が自身の所蔵本について著された解題書であり、漢文で書かれている。配列は極めて特異で、刊本・鈔本、活字本、壬辰（豊臣秀吉の朝鮮侵略、一五九二・一五九七年）以前・以後、朝鮮人撰述・外人撰述という要素の組み合わせによっている。これは李氏の関心による配列である。活字の種類・版式・蔵書印・内賜記などによる正確な書誌学的記述が行われ、極めて有用な書である。

日本にある朝鮮本については、戦前から戦後にかけて種々の目録が編纂されている。漢籍目録に収録されていることもあれば、単独で刊行されていることもある。例えば、宮内庁書陵部・内閣文庫・尊経閣文庫・蓬左文庫・東京大学などは前者であり、天理大学（今西文庫）・大阪府立図書館・東洋文庫・国会図書館などは後者である。後者の大部分を網羅したものとして、『日本所在韓国古文献目録』（韓国：驪江出版社、一九九〇年）四冊がある。筆者は日本に現存する朝鮮本を調査し、『日本現存朝鮮本目録　集部』（京都大学学術出版会、二〇〇六年）一冊を出版した。本書には幕末まで日本にあり、明治初に流失した台湾故宮図書館所蔵楊守敬旧蔵書や大英図書館所蔵アーネスト・サトウ旧蔵書をも含んでいる。経・史・子の三部も続刊の予定である。

韓国においては近年文化財の整理と活用が、極めて活発である。その嚆矢は、『奎章閣図書韓国本総目録』（韓国：ソウル大学校文理科大学附設、東亜文化研究所、一九六五年）一冊である。この書は中国の伝統的四部分類に倣っているが、朝鮮本の実情に合うように細部では手が加えられている。本書にはその後「補訂版」「修正版」などが出ている。更に四部に亙る解題書、また文集の解題など種々の書籍が続々と刊行されている。同時に原資料の影印本も多数出版されている。また上記目録が口火となって、各大学や各研究機関・個人の蔵書目録が陸続として刊行され、枚挙に耐えぬほどの盛況を呈している。ただ『奎章閣図書韓国本総目録』で同版・異版で区別されていなかったため、その目録に倣ったその後の目録は全て同様であるのが惜しまれる。今後の改善が期待される。

国会図書館司書局参考書誌課編『韓国古書総合目録』（韓国：国会図書館、一九六八年）一冊は、実際上は書誌学者である故尹炳泰氏が中心となって編纂されたものである。韓国及び外国の所蔵機関の所蔵書を、主として目録から収集して編纂したために、具体的な書誌事項が判らないのは残念であるが、朝鮮本として存在する書籍が確認でき、またその所蔵所が明らかになったのは、極めて大きな功績といえよう。

また李顥鍊編『韓国本別集目録』（韓国：法仁文化社、一九九六年）一冊は、諸目録から朝鮮人文集を収録したもので、「凡例」によれば一万一〇一九種を収めるという。撰者・巻数・冊数・版種・簡単な版式・所蔵者を著録する。

韓国にある中国本に対しては、『奎章閣図書中国本総目録』（韓国：ソウル大学校図書館、一九八二年）一冊がある。更にこれを拡充したものとして、全寅初主編『韓国所蔵中国漢籍総目』（韓国：学古房、二〇〇五年）五冊索引一冊があり、これは諸目録から韓国に現存する中国本・中国本を底本とする朝鮮刊本・朝鮮人が中国本に注釈を加えた書等を収録している。四部分類に従い、書誌的記述は依拠した目録を反映して比較的詳細に著録されている。

なお二〇〇六年以前に刊行された書誌目録類については、上記拙著『日本現存朝鮮本目録　集部』の「参考文献一覧」に収録されている。

執筆者一覧（掲載順）

川原秀城	吉田光男	六反田豊
木村　拓	辻　大和	鈴木　開
金　光来	中　純夫	藤本幸夫

【アジア遊学179】

朝鮮《ちょうせん》朝後期《ちょうこうき》の社会《しゃかい》と思想《しそう》

2015年2月21日　初版発行

編　者　川原秀城《かわはらひでき》
発行者　池嶋洋次
発行所　勉誠出版株式会社
〒101-0051　東京都千代田区神田神保町 3-10-2
TEL：(03)5215-9021(代)　FAX：(03)5215-9025
〈出版詳細情報〉http://bensei.jp/

編　集　吉田祐輔・竪山久美子
営　業　山田智久・青木紀子・松澤耕一郎

印刷・製本　㈱太平印刷社
装丁　水橋真奈美（ヒロ工房）

ISBN978-4-585-22645-1　C1322

フクシマと「倫理」の再興―熊沢蕃山とハイデガーにおける老荘的な脱 Ge-stell への道　大橋健二
日本近世の琴学受容に見る「知」の動向―江戸後期の村井琴山を中心に　中尾友香梨
渡辺崋山の学問観と教育思想―主に漢籍から得た学識と小関三英提供の蘭学情報との関連・異同について　別所興一
実生活の学問と芸術―与謝野晶子にみる　古藤友子
中国の反知性主義思想の淵源と成因についての考察―先秦時期の儒家・道家の知識論思想を基礎として　王傑
中国思想の“徳性の知”を論ず　単純
実学の視野からみる儒学知行学説　苗潤田
「百工の知」と「士大夫の知」を論ず　汪哲
「知の問題」と「哲学の合法性」との関連―東アジアの「近代知」の反省にあるべき一視点について　林美茂
一七一一年の辛卯通信使行と加賀藩の学術交流―加賀藩文士・伊藤薪野を中心に　河宇鳳
十八世紀郷村知識人の自我構成―存齋魏伯珪の場合　金文鎔
朝鮮後期の女性性と「知」に関する問題―文字の問題を中心に　朴茂瑛
儒教的な「教育・教化」論と「実践知」　韓睿嫄

177 中世の対馬　ヒト・モノ・文化の描き出す日朝交流史

序言　中世の対馬―「六地」と「高麗」の間　佐伯弘次

Ⅰ　朝鮮半島との関わり

対馬はなぜ日本なのか　ブルース・バートン
対馬の防人と烽　坂上康俊
中世の対馬と朝鮮の港町・三浦　関周一
中世対馬の外交官―十五世紀における宋氏の外交文書起草者　伊藤幸司
対馬宗氏による朝鮮からの経典請来　瓜生翠
中世対馬における朝鮮綿布の流通と利用　荒木和憲
十六世紀における受職人名義の朝鮮通交　松尾弘毅
【コラム】朝鮮王朝の日本人官吏・平道全　松尾弘毅

Ⅱ　モノから見た中世の対馬

対馬・遺跡からみた境界領域の中世　川口洋平
中世対馬の陶磁器―遺跡出土の貿易陶磁と伝世品　川口洋平
中世博多のガラスと対馬　比佐陽一郎
対馬の砥石　佐伯弘次
石塔類から見た中世・対馬の様相　大石一久
対馬の仏像の諸相　井形進
対馬に伝来する朝鮮半島系の経典―高麗版（含壱岐・安国寺経）と元版　小松勝助
【コラム】失われた対馬国分寺の「朝鮮鐘」　伊藤幸司

Ⅲ　中世史料と宗家文庫

対馬における古文書採訪と中世文書　佐伯弘次
「宗家御判物写」の編纂と収録文書　朱雀信城
朝鮮史編纂委員・栢原昌三の「宗家文庫」調査　古川祐貴
対馬に現存する宗氏の図書二点　山口華代

178 中世の荘園空間と現代　備中国新見荘の水利・地名・たたら

まえがき　海老澤衷

Ⅰ　現地からの荘園復原

現地調査にみる新見荘三職―西方・金谷地区の水利と地名―　土山祐之
上市地区の地名・水利に見る地頭方の動向―高梁川流域を中心に―　久下沼譲
公文大中臣氏と製鉄による集落および水田の形成―坂本・千屋地区―　大島創
高瀬・釜村の信仰・水利・下地中分―氷室神社と亀尾神社―　飯分徹・海老澤衷

Ⅱ　古文書からの荘園復原

鎌倉期における新見荘の地名と下地中分　髙橋傑
新見荘田所職文書案をめぐって　宮﨑肇
室町期荘園の「荘主」群像　清水克行
中世百姓の身分意識―一四・五世紀の百姓申状を中心に　高橋敏子

Ⅲ　荘園の記録作成と伝統文化の継承

備中国新見荘の調査と「多層荘園記録システム」　海老澤衷
荘園調査成果の共有をめざして　井上聡
中世たたらの操業　藤井勲
新見市たたら再現事業の経緯　白石祐司
あとがき　清水克行

174 中世寺社の空間・テクスト・技芸 「寺社圏」のパースペクティヴ

175 ソグド人と東ユーラシアの文化交渉

176 東アジア世界の「知」と学問 伝統の継承と未来への展望

琵琶、筝と古琴から―白楽天詩歌における楽器のイメージ、及びその音楽論について　刁小龍
山西の「楽戸」　項陽

Ⅳ　大陸への憧憬

『菅家文草』の「琴」　佐藤信一
日本中世説話集にみる中国音楽説話をめぐって　李銘敬
〈コラム〉中日の文学における七弦琴　張龍妹

Ⅴ　音楽文化史からの視座

琴の現存最古の楽譜『碣石調幽蘭第五』に見る古代琴楽の実像　山寺美紀子
龍笛と古代の笛、そして文学　関河眞克
楽奏の場としての平安建築―『うつほ物語』『源氏物語』に示された御遊の空間構成　赤澤真理
迦陵頻伽の美声と図像　淵田雄
〈コラム〉台湾における一貫道の宝光玉山道場祭天雅楽　李瑞祥
〈コラム〉十八世紀、ある朝鮮士大夫の音楽についての物語　朴暎美

171 中国古典文学と挿画文化

[概説]中国木版画史の流れ―唐から明清、近代へ　瀧本弘之

〈小説刊本における版本挿絵の拡がり〉

周曰校刊『三国志演義』の挿図について　中川諭
『全相平話』のビジュアルワールド―「上」からみる作品の素顔　廣澤裕介
江戸の『絵本三国志』は明の『三国志演義』呉観明本・周曰校本をどう受容したか―人物描写からみるその実相　梁蘊嫻
『封神演義』におけるイメージの図像化について　中塚亮
孫悟空の図像イメージ―小説本文と絵姿と　上原究一

〈戯曲本挿絵の世界〉

弘治本『西廂記』の挿絵について　金文京
明代戯曲刊本の挿絵について　小松謙
明刊本『西廂記』―挿絵本の華麗なる発展　馬孟晶(訳・瀧本弘之)

〈版本挿絵の発展と伝播・拡散〉

『中国小説絵模本』に見る中国小説の挿絵　大塚秀高
勧戒図説の図について　小川陽一
『三国志演義』の年画―楽しみを反芻するために　三山陵
明清版本は日本においてどう和様化されたのか―日中韓の比較からみる十七世紀の諸相　入口敦志
“意匠”の宝庫―明清挿絵本と工藝品～清朝(琉球)漆藝、陶磁器の作例初探～　長谷川祥子

172『酒飯論絵巻』の世界　日仏共同研究

序言　『酒飯論絵巻』の新たな研究視点を求めて　ヴェロニック・ベランジェ／伊藤信博

Ⅰ　テクストとしての『酒飯論絵巻』

『酒飯論絵巻』を読む―イメージの〈饗宴〉　小峯和明
〈コラム〉異本『酒飯論』の存在　石川透
狩野派における「酒飯論絵巻」の位相―文化庁本を中心に　土谷真紀
『酒飯論絵巻』の詞書と『和漢朗詠集』―典拠をめぐる試論　増尾伸一郎

Ⅱ　『酒飯論絵巻』をめぐるエクリチュール

『酒飯論絵巻』に描かれる食物について　伊藤信博
食物本草からみる描かれた食物―『酒飯論絵巻』から錦絵まで　畑有紀
宗論からみる『酒飯論絵巻』の特徴―第四段詞書を中心に　三好俊徳

Ⅲ　十六世紀:変動する世界／時代

『酒飯論絵巻』の時代の都市社会　高谷知佳
〈コラム〉下り酒と中世紀のボルドーワイン　ボーメール・ニコラ
『酒飯論絵巻』から見た遊びの世界　ワタナベ・タケシ
フランス国立図書館写本室蔵『酒飯論絵巻』について　ヴェロニック・ベランジェ
『酒飯論絵巻』伝本リスト　ヴェロニック・ベランジェ
総括と展望　『酒飯論絵巻』の達成―その世界像と思惟をめぐりて　阿部泰郎

173 日中韓の武将伝

提言―東アジアの武将伝という問題設定　井上泰至

日本―武将・武士

『義貞軍記』と武士の価値観　佐伯真一
江戸時代の武将伝の問題系　井上泰至
後藤又兵衛と堺　高橋圭一
〈薩琉軍記〉にみる武将伝　目黒将史
描かれた異国合戦―『絵本朝鮮軍記』『絵本和田軍記』の挿絵について　藤沢毅

166 歴史のなかの金・銀・銅　鉱山文化の所産

167 戦間期東アジアの日本語文学

古事記の「ものがたり」と日本書紀の「歴史」―伊勢神宮創祀記事をめぐって　榎村寛之

159〈予言文学〉の世界 過去と未来を繋ぐ言説

序言　小峯和明

序章

〈予言文学〉の世界、世界の〈予言文学〉　小峯和明

Ⅰ　宗教・信仰と〈予言文学〉

占卜の神話―「フトマニ」と「亀卜」をめぐって　金　英珠

讖緯・童謡・熒惑―古代東アジアの予言的歌謡とその思惟をめぐって　増尾伸一郎

〈予言文学〉としてのおみくじ　平野多恵

文字の呪力と予言をめぐって―扁額を中心に　パスカル・グリオレ

「夢と幻」―ベアトゥス写本の「ネブカドネツァル王の巨像の夢」をめぐって　宮内ふじ乃

ルーマニアの伝説と黙示・予言文学　ニコラエ・ラルカ

Ⅱ　歴史叙述と〈予言文学〉

歴史叙述としての医書―漢籍佚書『産経』をめぐって　北條勝貴

成尋の見た夢―『参天台五臺山記』理解へ向けての覚書　水口幹記

御記文の生成と変容―八幡の御記文を端緒にして　宮腰直人

〈予言文学〉としての歴史叙述―軍記の予言表現を端緒に　目黒将史

日本人の怪異観の一側面―「予言獣」を巡って　ハイエク・マティアス

Ⅲ　物語・芸能の〈予言文学〉

類書・雑書の言説と説経―絵巻『をくり』を起点に　粂　汐里

『清水冠者物語』にみえる姫君の予言をめぐって　島岡美奈

『福富草子』の予言・予祝　吉橋さやか

富貴への予言と福神・貧乏神―打出の小槌と柿帷子　塩川和広

未来記による虚構化―『傾城島原蛙合戦』の夢解き　加藤敦子

Ⅳ　東アジアの〈予言文学〉

『春秋左氏伝』の予言言説　高　陽

コラム：『時双紙』の世界―占術書と文字の関係性を巡って　照沼麻衣子

東アジアの孝子説話にみる〈予言〉　金　英順

韓国の予言書『鄭鑑録』　松本真輔

ベトナムにおける「讖文」―李王朝についての史書を中心に　グエン・ティ・オワイン

160 契丹[遼]と10~12世紀の東部ユーラシア

序言　荒川慎太郎・澤本光弘・高井康典行・渡辺健哉

契丹[遼]略年表

一　契丹[遼]とその国際関係

十～十二世紀における契丹の興亡とユーラシア東方の国際情勢　古松崇志

世界史の中で契丹[遼]史をいかに位置づけるか―いくつかの可能性　高井康典行

五代十国史と契丹　山崎覚士

澶淵の盟について―盟約から見る契丹と北宋の関係　毛利英介

契丹とウイグルの関係　松井　太

【コラム】契丹と渤海との関係　赤羽目匡由

二　契丹[遼]の社会・文化

遼帝国の出版文化と東アジア　磯部　彰

草海の仏教王国―石刻・仏塔文物に見る契丹の仏教　藤原崇人

『神宗皇帝即位使遼語録』の概要と成立過程　澤本光弘

契丹国(遼朝)の北面官制とその歴史的変質　武田和哉

遼中京大定府の成立―管轄下の州県城から　高橋学而

【コラム】日本に伝わる契丹の陶磁器―契丹陶磁器の研究史的観点を中心にして　弓場紀知

【コラム】遼南京の仏教文化雑記　阿南ヴァージニア史代・渡辺健哉

三　契丹研究の新展開―近年の新出資料から

最新の研究からわかる契丹文字の姿　武内康則

中国新出の契丹文字史料　呉 英 喆

ロシア科学アカデミー東洋文献研究所所蔵契丹大字写本　荒川慎太郎

【コラム】契丹大字碑文の新発見　松川　節

ゴビ砂漠における契丹系文化の遺跡　白石典之

チントルゴイ城址と周辺遺跡　木山克彦・臼杵　勲・千田嘉博・正司哲朗・A・エンフトゥル

遼祖陵陵園遺跡の考古学的新発見と研究　董　新林

【展覧会記録】契丹の遺宝は何を伝えるか―草原の王朝契丹展の現場から　市元　塁

四　その後の契丹[遼]

遼の〝漢人〟遺民のその後　飯山知保

明代小説にみえる契丹―楊家将演義から　松浦智子

清人のみた契丹　水盛涼一

【博物館紹介】徳島県立鳥居龍蔵記念博物館

アジア遊学既刊紹介